Un franc le volume
NOUVELLE COLLECTION MICHEL LÉVY
1 FR. 25 C. PAR LA POSTE

ALEXANDRE DUMAS

— ŒUVRES COMPLÈTES —

SOUVENIRS DRAMATIQUES

I

NOUVELLE ÉDITION

CALMANN LÉVY, ÉDITEUR
ANCIENNE MAISON MICHEL LÉVY FRÈRES
RUE AUBER, 3, ET BOULEVARD DES ITALIENS, 15
A LA LIBRAIRIE NOUVELLE

ŒUVRES COMPLÈTES
D'ALEXANDRE DUMAS

SOUVENIRS DRAMATIQUES

I

OEUVRES COMPLÈTES D'ALEXANDRE DUMAS
PUBLIÉES DANS LA COLLECTION MICHEL LÉVY

Titre	Vol.
Acté	1
Amaury	1
Ange Pitou	2
Ascanio	2
Une Aventure d'amour	1
Aventures de John Davys	2
Les Baleiniers	2
Le Bâtard de Mauléon	3
Black	1
Les Blancs et les Bleus	3
La Bouillie de la comtesse Berthe	1
La Boule de neige	1
Bric-à-Brac	1
Un Cadet de famille	3
Le Capitaine Pamphile	1
Le Capitaine Paul	1
Le Capitaine Rhino	1
Le Capitaine Richard	1
Catherine Blum	1
Causeries	2
Cécile	1
Charles le Téméraire	2
Le Chasseur de Sauvagine	1
Le Château d'Eppstein	2
Le Chevalier d'Harmental	2
Le Chevalier de Maison-Rouge	2
Le Collier de la reine	3
La Colombe. — Maître Adam le Calabrais	1
Les Compagnons de Jéhu	3
Le Comte de Monte-Cristo	6
La Comtesse de Charny	6
La Comtesse de Salisbury	2
Les Confessions de la marquise	2
Conscience l'Innocent	2
Création et Rédemption. — Le Docteur mystérieux	2
—La Fille du Marquis	2
La Dame de Monsoreau	3
La Dame de Volupté	2
Les Deux Diane	3
Les Deux Reines	2
Dieu dispose	2
Le Drame de 93	3
Les Drames de la mer	1
Les Drames galants. — La Marquise d'Escoman	2
Emma Lyonna	5
La Femme au collier de velours	1
Fernande	1
Une Fille du régent	1
Filles, Lorettes et Courtisanes	1
Le Fils du forçat	1
Les Frères corses	1
Gabriel Lambert	1
Les Garibaldiens	1
Gaule et France	1
Georges	1
Un Gil Blas en Californie	1
Les Grands Hommes en robe de chambre : César	2
— Henri IV, Louis XIII, Richelieu	2
La Guerre des femmes	2
Histoire d'un casse-noisette	1
L'Homme aux contes	1
Les Hommes de fer	1
L'Horoscope	1
L'Ile de Feu	2
Impressions de voyage: En Suisse	3
— Une Année à Florence	1
— L'Arabie Heureuse	3
— Les Bords du Rhin	2
— Le Capitaine Arena	1
— Le Caucase	3
— Le Corricolo	2
— Le Midi de la France	2
— De Paris à Cadix	2
— Quinze jours au Sinaï	1
— En Russie	4
— Le Speronare	2
— Le Véloce	2
— La Villa Palmieri	1
Ingénue	2
Isaac Laquedem	2
Isabel de Bavière	2
Italiens et Flamands	2
Ivanhoe de Walter Scott (traduction)	2
Jacques Ortis	1
Jacquot sans Oreilles	1
Jane	1
Jehanne la Pucelle	1
Louis XIV et son Siècle	4
Louis XV et sa Cour	2
Louis XVI et la Révolution	2
Les Louves de Machecoul	3
Madame de Chamblay	2
La Maison de glace	2
Le Maître d'armes	1
Les Mariages du père Olifus	1
Les Médicis	1
Mes Mémoires	10
Mémoires de Garibaldi	2
Mémoires d'une aveugle	2
Mémoires d'un médecin : Balsamo	5
Le Meneur de loups	1
Les Mille et un Fantômes	1
Les Mohicans de Paris	4
Les Morts vont vite	2
Napoléon	1
Une Nuit à Florence	1
Olympe de Clèves	3
Le Page du duc de Savoie	2
Parisiens et Provinciaux	2
Le Pasteur d'Ashbourn	2
Pauline et Pascal Bruno	1
Un Pays inconnu	1
Le Père Gigogne	2
Le Père la Ruine	1
Le Prince des Voleurs	2
Princesse de Monaco	2
La Princesse Flora	1
Propos d'art et de Cuisine	1
Les Quarante-Cinq	3
La Régence	1
La Reine Margot	2
Robin Hood le Proscrit	2
La Route de Varennes	1
Le Saltéador	1
Salvator (suite des Mohicans de Paris)	5
La San-Felice	4
Souvenirs d'Antony	1
Souvenirs d'une Favorite	4
Les Stuarts	1
Sultanetta	1
Sylvandire	1
Terreur prussienne	2
Le Testament de M. Chauvelin	1
Théâtre complet	25
Trois Maîtres	1
Les Trois Mousquetaires	2
Le Trou de l'enfer	1
La Tulipe noire	1
Le Vicomte de Bragelonne	4
La Vie au Désert	1
Une Vie d'artiste	1
Vingt Ans après	3

SOUVENIRS
DRAMATIQUES

PAR

ALEXANDRE DUMAS

I

NOUVELLE ÉDITION

PARIS
CALMANN LÉVY, ÉDITEUR
ANCIENNE MAISON MICHEL LÉVY FRÈRES
3, RUE AUBER, 3

1881
Droits de reproduction et de traduction réservés.

SOUVENIRS DRAMATIQUES

LES MYSTÈRES

I

LES CONFRÈRES DE LA PASSION

Quand on songe aux combinaisons multiples qu'exige la représentation d'un ouvrage dramatique, on est tenté de croire que l'invention d'une *œuvre théâtrale* ne peut appartenir qu'à une société, sinon vieillie, du moins complète.

En effet, nulle autre exécution artistique ne réclame un pareil concours d'arts différents : la musique, la peinture, la pantomime; nulle autre conception de l'esprit n'exige une plus large application des facultés données par Dieu à l'homme : la poésie, l'imagination, le style.

Il n'en est point ainsi cependant.

A peine le roman a-t-il tracé un faible sentier dans

le champ de l'imagination, à peine la poésie a-t-elle bégayé ses premières paroles rhythmées, à peine la musique a-t-elle échelonné sa gamme imparfaite, que l'esprit impatient de l'homme, devançant la marche tardive de l'art, s'empare d'une intrigue décousue, traduit ses pensées par des vers boiteux, accompagne l'entrée et la sortie de ses personnages avec une musique criarde, et, de trois parties incomplètes, fait un tout plus incomplet encore, mais dont les progrès suivront de près l'application de ces principes, qui vivra de leur triple vie, se développera dans sa force unitaire, tandis qu'ils se développeront dans leur force individuelle, et, à peine en retard sur eux à sa naissance, arrivera presque en même temps qu'eux à sa perfection.

Les cantiques spirituels que chantaient, en les accompagnant de gestes et de postures, les pèlerins qui revenaient de Jérusalem et de Saint-Jacques de Compostelle, sont les premiers essais mimiques dont nous retrouvions la trace dans notre histoire. Comme quelque scène tirée de l'Évangile ou de la Passion faisait ordinairement les frais de cette représentation en plein air, on appela les scènes *mystères*, et ceux qui les représentaient *confrères de la Passion*. Les jeux des clercs de la Basoche leur succédèrent; puis enfin vinrent les pièces des Enfants sans Souci, dont le chef se nommait le roi des Sots.

Outre ces trois ordres successifs d'acteurs, il est aussi question, dès la seconde race, de *danseurs, farceurs et bateleurs*. Il existait des jeux du temps de Karl le Grand, puisqu'il les supprima par une ordonnance de 799. Chassées des rues, ces représentations grotesques se réfugièrent dans les églises sous le nom de fête des Fous ; en 1198, Eudes de Sully fit un mandement contre elles.

Cependant, ces hommes, à qui les représentations publiques étaient interdites, étaient appelés dans les fêtes pour donner des représentations particulières.

Vers le ix⁰ siècle, une nouvelle classe, nommée *jongleurs*, renforce la corporation : ces derniers répétaient les chants des poëtes, et remplaçaient l'intervention des personnages bouffons par celles d'ours ou de singes dressés à leur servir de compères.

Un édit de saint Louis, qui règle le droit de péage pour l'entrée dans Paris, porte que tout marchand qui entrera dans la ville avec un singe payera, s'il l'apporte pour le vendre, la somme de quatre deniers; que tout bourgeois le passera gratis s'il l'a acheté pour son plaisir, et enfin que tout jongleur qui vivra des tours qu'il lui fait faire acquittera l'impôt en le faisant jouer devant le péager. Quand le jongleur entrait sans singe, il pouvait aussi acquitter son péage en faisant le récit d'un couplet de chanson.

Cet édit, que l'on pourrait croire fait tout au profit du plaisir des préposés de l'octroi, avait un but plus intéressé cependant : c'était de s'assurer qu'il n'y avait pas de fraude dans la qualité des singes que l'on passait, et qu'ils appartenaient bien, soit à un marchand qui devait payer un droit pour le vendre, soit à un bourgeois qui était libre de posséder un singe comme animal domestique, soit enfin à un jongleur qui, ayant déjà grand'peine à vivre de son commerce, ne devait pas payer de contribution pour l'exercer.

Peu à peu le nombre des jongleurs augmenta considérablement; les femmes se mêlèrent à ces troupes joyeuses. Elles se rassemblaient dans une rue qu'elles peuplèrent si complétement, qu'elle prit leur nom, et où l'on était si sûr d'en trouver, que quiconque en avait besoin allait les chercher là. Ceci nous est attesté par une ordonnance de Guillaume de Germond, prévôt de Paris, en date du 14 septembre 1341, qui défend à tous jongleurs ou jongleresses, qui auraient été loués pour venir jouer dans une assemblée, d'en envoyer d'autres à leur place.

En 1395, une seconde ordonnance leur défendit de rien chanter sur les places publiques et ailleurs qui pût causer du scandale, sous peine d'amende, de prison, et de deux mois de pain et d'eau. Cette défense développa un nouveau genre de talent, ce fut celui des bateleurs qui faisaient des tours de corde et avalaient des épées.

Cependant, quelque chose d'informe qui ressemblait à l'art dramatique était né, comme nous l'avons dit, sous le nom de *mystère* : le premier essai de ces pièces sur un théâtre se fit, on ne sait trop à quelle époque, à Saint-Maur; le sujet en était la passion de Notre-Seigneur.

Ces représentations duraient déjà depuis fort longtemps, lorsqu'en 1398, défense est faite par la police, aux habitants de Paris et à ceux de Saint-Maur, de représenter, sans permission du roi, aucuns jeux dont les personnages soient tirés, ou de la vie des saints, ou de la passion de Notre-Seigneur. Cette permission est accordée par ordonnance du 4 décembre 1402.

Peu de temps après avoir obtenu cette faveur, et maîtres de ces précieuses lettres patentes, les confrères de la Passion, qui avaient déjà fondé le service de leur confrérie religieuse à l'hôpital de la Trinité, bâti hors de la porte Saint-Denis par deux gentilshommes allemands nommés Guillaume Escacob et Jean de la Pasisée, dans le but de recueillir les pèlerins qui arrivaient devant les portes après leur fermeture, louèrent une salle de ce même hôpital pour y représenter les pièces que leur privilége les autorisait à jouer. Cette salle avait vingt et une toises de long sur six de large; elle était au rez-de-chaussée et soutenue par des arcades : les confrères y élevèrent un théâtre et y donnèrent, les dimanches et fêtes (les fêtes solennelles exceptées), divers spectacles tirés du Nouveau Testament. Ces spectacles plurent tellement au public, que les prêtres, pour ne pas voir déserter les églises, furent obligés de changer l'heure des vêpres et de les avancer. Bientôt les villes de province voulurent avoir un théâtre à l'instar de la capitale : Rouen, Angers, le Mans et Metz furent les quatre premières villes qui suivirent l'exemple de Paris.

Mais, pendant ce temps, les confrères de la Passion avaient vu s'élever des concurrences redoutables : les premiers étaient les clercs de la Basoche, dont l'établissement s'était fait dès l'an 1303, sous le règne de Philippe le Bel, dans la grand'salle du palais de justice. Le chef de la juridiction prit le nom ambitieux de roi de la Basoche, et, parodiant la royauté jusque dans ses attributs et ses priviléges, il établit toute une hiérarchie d'officiers, que l'on nomma chanceliers, maîtres des requêtes, avocats, procureurs généraux, grands référendaires, grands audienciers, secrétaires, greffiers, huissiers; le roi de la Basoche avait le droit de porter la toque royale, et ses chanceliers la robe et le bonnet; et ce ne fut que sous Henri III que les titres de roi et de royaume furent abrogés. Le chancelier devint alors le chef de la juridiction. Les sceaux sur lesquels étaient gravés ses armes étaient d'argent, et les armes étaient *trois écritoires d'or en champ d'azur, timbrées de casques.*

Les pièces que représentaient ces nouveaux venus étaient en harmonie avec la grotesque organisation de leur hiérarchie; elles n'essayèrent même pas de dissimuler sous un nom exceptionnel la différence des avantages qui existaient entre elles et les graves et religieux mystères, leurs frères aînés. Elles s'appelèrent candidement *sotties* ou sottises. — Ce mot nous paraît trop expressif pour que nous croyions nécessaire de le commenter.

Entre ces deux modes de littérature dramatique qui représentaient la tragédie et la comédie essayant leurs premiers pas, bégayant leurs premiers mots, jouant pour ainsi dire ensemble comme l'auraient fait Héraclite et Démocrite enfants, et qui, se partageant la faveur populaire, attireraient à eux, chacun, les partisans de leur genre, se glissa une troisième confrérie, qui conçut le projet ambitieux d'enlever aux confrères de la Passion leurs spectateurs dévots, aux clercs de la Basoche leurs spectateurs joyeux, et de s'en faire un seul et unique auditoire en réunissant dans des pièces d'une nouvelle composition la gravité religieuse des mystères à la joyeuse bouffonnerie des sottises.

Cette fusion dramatique fut connue sous le nom expressif de *jeux de pois pilés;* et dès lors le drame, ce frère puîné de la tragédie et de la comédie, qui réunit en lui l'énergie terrible de la première et la gaieté mordante de la seconde, eut aussi son représentant.

Bientôt les confrères de la Passion virent la foule déserter leur théâtre pour courir à celui des innovateurs; ils ne perdirent cependant point courage, et continuèrent de lutter, malgré l'incertitude publique, avec la conscience de leur bon droit classique, contre leurs jeunes et robustes rivaux, à qui ils abandonnèrent, soit par mépris, soit par impuissance, l'exploitation du genre bâtard et irréligieux qu'ils avaient adopté. En 1518, François Ier, par lettres patentes, en confirmant le privilége accordé par Charles VI, leur rendit un peu de leur antique faveur.

Bientôt la troupe sacrée fut forcée de se mettre en quête d'un nouveau local. En 1539, la maison de la Trinité fut rendue à l'hôpital : forcés de la quitter à la suite de cette décision royale, les confrères de la Passion prirent à loyer l'hôtel de Flandre et y restèrent jusqu'en 1543, époque à laquelle cet hôtel fut démoli par l'ordre de François Ier, en même temps que ceux d'Arras et d'Étampes.

Lassés de ces tribulations successives, ils se décidèrent alors à acheter, sur l'emplacement de l'hôtel de Bourgogne, situé au milieu de la rue Mauconseil, une masure de dix-sept toises de long sur seize de large, afin d'y faire bâtir une salle. Jean Rouvet, de qui ils acquirent ce terrain par contrat passé le 30 avril 1548, se réserva dans cette salle une loge gratis pour lui, sa femme, ses enfants et ses amis, leur vie durant.

Un arrêt de la même année accorde aux confrères de la Passion le privilége exclusif de l'exploitation dramatique de Paris; mais ce même arrêt portait aussi qu'ils ne pourraient jouer de mystères. — L'impossibilité où les mettait de jouer des pièces profanes l'habit religieux dont ils étaient revêtus, les détermina dès lors à renoncer à continuer leur entreprise par eux-mêmes ; en conséquence, ils louèrent, en se réservant deux loges pour eux, leur salle à une troupe de comédiens.

Voilà quels furent les ancêtres de Lekain, de Talma et de Garrick. Nous allons faire connaissance maintenant avec ceux de Molière, de Corneille et de Shakspeare.

Cependant, les noms des poëtes dramatiques et les titres de leurs ouvrages sont seuls parvenus jusqu'à nous. Quant aux œuvres elles-mêmes, elles ont été perdues. Nous allons classer auteurs et ouvrages selon la date chronologique de la naissance des uns et de la représentation des autres.

En 1200, Anselme Feydit, né à Avignon, auteur et acteur, compose et joue, à la cour de Boniface de Montferrat, une comédie intitulée *l'Heregias dels payre* (*l'Hérésie des pères*). Cet ouvrage n'était probablement pas sans mérite, puisque Pétrarque en parle dans le quatrième chapitre de son *Triomphe de l'Amour*.

En 1215, Guy, d'Uzès, part de cette ville avec Èbles et Pierre, ses frères cadets, et Élias, un de ses cousins. Guy et Èbles feront les chansons ou sirventes, et Pierre se chargera de les chanter. Élias, de son côté, représentera des poëmes de sa composition. Les profits devaient être partagés en commun, et tous quatre s'étaient engagés à ne point se quitter avant le retour.

Ils eurent d'abord un grand succès et firent force profits à la cour de Renaud d'Albuson, de laquelle ils passèrent à celle de la comtesse de Montferrat. Mais, ayant attaqué la royauté et la religion dans des sirventes portant le titre de *la Vida dels tyrants*, le légat du pape leur fit imposer silence.

En 1220, Perdignon de Gévaudan est tout à la fois poëte, auteur, musicien, compositeur et joueur d'instruments. Persécuté par le fils du dauphin d'Auvergne, il se réfugie chez Raymond Béranger, dernier comte de Provence, et y compose un poëme dramatique intitulé *las Victorias de monsiour lou comte.*

En 1250, sous Louis IX, Pierre de Saint-Rémy, poëte provençal, fait jouer plusieurs comédies dont les noms nous sont restés inconnus; seulement, nous savons qu'il les dédia à Antoinette, dame de Lasaze, qui était de la maison de Lambesc.

En 1300, sous Philippe le Bel, Hugues Brunot, né à Rhodes, écrit une comédie sous le titre de *las Drudarias d'amor* (*les Tribulations d'amour*).

Enfin, de 1360 à 1383, époque de sa mort, Parasuls, né à Sisteron, composa une suite de cinq tragédies sur la vie de Jeanne, comtesse de Provence, reine de Naples et de Sicile, comme le firent, depuis, Shakspeare et Schiller sur la vie de Henri VI et de Wallenstein; ces tragédies, dédiées au pape Clément, sont intitulées : *l'Andriasse, la Tarena, la Malhorquina, l'Allemanda* et *la Johannada.*

Mais, comme les noms des poëtes et les titres des pièces que nous venons de citer n'apprennent rien à nos lecteurs sur l'art dans son développement scénique ni dans son exécution, nous allons donner, en recourant, aux premières pièces de théâtre que nous possédions, et en tâchant de faire l'analyse de l'une d'elles, une idée de ce qu'était, vers cette époque, une œuvre dramatique, comme exécution théâtrale et comme charpente de pièces.

Ces ouvrages, tout en subissant, chacun dans son genre, toutes les variétés que leur imposaient les imaginations religieuses, morales ou cornues de leurs auteurs, ne se rattachaient pas moins individuellement à trois types primitifs spéciaux et arrêtés. Les noms génériques sous lesquels ils étaient connus étaient ceux de mystères, moralités, et farces ou sottises.

II

LE MYSTÈRE DE LA PASSION

Les mystères, comme nous l'avons dit, étaient la représentation naïve des scènes religieuses tirées ou de l'Ancien Testament ou de l'Évangile; quelques-uns se rattachaient aussi à l'histoire païenne, conservant presque toujours cependant une corrélation avec la révélation, ou le développement du catholicisme; quelques-uns encore, mais beaucoup plus rares, appartenaient entièrement à la mythologie antique; d'autres enfin étaient tirés de romans presque contemporains.

Celui que nous allons choisir comme exemple et comme type du genre est, non pas le plus ancien, mais le plus complet. Cependant, on retrouve des traces de sa représentation dès l'an 1402, et il est évident que cette représentation n'était pas la première. Il remonterait donc probablement aux premiers temps des mystères; mais, l'auteur primitif et inconnu ayant choisi pour son œuvre un fait aussi populaire et aussi sympathique que la Passion, les poëtes qui le suivirent s'emparèrent successivement du sujet traité par lui, donnèrent de l'extension à son premier canevas, corrigèrent les expressions vieillies, jusqu'à ce qu'enfin Jean Michel, son dernier arrangeur, et le seul dont le nom nous soit resté, parût, aux yeux de ses successeurs, avoir porté ce poëme à un tel degré de perfection, que nul n'osa plus essayer de l'embellir.

Tel qu'il nous est parvenu, et orné de ce titre splendide : *Mystère de la sainte Passion de Notre-Sauveur Jésus-Christ, avec des additions et corrections faites par très-éloquent et scientifique docteur messire Jean Michel, lequel mystère fut joué à Angers moult triumphantement, et dernièrement à Paris, l'an* 1507, il est composé d'un prologue, et se divise en quatre journées.

Cette division en journées indique la manière dont le mystère était offert au public ; trop long pour être ouï tout d'une haleine, il se représentait par parties. Nous allons donner l'analyse de ces journées avec quelques citations, ne pouvant offrir à nos lecteurs l'œuvre entière, qui ne compte pas moins de vingt-cinq à trente mille vers.

Mais, avant de passer à cette analyse, et afin que nos lecteurs puissent la suivre, non-seulement comme œuvre lue, mais encore comme œuvre représentée, essayons de leur donner une idée de la manière dont était construit le théâtre. Ils comprendront ainsi comment les transpositions de scènes en différentes localités pouvaient s'opérer à chaque instant, sans nécessiter des changements à vue.

Le théâtre, de même que nos théâtres modernes, était fermé, sur le devant, par une toile qui ne se levait pas, mais qui se tirait comme les rideaux d'une alcôve. En s'ouvrant ainsi, cette toile laissait apercevoir, au fond, plusieurs échafauds superposés, à la manière de ceux dont on se sert pour la construction d'un monument. Le plus élevé de ces échafauds représentait le paradis ; celui de dessous, la terre ; un autre, en descendant encore, les maisons d'Hérode et de Pilate, ou toute autre décoration nécessaire à l'ouvrage que l'on voulait mettre en scène ; enfin, au rez-de-chaussée, la maison des parents de Notre-Dame, son oratoire et la crèche aux bœufs.

Sur le devant, et du côté gauche des spectateurs, des rideaux formaient une espèce de niche où l'acteur ou l'actrice entrait lorsque devait s'accomplir une scène que l'on ne jugeait pas à propos d'exposer à la vue du public, telles que celles de l'incarnation de Notre-Seigneur, de l'accouchement de la Vierge ou de la décollation de saint Jean-Baptiste.

En face de cette niche, à droite, l'enfer était figuré par la gueule d'un dragon qui s'ouvrait ou se refermait, chaque fois qu'un ou plusieurs diables avaient besoin de faire par là leur entrée ou leur sortie.

Enfin, derrière cette niche et cette gueule, au lieu de coulisses de côté, s'élevaient des gradins sur lesquels les acteurs s'asseyaient aussitôt qu'ils avaient fini leur scène.

Une fois assis, ils étaient tenus pour absents, et, dès lors, quoique restant constamment sous les yeux des spectateurs, ils étaient censés ne voir et n'entendre rien de ce qui se passait sur le théâtre. C'était une affaire de convention, une habitude prise, et leur présence ne nuisait pas plus à l'illusion que ne le faisait celle des jeunes seigneurs de la cour de Louis XIV et de Louis XV, assistant de la même manière à la représentation d'une pièce de Racine ou de Voltaire.

Cette digression terminée, passons à l'analyse.

Le mystère de *la Passion* était précédé, comme nous l'avons dit, d'un prologue. Ce prologue est une paraphrase de ces mots : *le Verbe a été fait chair*.

La première journée commence à la prédication de saint Jean dans le désert : à la suite de son sermon, les principaux des Juifs s'assemblent en conseil et disputent sur le sens des prophéties qui promettent le Messie.

Jésus vient trouver Jean, accompagné de Notre-Dame et de l'ange Gabriel ; car il veut recevoir le baptême de sa main. Jean, confus de cette humilité, se défend de cet honneur en vers assez remarquables ; les voici :

> Pas requérir ne me devez,
> Car, mon cher Seigneur, vous savez,
> Qu'il n'affert pas à ma nature.
> Je suis créature
> De pauvre facture
> Et simple structure ;
> Humble viateur.
> Ce serait laidure
> Et chose trop dure,

Laver en eau pure
Mon haut Créateur.
Tu es précepteur,
Je suis serviteur :
Tu es le pasteur,
Ton ouaille suis;
Tu es le docteur,
Je suis l'auditeur;
Tu es le ducteur,
Moi le consenteur,
Sans qui rien ne puis.

Malgré cette résistance, qui ne manque, comme on le voit, ni de rhythme ni d'idées, Jésus insiste et Jean obéit. Durant la cérémonie du baptême, on exécute un concert d'instruments, et les anges chantent.

Jésus est à peine baptisé, que la gueule de l'enfer s'ouvre, et que deux diables, nommés *Sathan* et *Berith*, viennent raconter à Lucifer qu'ils ont vu au désert un homme nommé *Jésus*, et que cet homme leur a paru au-dessus de leur puissance. Lucifer alors appelle d'autres diables, donne l'ordre de châtier vigoureusement Sathan et Berith, et les fait entraîner dans l'enfer : un instant après, des cris épouvantables annoncent que l'ordre du diable est exécuté à la lettre. Après cette correction, Lucifer les renvoie sur la terre, et leur ordonne de s'assurer si Jésus est dieu, homme, *ou autre chose*.

Pilate vient alors ; il publie à son de trompe un édit par lequel il est enjoint aux Juifs d'honorer les images de César, et de payer les impôts dus à la république romaine : les Juifs murmurent contre cet ordre, et Judas, qui jouait aux échecs avec le fils du roi de

Scariot, lui cherche querelle, le tue, et se réfugie auprès de Pilate, qui en fait son intendant.

Cette scène terminée, le diable se transporte dans le désert sous le déguisement d'un ermite, et tente Jésus : cette première tentation échouant, il prend successivement les costumes d'un docteur et d'un homme riche; mais tous ses efforts sont vains, et il n'en retire que confusion.

Cependant, saint Jean poursuit sa mission : il vient chez Hérode, à qui il reproche son amour pour sa belle-sœur, qui, se trouvant présente à la scène, se formalise des reproches du saint, et, ne pouvant supporter la honte dont il l'accable, s'écrie en implorant la vengeance d'Hérode :

> Ha Dea !... ce méchant papelard
> Nous rompra si meshui la tête.
> Monseigneur, vous êtes bien bête
> De tant ouïr, etc.

Ces reproches déterminent Hérode à envoyer saint Jean en prison; des gardes arrivent et l'entraînent.

Cependant, l'intrigue naît avec l'apparence d'une double action : Pilate et Judas vont se promener dans le jardin de Ruben et de Ciborée; Judas ignore complétement qu'il est dans les propriétés de son père et de sa mère ; ceux-ci, de leur côté, croient que leur fils a été noyé dans son enfance.

Comme les fruits de ce jardin sont très-beaux, Pilate ordonne à Judas d'en cueillir quelques-uns. Judas obéit : alors entre Ruben, qui vient en réclamer le prix : Judas, loin de payer, brise les branches des arbres. Une querelle s'engage entre eux : Judas tue Ruben.

Ciborée accourt et demande justice à Pilate de la mort de son mari; mais Pilate, qui sent que c'est à son instigation première que Judas a accompli ce meurtre, veut le sauver, et, pour y parvenir, il propose à Ciborée d'épouser l'assassin de son mari. Celle-ci accepte, l'affaire s'arrange, et, séance tenante, le mariage se fait. Il y a cependant, au fond de ces scènes burlesques, une pensée profonde : l'auteur a cru devoir préparer le déicide par le parricide et l'inceste.

Bientôt, la Jocaste juive reconnaît son fils dans son époux, et s'abandonne au plus affreux désespoir. Judas lui-même est effrayé de son double crime, et va se jeter aux pieds de Jésus, qu'il trouve à table chez saint Matthieu. Les dix apôtres, choisis parmi les plus humbles et les plus pauvres pécheurs, sont autour de lui. Jésus pardonne à Judas, et le reçoit au nombre des siens. Les deux intrigues se réunissent et n'en forment plus qu'une.

La fin de cette journée est consacrée à la reproduction du miracle de l'eau changée en vin, à la scène des vendeurs chassés du temple, à la conversion de Nicodème, à la résurrection de Thabite, fille de Jayrus, et au départ des apôtres, qui se mettent en route, un bâton à la main, pour prêcher la religion nouvelle.

Une fête chez Hérode succède à ce tableau. On y fait une course dont Florine obtient le prix; elle demande pour récompense que la tête de saint Jean tombe et soit remise à Hérodias, que ce saint a insulté. La décollation de saint Jean a lieu dans l'enceinte que nous avons indiquée. L'esprit du martyr descend aux limbes, tandis que ses disciples ensevelissent son corps en chantant.

Cette seconde journée commence par l'exorcisme du démon Astaroth, qui s'était introduit dans le corps de la fille de Chananée. La dépossédée rend grâce au Messie, et Astaroth, chassé, redescend aux enfers, où il est sévèrement puni d'avoir quitté son poste.

Madeleine paraît, se met à sa toilette, et expose au public, dans des vers où elle ne se flatte pas, la conduite un peu scandaleuse qu'elle mène. La guérison du paralytique et du lépreux, la transfiguration de Notre-Seigneur sur le mont Thabor, l'assemblée des Juifs et leurs opinions sur les miracles de Jésus, l'arrivée de la Madeleine avec ses amants, la multiplication des pains et des poissons, le sermon de Jésus, l'emprisonnement des deux larrons, la conspiration des Juifs contre le Fils de Dieu, le jugement de la femme adultère, le repas chez Simon le Lépreux, le repentir de la Madeleine, le miracle de l'aveugle-né, la résurrection de Lazare, la guérison du sourd-muet possédé du diable, un second repas dans la maison de Simon, à la fin duquel la Madeleine vient répandre sur les pieds de Jésus des parfums qu'elle essuie avec ses longs cheveux, les murmures de Judas, qui se plaint qu'on n'ait pas vendu ces parfums à son profit; enfin les préparatifs de voyage de Jésus, qui monte sur une ânesse pour faire son entrée à Jérusalem, suivent immédiatement, et dans l'ordre que nous indiquons, ce premier tableau, et sont les événements à l'aide desquels le poëte mène à fin sa seconde journée.

La troisième journée commence à l'entrée de Jésus

dans Jérusalem. Aussitôt entré dans la ville, il se rend au temple; ses prédications mécontentent au plus haut degré les pharisiens. Marie prévoit les dangers auxquels Jésus s'expose, et veut vainement lui faire partager ses craintes : Jésus est résolu de s'exposer à la mort pour accomplir sa mission.

L'enfer alors vient en aide aux Juifs. Sathan, que Lucifer a fait vigoureusement punir de n'avoir pu faire tomber Jésus dans le péché, est renvoyé sur la terre, afin qu'il essaye de nouvelles tentations ; plus rusé cette fois que la première, il s'adresse à Judas, qui succombe et qui vend son maître trente deniers.

Le marché fait, le traître immortel revient joindre les autres disciples, trouve saint Pierre et saint Jean préparant le festin. Bientôt, Jésus arrive et fait la Cène avec ses apôtres : à peine Jésus a-t-il offert le pain rompu à ses apôtres, et Judas en a-t-il pris sa part, qu'un démon entre et lui saute sur les épaules, sans être vu des autres convives. Judas, possédé, se lève et court avertir les Juifs, auxquels il doit livrer son maître.

La Cène finie, Jésus se met en prières : les apôtres s'endorment, les soldats s'avancent. Judas, qui les conduit, embrasse Jésus; les soldats reconnaissent le Sauveur au baiser du traître, et se précipitent sur lui. Saint Pierre veut le défendre, et abat l'oreille à Malchus, que Jésus guérit aussitôt. Alors, les apôtres fuient : on mène Jésus chez Anne le pontife. Anne l'interroge et le renvoie à Caïphe. Saint Pierre renie son maître, le coq chante, et la troisième journée finit au moment où Jésus, livré aux insultes des soldats, est conduit chez Pilate.

La quatrième journée représente la suite historique de la Passion. Judas se repent et rend aux Juifs l'argent qu'il a reçu d'eux. Cependant, Pilate fait conduire Jésus au prétoire : à peine le Juste paraît-il, que les lances des soldats s'abaissent devant lui. Alors, son interrogatoire commence, et tous ceux qui ont été guéris par le Sauveur viennent témoigner pour lui. Pilate lui-même fait tout ce qu'il peut pour le sauver ; mais les Juifs exigent que Jésus soit renvoyé chez Hérode. En le voyant paraître, Judas, déchiré de remords, invoque l'enfer, et *Désespérance*, qui lui apparaît, lui fait d'horribles menaces.

— Il faut, lui dit-elle,

> Il faut que tu passes le pas :
> Voici dagues et coutelas,
> Forcettes, poinçons, alumelles.
> Avise, choisis les plus belles,
> Et celles de meilleure forge,
> Pour te couper à coq la gorge ;
> Ou, si tu aimes mieux te pendre,
> Voici lacs et cordes à vendre.

Judas ne se le fait pas dire à deux fois, il prend un lacet et se pend : *Désespérance* remplit près de lui l'office de bourreau, et, avec l'aide des autres diables, elle l'emporte aux enfers, où Dante nous le montre avec Brutus entre les dents de Sathan, qui mâche éternellement dans ses deux gueules les deux plus grands coupables du monde religieux, le régicide et le déicide.

Jésus, cependant, est renvoyé d'Hérode à Pilate : celui-ci le fait tourmenter, espérant que les tortures de l'homme juste satisferont la vengeance des Juifs, et qu'ils n'exigeront plus sa mort, quand ils l'auront vu tant souffrir, que la mort lui serait un bienfait. C'est dans cette intention qu'il le montre sanglant et défiguré à ses ennemis, en disant ces paroles sacramentelles :

— *Ecce homo !*

Tous ces supplices n'apaisent point la colère des Juifs : ils demandent à grands cris la mort de Jésus, et Pilate leur ordonne d'aller attendre son jugement.

Les patriarches, qui prévoient la mort du Sauveur et la descente du Messie, se réjouissent dans les limbes. L'enfer entend leurs cris de joie, frémit à l'idée que le dernier soupir du Christ brisera ses portes, et Sathan, qui vient de réussir auprès de Judas, est envoyé de nouveau, mais, cette fois, pour inspirer à la femme de Pilate le dessein d'empêcher ce grand événement.

C'est l'instant de son sommeil que Sathan choisit pour accomplir sa mission : un songe, qu'il lui envoie, la tourmente ; elle se réveille toute troublée, et elle conseille à son mari de ne pas prononcer la condamnation de Jésus ; mais les Juifs, qui, depuis longtemps, soupçonnent Pilate de vouloir le sauver, redoublent leurs cris. Pilate se lave les mains, déclarant qu'il est innocent du jugement qu'on le force de rendre.

Alors, les Juifs en prennent sur eux la responsabilité et s'écrient :

> Tout son sang s'écoule et redonde
> Sur nous et sur tous nos enfants,
> Tant que nous serons en ce monde,
> Et fût-ce jusqu'à dix mille ans :
> Nous en serons participants,
> S'il faut que sa mort nous confonde,

Alors, Pilate condamne le Juste, et ordonne en même temps le supplice des deux larrons. Jésus porte sa croix, arrive au Calvaire, où toutes les circonstances qui précèdent sa mort sont rappelées. Enfin il est crucifié, et, le soir, descendu de la croix et enseveli. Puis la pièce se termine par un court épilogue.

La première journée emploie quatre-vingt-sept acteurs; la seconde, cent; la troisième, quatre-vingts; enfin la quatrième, cent cinq.

En tout, trois cent soixante et douze acteurs; ce qui rend plus que probable la supposition que plusieurs rôles étaient remplis par le même personnage.

LE THÉATRE DES ANCIENS

ET

LE NOTRE

Peut-être ceux de nos lecteurs qui auront la patience de nous suivre dans les études que nous faisons sur l'art dramatique, s'étonneront-ils de nous voir soulever parfois, à propos de recherches aussi spéciales en apparence, et de fait peut-être aussi frivoles, ces grandes questions de civilisation, de socialité et de gouvernement, qui semblent bien plutôt réservées au burin puissant de l'histoire qu'à la plume légère de la critique. Nous aussi, quand nous nous enfonçons dans le labyrinthe du passé, nous faisons les premiers pas, croyant à un voyage court et borné ; puis, au fur et à mesure que nous remontons, et que nous voyons, à droite et à gauche de notre route, les sépulcres des hommes, les squelettes des villes, les ruines des nations, notre sujet s'agrandit comme notre horizon ; l'art, dont nous cherchons la naissance, recule devant nous de siècle en siècle, de civilisation en civilisation, de monde en monde, jusqu'à ce qu'enfin nous voyions son berceau comme celui de Moïse flotter sur les eaux du Nil. Alors, pareil à ces voyageurs qui espèrent toujours faire passer dans leurs récits l'intérêt qu'ils ont éprouvé à la vue des choses, et qui croient avoir découvert les premiers des contrées qui n'étaient que perdues, nous nous mettons, au risque d'être taxé de prolixité et de pédantisme, à décrire naïvement les accidents du pèlerinage que nous avons entrepris, les sinuosités de la route que nous suivons, et les aspects différents des paysages qui se succèdent.

C'est un voyage de ce genre que nous allons placer aujourd'hui sous les yeux de nos lecteurs. Nous sommes parti croyant nous arrêter au moyen âge de la France; mais, arrivé là, nous avons trouvé la voie antique et nous avons poussé jusqu'à Rome; puis, une fois dans la ville d'Auguste, la route frayée par l'art athénien était si visible à suivre, que, tout en marchant sur ses traces, nous nous sommes trouvé dans la capitale de l'Attique. Alors, nous avons commencé notre fouille dramatique à travers les œuvres d'Euripide, de Sophocle et d'Eschyle, et nous nous sommes étonné tout d'abord de la différence des commencements, du progrès et de la décadence de l'art théâtral grec, avec les commencements, le progrès et la décadence de l'art théâtral français. En effet, l'art théâtral apparaît en Grèce par le monologue, en France par la pantomime; en Grèce, cent ans lui suffisent pour parcourir toute sa période; en France, cinq siècles lui sont nécessaires à peine pour le conduire où nous le voyons.

Chez les Athéniens, il reste constamment original; chez nous, presque dès son enfance, il devient imitateur. En Grèce, il arrive après la civilisation; à Paris, il la devance.

Familiarisé avec les quatre dialectes que l'on parlait dans le Péloponèse, dans l'Achaïe et dans l'Archipel, Homère les fondit ensemble plus encore par amour national que par calcul philologique. En effet, le devin antique avait pressenti, soit par le génie, soit par le cœur, la grande lutte de l'Asie et de l'Europe; il avait compris que le coup qui frapperait sa patrie lui viendrait de l'Orient; dès lors, Assyrien, Mède ou Perse, n'importe, tout lui était ennemi. Il choisit donc pour sujet de son poëme la première victoire de l'Europe sur l'Asie, et, afin que les chants qui célébraient cette victoire devinssent populaires, il créa une langue unitaire avec les éléments doriens, ioniens, éoliens, auxquels il joignit encore le dialecte de l'Archipel et le patois des côtes. Puis il fit de chacune des îles le berceau d'une déesse, la demeure d'un dieu ou la tombe d'un héros, et les rallia toutes par le lien de la religion au mont Olympe où se tenait la cour de Jupiter. C'est ainsi que procéda le Dante deux mille ans plus tard, lorsque, dans le même esprit d'unité, il composa sa *Divine Comédie* avec tous les dialectes italiens.

La langue telle que l'avait faite Homère fut donc adoptée, et, de ce jour, la civilisation grecque est en progrès.

Philon d'Argos fait frapper la monnaie d'argent. Lycurgue donne un code de lois à Sparte; la dynastie souveraine se tient à Corinthe et fait place aux

Prytanes; les éphores sont établis à Lacédémone, les archontes gouvernent Athènes; Tyrtée et Pindare chantent; Solon, proclamé législateur et arbitre souverain, refuse le trône pour établir le commandement de la loi; Talès de Milet, Chilon de Lacédémone, Pittacus de Mytilène, Bias de Priène, Cléobule de Rhodes, Périande de Corinthe, se réunissent à lui, et forment les sept fleurons de sa couronne antique. C'est dans ce moment que se réalisent les pressentiments de l'auteur de l'*Iliade;* la réaction de l'Europe contre l'Asie s'opère. Darius, pour se venger des Athéniens, qui avaient envoyé aux Grecs de l'Asie Mineure quelques secours d'hommes, à l'aide desquels ils avaient brûlé Sardes, prépare une grande expédition contre la Grèce. Mardonius en reçoit le commandement, perd une partie de son escadre en doublant le mont Athos, revient en Perse, remet le commandement à Dathys, qui part à son tour, pénètre jusqu'à cent quarante stades d'Athènes, et se fait battre par Miltiade dans les plaines de Marathon. Eschyle, âgé de trente-cinq ans, est blessé dans ce combat.

Voilà donc où en est la civilisation de la Grèce, lorsque le nom du père de sa poésie dramatique est prononcé pour la première fois, non pas sur la scène, mais sur le champ de bataille. Elle en était à sa seconde période, elle avait eu déjà une école de sculpture et de peinture, qui était à l'école de Phidias et d'Apelles ce que furent le Giotto et Jean de Pise à Raphaël et à Michel-Ange.

Le peuple athénien était assez instruit pour reconnaître, au premier coup d'œil, les dieux et les héros qu'on lui offrait en spectacle, et assez avancé en art pour comprendre le simple.

Eschyle fit représenter *Prométhée*, le *Faust* antique. Jusqu'à ce premier essai tragique, les seules représentations publiques étaient l'ode à Bacchus que l'on chantait sur un char ou sur des tréteaux, pendant les jours consacrés à ce dieu. Eschyle introduisit sur la scène un interlocuteur parlant, qui relégua les chanteurs au second plan, et devint le personnage principal. La tragédie de *Prométhée* n'est qu'un long monologue interrompu par le chant, et cependant il y a déjà progrès sur Thespis, son devancier.

Les Sept Chefs devant Thèbes succèdent à *Prométhée*, le dialogue au monologue : le chœur continue de représenter la société, qui encourage ou accable, récompense ou frappe, purifie ou maudit.

Au milieu de ces premiers essais d'Eschyle, le cri de guerre se fait entendre de nouveau; le poëte dépose sa lyre et tire son épée; le soldat de Marathon court à Salamine. C'est encore l'Asie qui envahit l'Europe, le fils qui reprend le chemin frayé par le père. Xerxès suit Darius, part à son tour des ruines de Troie, étend un pont d'Abydos à Sestos, passe entre la riche Thaso et la commerçante Abdère, perce auprès de Sanl'isthme du mont Athos, passe sur le corps de Léonidas et de ses trois cents Spartiates, met au niveau de l'herbe Thèbes, Platée et Thespies, qui se trouvent sur la route; se fait dresser un trône sur une des collines qui dominent l'Euripe, fait asseoir à ses côtés les rois de Tyr, de Sidon et de Silicie, envoie des troupes dans les îles voisines, afin qu'aucun Grec ne puisse échapper à la destruction générale, et donne le signal du combat de Salamine.

Pendant ce temps, et au bruit de la mêlée, une pauvre marchande d'herbes met au monde un fils, auquel, en souvenir de la victoire remportée par Thémistocle, la mère donne le nom d'Euripide.

Eschyle retourne à Athènes avec les vainqueurs, et y est reçu à la porte par le jeune Sophocle, coryphée des adolescents.

Huit ans après, il fait représenter *les Perses ;* c'est de l'histoire contemporaine, c'est de la tragédie nationale. Dans cette composition, un nouveau progrès se fait sentir ; le trialogue succède au dialogue.

Voilà où en est l'art, lorsque Sophocle lui vient en aide, et fait jouer *les Trachiniennes;* ce n'est cependant encore qu'un élève; *Œdipe roi* en fera un rival, *Œdipe à Colone* un vainqueur.

Sophocle naquit avec l'âge brillant de la Grèce ; il vit sortir de terre les Propylées et s'arrondir dans les airs les marbres du Parthénon ; il fut le contemporain de Périclès, d'Aspasie, de Socrate, de Laïs et de Platon ; il vit Alcibiade, qui luttait aux jeux Olympiques et remportait trois prix à la fois, qui, sachant adopter tour à tour les vices et les vertus des peuples qu'il visitait, étonna l'Asie par son luxe, Sparte par sa frugalité, la Thrace par son intempérance, la Béotie par sa vigueur, l'Ionie par sa mollesse, et qui répondit à l'amour de Thimœa, femme d'Agis, non point parce qu'il l'aimait, mais afin de laisser un roi de sa race pour amollir Lacédémone. C'était l'époque où Périclès répudiait sa femme pour épouser Aspasie ;

proscrivait Thucydide et Cimon afin de n'avoir plus de comptes à rendre à la République, employait un million par an à corrompre les Spartiates, augmentait les tributs d'un tiers pour faire tailler des statues, et déclarait la guerre aux Mégariens parce qu'ils avaient enlevé une courtisane.

L'art dramatique ne pouvait rester grand et sévère au milieu d'un pareil siècle ; Eschyle avait guidé ses premiers pas ; Sophocle le mena à son apogée ; Euripide vint à son tour, et ouvrit à sa vieillesse la route splendide de sa décadence.

Après Euripide, vous chercheriez vainement l'art dramatique en Grèce, les rhéteurs remplacent les poëtes, les discours succèdent aux œuvres, les chaires fleurissent, et les théâtres tombent. L'école d'Alexandrie meurt en avortant d'une argutie ; une seule palme reste encore à la Grèce, c'est celle de l'éloquence ; Cicéron vient la cueillir et la rapporte à Rome, humide encore des larmes de Molon le vieux, rhéteur de Rhodes.

C'est que les temps de la Grèce sont révolus, et que ceux de Rome commencent. La civilisation fait un nouveau pas d'Orient en Occident ; Scipion remplace Thémistocle, César succède à Périclès. Rome, qui a emprunté à l'Étrurie éteinte ses cérémonies religieuses, une partie de ses lois, ses personnages consulaires, sa couronne d'or, sa chaise curule, son bâton d'ivoire, va emprunter à Athènes qui s'éteint ses arts, ses sciences, sa langue et sa poésie ; car Rome est encore âpre, sauvage et inculte, et, lorsque Rhodes, Athènes et Corinthe renferment, à elles trois, plus de cent mille statues, Rome ne possède encore qu'une image de Cérès, fondue avec l'or confisqué à Spurius Cassius, condamné à mort par son père pour avoir conspiré contre la République.

La langue grecque est peu connue à Rome pendant les cinq premiers siècles de sa fondation. La mission des ambassadeurs envoyés par les décemvirs pour étudier les lois d'Athènes et de Sparte n'est rien moins que prouvée, puisque le style des Douze tables est essentiellement latin. Les premiers essais dramatiques des Romains furent populaires et nationaux, et les vers fescennins et saturnins, dont se composent les jeux scéniques représentés à Rome l'an 392, n'étaient empruntés à aucune littérature étrangère. Ce ne fut que l'an 514 de Rome, cent trente ans après la mort d'Euripide, que Livius Andronicus fit jouer sa première pièce, imitée des Grecs. Cinq ans après, Cnéius-Névius suit son exemple. Ce dernier, qui, du reste, était né en Calabre, parlait si correctement les deux langues, qu'il écrit dans l'une et apprend l'autre à Caton l'Ancien. L'élève, satisfait du maître, le ramena de Sicile à Rome et lui donna une maison sur le mont Aventin. La richesse de la récompense prouve que Caton avait reçu d'Ennius un présent encore rare en Italie.

Peu à peu les rapports commerciaux de Rome avec la Grande-Grèce et avec l'Archipel, ses guerres avec la Sicile et son alliance avec Marseille, popularisèrent chez elle la langue de l'Attique. Plaute et Térence ne sont que des imitateurs d'Aristophane et de Ménandre. Sénèque traduit Sophocle et Euripide; *Virgile est la lune d'Homère.*

Bientôt, l'invasion du christianisme donne un nouvel éclat au flambeau athénien, les pères de l'Église attaquent les croyances de l'*Iliade* avec la langue d'Homère ; les rhéteurs leur répondent dans le même idiome. On parle encore latin à Rome, mais on ne dispute et l'on n'écrit plus qu'en grec. Néron raille Sénèque sur la rudesse de son accent, et Marc-Aurèle professe hautement son mépris pour la langue de Tacite et de Juvénal ; enfin, Constantin lui porte le dernier coup le jour où il transporte le siége de l'empire des rives du Tibre au bord de la mer Noire ; les arts et les sciences suivent en courtisans l'émigration impériale ; l'Orient pour la dernière fois l'emporte sur l'Occident. Rome, appauvrie du grec, redevient latine. Le christianisme, protecteur de tout ce qui est proscrit, adopte la langue populaire, et la sauve de l'invasion des barbares en l'abritant dans les cloîtres.

Cette fois, c'est l'Asie tout entière, l'Asie trop féconde et trop peuplée, qui ne peut plus nourrir ses enfants et qui déborde sur l'Europe ; c'est un déluge de nations fauves qui se répandent sur la civilisation antique, l'envahissent, l'étreignent et l'étouffent. Territoire, mœurs, langage, tout disparaît sous le flot pressé des peuples qui se succèdent ; le passé se sépare du présent, tous les liens qui l'y rattachent sont violemment rompus, le monde décrépit, est mis à la refonte, une nouvelle division de royaumes s'opère, le soleil du christianisme se lève sur eux, illuminant une ère nouvelle qui date d'hier ; au delà, tout est nuit ; car la seule lumière qui pourrait l'éclairer veille au sanctuaire des églises.

Dans cette grande loterie des empires, la Gaule, de province romaine qu'elle était, devient royaume germanique, et trois éléments se combinent, de la réunion desquels naîtra la France ; ces trois éléments sont le celtique, le roman et le teuton.

Ces trois éléments n'étaient point encore parfaitement fondus ensemble lorsque nous voyons poindre l'art dramatique à la surface de la société féodale ; aussi apparaît-il sous l'aspect opposé qu'il avait en Grèce, c'est-à-dire muet au lieu de déclamateur.

C'est qu'en jetant les yeux sur la France du xe siècle, on s'aperçoit que la première unité nécessaire à l'art dramatique lui manque, celle du langage. En effet, le peuple parle la langue romane, l'aristocratie la langue teutonique, le clergé la langue latine. L'art, pour se faire comprendre au milieu de cette Babel du moyen âge, est donc forcé de recourir au geste, idiome primitif et universel ; mais, caché sous le nom de jonglerie, il reste stationnaire et circonscrit entre deux hommes, deux femmes, un ours et un singe, dont se compose généralement la troupe comique, depuis le commencement du règne de Charlemagne jusqu'à la fin du règne de saint Louis.

C'est que les règnes précédents viennent de voir s'accomplir une grande révolution philologique : la langue d'oïl l'a emporté sur la langue d'oc, les trouvères sur les troubadours ; un empire national se constitue à la rive droite de la Loire ; la France vient de naître de la Gaule, et commence à balbutier, avec Godefroy de Paris, les premiers mots de la langue que parleront Corneille et Molière.

Si l'on veut étudier le point de suture entre l'idiome savant et le dialecte populaire, que l'on prenne Ville-

Hardouin, Nangis et Joinville, alors on verra le latin, la langue sainte, la langue mystérieuse, la langue des initiés, qui, conservatrice des traditions du vieux monde, s'est perpétuée dans le nouveau, lutter dans sa vieillesse et sa décadence avec sa jeune et vigoureuse rivale : Nangis est à Tacite ce que Zozime est à Homère.

Le défaut d'études spéciales et le désir d'être compris du plus grand nombre déterminèrent Ville-Hardouin et Joinville à écrire dans la langue vulgaire; l'envie de connaître les événements de la terre sainte était si grande, qu'elle força les chroniqueurs à adopter l'idiome méprisé mais répandu. Ville-Hardouin et Joinville crurent ne faire qu'un récit sans prétention, et, du même coup, ils écrivirent une histoire et créèrent une langue.

Dès qu'il vit un moyen de transmettre sa pensée par la parole, l'art s'en empara et relégua le geste au second plan, comme le monologue avait fait du chant : de ce jour, il se trouva en progrès.

Cependant, histoire profane, histoire catholique, tout se trouvait enfermé dans les cloîtres ; ces arches saintes, flottant sur l'inondation des barbares, conservèrent au monde nouveau les archives du vieux monde.

La Bible seule, livre de consolation, de croyance et de foi, était sinon dans toutes les mains, du moins dans toutes les mémoires : l'imagination s'appuya sur elle, et, ne se sentant pas assez forte pour voler avec ses ailes, elle s'en fabriqua avec les plumes de l'histoire sacrée.

Alors, l'art dramatique se trouva en France, sous

un rapport du moins, dans la même position où il s'était trouvé en Grèce, agissant dans un monde tellement connu et tellement populaire, qu'il n'avait qu'à nommer ses dieux et ses héros, car ses dieux et ses héros étaient connus de tous.

C'est ainsi que le mystère du *Vieux Testament*, représenté un demi-siècle après la mort de Joinville, et dans la langue de Joinville, se compose de soixante-deux mille vers, occupe cent acteurs, et s'empare de tout l'espace compris entre la création du monde et le triomphe de Mardochée.

Lorsque la Bible fut épuisée, on passa à l'Évangile : le mystère de *la Conception*, le mystère de *la Passion* et le mystère de *l'Assomption* furent joués vers la fin du xv° siècle et au commencement du xvı°.

Lorsque l'Évangile fut à sec, on fouilla les livres apocryphes. Le Protevangelion de Jacques le Mineur, les deux Évangiles de l'Enfance, celui de Nicodème, furent mis à contribution, et l'on en tira une multitude d'œuvres scéniques, dont le catalogue serait aussi long qu'ennuyeux.

Au milieu de tous ces essais, deux efforts remarquables sont tentés : l'un de réaction, l'autre de progrès; l'un par la langue savante, l'autre par la langue vulgaire.

L'un est le mystère de *la Destruction de Troie*, première évocation du spectre antique au milieu de la société du moyen âge, effort de la science pour ramener à la science. Il fut écrit en latin par Jacques Mirlet, étudiant ès lois de l'université d'Orléans, puis translaté en français. Quoique l'auteur se soit inspiré de Darès et non d'Homère, l'analyse nous paraît inutile. La date remonte à 1450.

L'autre est le mystère du *Chevalier qui donne sa femme au diable*, première apparition d'une œuvre originale et populaire, effort de la nationalité pour créer un théâtre national ; première pièce d'origine française, s'appuyant sur les traditions et les mœurs françaises. La date est de 1505.

Quant à son analyse, la voici :

Un chevalier dissipe son bien en orgies, en chasses et en tournois, à l'instigation de ses deux écuyers, et, malgré les avis de sa femme ; lorsqu'il ne possède plus ni terre ni chevaux, il cherche à emprunter, mais chacun lui ferme sa porte et sa bourse. Le diable alors lui apparaît, profite de sa détresse, fait un pacte avec lui, et lui rend la richesse à la condition qu'il lui livrera sa femme au bout de sept ans ; le chevalier renie Dieu, renie Jésus, mais, dans sa courtoisie chevaleresque, refuse de renier la vierge Marie.

Le terme arrivé, le chevalier conduit sa femme dans un bois, et, là, il lui avoue dans quel but il l'a amenée et entre quelles mains il va la remettre. Cet aveu se fait à la porte d'une église qui se trouve sur la route. La femme du chevalier demande et obtient comme dernière faveur d'entrer dans la chapelle pour faire sa prière. Elle s'agenouille devant la vierge Marie. Alors, la mère de Dieu descend de l'autel, prend les traits de celle qui l'implore, la laisse dans l'église et sort à sa place.

Trompé par la ressemblance, le chevalier la conduit à Satan ; mais, au moment où il va mettre la main sur elle, elle reprend son auréole céleste et son visage virginal. Satan, épouvanté, recule, car il reconnaît celle qui, de son pied nu, a brisé la tête du serpent.

Trente personnes suffisaient à la représentation de ce mystère.

L'art français, on le voit donc, procède encore sur ce point comme sur celui de la pantomime d'une manière toute contraire à l'art grec. En France, nous descendons du composé au simple; à Athènes, nous montons du simple au composé : les deux arts se rencontreront au milieu de l'échelle, et le même progrès se trouvera atteint lorsque le nombre des acteurs sera fixé à un chiffre rationnel, quoiqu'il soit parti des deux extrémités opposées.

Jusqu'ici, comme on le voit, notre théâtre est original; original par la forme, lorsqu'il traite les sujets d'histoire; original par la forme et par le fond, lorsqu'il traite les sujets d'imagination.

Cependant, vers cette époque, de grands événements littéraires et politiques viennent de s'accomplir autour de la France, et vont réagir sur elle.

Dante est né comme mourait Joinville, qui, dans sa longue vie, avait vu passer six rois. Dante donne une langue à l'Italie, comme Homère en avait donné une à la Grèce et Joinville à la France. Outre celle qu'il créa, Dante parlait ou connaissait quatre langues, le latin, le provençal, l'allemand et l'hébreu.

Pétrarque, qui vient après lui, aux mêmes connaissances philologiques, moins celle de l'hébreu, essaye de joindre l'étude de la langue grecque ; il prend pour maître un savant de Constantinople, comme Caton a pris un poëte de la Calabre ; mais, moins heureux que Caton, il ne réussit qu'à demi, et, familier comme il l'était avec Cicéron et Virgile, il ne peut arriver à traduire couramment Homère.

Boccace lui succède, et, tout en demeurant original, il n'en étudie pas moins la langue de l'*Iliade* et de l'*Énéide*, qu'il possède presque à l'égal de la sienne : cette science l'encourage à fouiller les vieilles bibliothèques, dans lesquelles il retrouve des fragments d'Anacréon, et des manuscrits inconnus de Plaute, de Térence et de Sénèque.

L'empire grec s'écroule en 1453 : la conquête de Mahomet II fait refluer en Sicile plusieurs familles grecques : de la Sicile, elles passent en Italie, s'arrêtent en Toscane, rencontrent une langue toute formée ; entendent bégayer quelques mots de l'idiome maternel, et s'établissent à Florence, à laquelle elles font don, en retour de son hospitalité, des manuscrits d'Aristophane, de Ménandre, d'Eschyle, de Sophocle et d'Euripide.

Alors, le bruit se répand, avec le retour des armées de Charles VIII et de Louis XII, avec les alliances de Henri II et des Médicis, que de merveilleuses compositions scéniques, écrites dans un idiome inconnu, viennent d'être rapportées d'un monde oublié : Rabelais, Ronsard et Montaigne étudient la langue ; Robert Garnier, Alexandre Hardy et Jodelle s'emparent des œuvres ; trop faibles pour continuer de mener à sa perfection le théâtre national, ils adoptent le théâtre étranger, remontent vers le passé, n'osant point marcher vers l'avenir, substituent l'imitation à l'originalité, et font représenter *Hippolyte, fils de Thésée, Antigone, Cléopâtre, Didon, Achille, Cornélie* et *Marc-Antoine*, réactions du théâtre antique sur le théâtre moderne : rayon du soleil grec à son midi qui fait pâlir notre aurore française.

A compter de ce moment, il n'y eut plus chez nous de théâtre national ; toute œuvre postérieure au xvi⁰ siècle adopta systématiquement la forme et l'allure grecques, même quand le fond était tiré d'une autre histoire. Il en fut de la tragédie comme de l'architecture : la renaissance tua le gothique.

Les merveilleuses compositions de Rotrou, de Corneille et de Racine sanctionnèrent la révolution qui avait détrôné l'art national, et leur poésie fut l'huile sainte qui sacra roi l'art étranger ; la civilisation du Christ fut reniée pour celle de Jupiter ; nos vierges, nos martyrs et nos guerriers firent place aux demi-dieux et aux héros du paganisme : ce fut un culte splendide, mais ce n'en fut pas moins une idolâtrie.

Il n'y eut point jusqu'à Molière, cet apôtre de la comédie populaire, qui ne se fît un instant apostat ; mais, pareil aux Israélites dans le désert, il ne perdit jamais de vue la colonne de feu ; elle le conduisit à la terre promise.

La mission de l'école nouvelle est large et belle ; elle a déjà eu le courage de reprendre l'art national où il a été abandonné : maintenant, Dieu lui donne la force !

WILLIAM SHAKSPEARE

Vers la fin de l'année 1586, il y avait grande fête dans la cour de l'auberge du *Taureau rouge*, à Londres : on y représentait le *Faust* de Marlowe, l'une des pièces les plus justement estimées de l'époque.

Nos lecteurs nous permettront de les introduire dans la salle de spectacle ; ce sera un moyen facile et tout trouvé pour nous de leur indiquer d'une manière plus exacte et plus pittoresque le point précis où en était arrivé l'art théâtral à cette époque.

C'était une grande cour d'hôtellerie, comme on peut en voir encore dans le vieux Rouen. Elle était, selon la coutume, de forme carrée, avec des escaliers en dehors des bâtiments : ces escaliers conduisaient à des galeries de bois, ornées de parapets sculptés, qui faisaient le tour intérieur de la cour ; d'espace en espace, et comme dans les corridors d'un couvent, des chambres numérotées s'ouvraient sur ces galeries, afin que les voyageurs n'eussent qu'à ouvrir leur porte, et appeler pour être promptement servis. Au fond de la cour, et en face de la grande entrée, on avait élevé un théâtre qui communiquait par derrière avec les appartements du rez-de-chaussée, où s'habillaient les acteurs. Quant au public, divisé comme il l'est dans nos théâtres modernes, auxquels ces cours ont servi de point de départ, il encombrait les espaces à lui réservés, c'est-à-dire le parterre, qui n'était rien autre que le pavé, et le premier et le second corridor correspondant à nos premières et à nos secondes galeries; les plus riches avaient loué des chambres en même temps, et, dans les entr'actes, ils rentraient chez eux, comme font les Italiens dans leurs loges, pour causer de la pièce ou prendre des rafraîchissements.

La représentation se passa à la plus grande gloire de l'auteur et à la plus grande satisfaction des assistants, quoique l'on ne puisse dire aujourd'hui le nom d'un seul des acteurs qui jouaient dans l'ouvrage, quoique les rôles de femme fussent remplis par de jeunes adolescents, usage qui ne fut aboli que soixante ans après l'époque que nous essayons de dépeindre, et quoique, pour toute décoration, on changeât l'écriteau sur lequel étaient tracés, en grosses lettres, ces mots : *Ceci est une forêt,* ou : *Ceci est un château;* ce qui devait aider merveilleusement aux changements à vue, mais servir assez médiocrement l'illusion.

Heureusement pour l'auteur de *Faust,* les spectateurs de cette époque, hommes primitifs et dont la civilisation datait d'Élisabeth, n'étaient point exigeants sur cette partie de leurs plaisirs, qu'on a érigée depuis en art et décorée du nom pompeux de mise en scène. Aussi, la toile baissée sur le dernier acte, se retirèrent-ils fort réjouis du mystère qu'ils venaient de voir représenter, et se promettant bien de ne point manquer aux prochaines représentations qu'annonçaient pour les semaines suivantes les troupes rivales installées dans les auberges du *Globe* et de la *Fortune*.

Cependant, tous les spectateurs étaient sortis, à l'exception d'un jeune homme qui avait semblé, plus que personne, apprécier ce spectacle, probablement nouveau et, par conséquent, merveilleux pour lui. L'illusion qui s'était emparée de son esprit paraissait même survivre à la représentation; car il était resté à la même place, debout et appuyé contre un des poteaux qui soutenaient la galerie, plongé dans des réflexions que le poëte eût prises sans doute pour le résultat d'une admiration profonde, mais que l'aubergiste parut, après quelques instants d'examen, réduire à une plus juste valeur; car, s'approchant de lui d'un air de défiance, il lui frappa sur l'épaule en homme qui sait que toute place que l'on occupe chez lui se paye au pied carré. Le jeune homme tressaillit et se retourna avec un léger sentiment de crainte; mais, ayant jeté un coup d'œil rapide sur celui qui le tirait de ses réflexions, sa belle et spirituelle figure reprit à l'instant même l'expression de gaieté juvénile qui en formait, à cette époque, le principal caractère.

— Sur mon âme, mon jeune maître, dit l'aubergiste en rompant le premier le silence, vous paraissez singulièrement vous plaire à cette place; êtes-vous dans l'intention de la louer?

— Non, répondit le jeune homme; car je n'aurais pas de quoi la payer.

— Hum! fit l'aubergiste; que désirez-vous donc en restant ici?

— Parler au directeur de la troupe qui vient de représenter ce beau mystère.

— Auriez-vous l'intention de vous engager parmi ses acteurs?

— Peut-être, dit le jeune homme.

— Eh bien, suivez-moi, je vais vous conduire chez lui.

A ces mots, l'aubergiste gagna le fond de la cour, suivi de l'étranger, monta quatre degrés qui conduisaient sur le théâtre, traversa la scène, passa derrière la toile, sur laquelle était attaché le dernier écriteau représentant l'enfer, introduisit le néophyte dans le sanctuaire. C'était un intérieur de comédiens; qu'on nous en épargne la description : Scarron a tout dit là-dessus.

L'aubergiste présenta son protégé au directeur; celui-ci le regarda de la tête aux pieds, comme eût fait un recruteur; puis, satisfait de l'examen :

— Eh bien, jeune homme, lui dit-il, que me voulez-vous?

— Je veux entrer dans votre troupe, répondit l'étranger.

— Que savez-vous?

— Rien. Aujourd'hui, pour la première fois, j'ai assisté à une représentation dramatique.

— Et qui êtes-vous? reprit le directeur étonné d'une pareille franchise.

— Faites sortir toutes les oreilles inutiles qui nous écoutent, et vous le saurez.

Le directeur fit un signe, et fut obéi comme un monarque. L'hôtelier fit quelques difficultés; mais la représentation avait été bonne, le directeur payait bien ; le maître d'une hôtellerie voisine, qui ambitionnait l'honneur de transformer aussi la cour de son auberge en salle de spectacle, avait été vu, la veille, en conférence avec quelques acteurs. L'hôtelier pensa qu'il ne fallait pas mécontenter une si bonne pratique, et se retira en grommelant.

— Maintenant, nous sommes seuls, dit le directeur, je vous écoute.

— Permettez, répondit le jeune homme en prenant une chaise et en s'asseyant de l'autre côté de la table ; c'est que le récit est un peu long.

— Faites, répondit le directeur, inclinant la tête en signe d'assentiment.

— C'est une confession que je vais vous faire, monsieur : vous sentez-vous l'indulgence et la discrétion d'un confesseur ?

— Parlez.

Le jeune homme jeta un coup d'œil rapide sur son interlocuteur, et, voyant dans sa physionomie franche et ouverte tous les caractères de la sincérité, il chassa toute hésitation et commença son récit.

— Je suis né, dit-il, à Strafford-sur-Avon, dans le Warwickshire, le 23 avril 1564, la sixième année du règne de Sa glorieuse Majesté notre reine Élisabeth ; ce qui me constitue aujourd'hui mes vingt-deux ans.

— Continuez, dit le directeur.

— Mon père était gantier ; il vint s'établir à Strafford en 1550 ; en 1568, il fut nommé maire, et, en 1571, premier alderman du conseil municipal ; vous voyez que, si je ne suis pas noble, je suis au moins de bonne famille.

Le directeur fit un geste de tête et un signe d'assentiment.

— Cependant, comme il n'était pas riche, et que j'étais l'aîné de quatre garçons et d'une fille, on me mit à l'école gratuite, où je reçus une bonne éducation, puis chez un attorney (avoué). Avez-vous des procès?

— Non.

— Tant mieux! car, à l'exception de quelques termes barbares que j'ai retenus, je ne pourrais pas vous servir à grand'chose. Le contentieux n'étant pas ma vocation, il en résulta qu'au lieu d'aller à l'étude, je m'occupais à dresser des faucons; art auquel, en revanche, je m'entendais merveilleusement bien. Sur ces entrefaites, il convint à mon père de me marier : il avait fait choix de la fille d'un cultivateur de ses amis; je ne voulus pas le contrarier sur ce point, attendu que je le rendais déjà assez malheureux avec mon dégoût pour le barreau et mon amour pour la chasse. J'épousai donc, à dix-sept ans, une femme qui avait sept ans et demi de plus que moi. De qui vint la faute? Je n'en sais rien; mais le fait est que nous ne fûmes pas heureux; j'en négligeai davantage mon avoué, et j'en cultivai la chasse avec une nouvelle ardeur; de sorte que, au lieu de me lier, comme je l'aurais dû, avec d'honnêtes et savants praticiens, je fis connaissance avec une douzaine de mauvais sujets de mon espèce, braconniers par vocation, qui passaient leurs journées à inventer des piéges et à fondre des balles, et leurs nuits à faire la guerre aux sangliers et aux daims.

— Diable! diable! fit le directeur.

— Oui, fit le jeune homme, voilà justement où la

chose se gâte. Une nuit que nous faisions, dans le parc
de sir Thomas Lucy, propriétaire des environs de Strafford, une de nos excursions aventureuses, nous fûmes
surpris par les gardes : une rixe s'engagea, les gardes
furent les moins forts ; mais, comme ils étaient dans
leur bon droit, une méchante affaire s'ensuivit pour
nous. Sir Thomas Lucy poursuivit avec tant d'acharnement, que mon attorney, qui au fond était un brave
homme, vint me prévenir que je ne ferais pas mal de
quitter Strafford. Comme je lui faisais quelques objections sur un parti aussi désespéré, quelques gardes parurent au bout de la rue qui conduisait à la maison de
mon père : l'avoué avait raison, il n'y avait pas de temps
à perdre. Je pris un bâton de voyage, le peu d'argent
qu'il y avait dans l'armoire, et, tandis que ceux qui venaient pour m'arrêter frappaient à la porte de la rue,
je sautai par-dessus les murs du jardin, et me trouvai
en pleine campagne. Depuis longtemps, j'étais habitué
à regarder le monde comme ma propriété ; je marchai
donc au hasard devant moi. Au bout d'une heure, je
me trouvai sur la route de Londres ; je la suivis d'inspiration. Je suis arrivé dans la capitale ce matin ; après
avoir erré deux heures au hasard dans ses rues, je me
suis trouvé à la porte de l'hôtel du *Taureau rouge*. Je
suis entré ; j'ai donné, toujours confiant dans la puissance de Dieu, mon dernier penny pour voir le spectacle. Tant qu'il a duré, je n'ai pas eu faim ; mais voilà
qu'il est fini, et que j'ai la bourse et l'estomac vides ;
or, je veux gagner honorablement ma vie, et c'est
pourquoi je suis venu vous demander un engagement
dans votre troupe.

3.

— Mais, mon cher enfant, dit le directeur, touché de cette confiance et de cette franchise, pour jouer la comédie, il faut étudier.

— Eh bien, j'étudierai.

— Mais, en attendant que vous soyez en état de jouer...?

— Je vous rendrai tous les services qui seront en mon pouvoir. Voyez à quoi je puis vous être bon.

— Il nous manque un second souffleur.

— Très-bien !

— Vous serez en même temps chargé d'avertir les acteurs que leur tour est arrivé d'entrer en scène.

— A merveille !

— Puis, lorsque vous aurez fait les études nécessaires, — et cela vous sera facile, ayant sans cesse des modèles sous les yeux, — vous débuterez à votre tour.

— C'est dit.

— Quant aux appointements...

— Vous me nourrirez, vous m'habillerez, et, de temps en temps, vous me donnerez quelque penny pour jouer aux dés avec mes camarades et boire un verre de bière.

— Soit ! A propos, votre nom ?

— William Shakspeare.

Les conventions faites furent loyalement remplies de part et d'autre ; mais, ici, nous manquons de documents précis pour suivre notre poëte dans le cours de sa merveilleuse carrière. Nul ne nous a transmis la date de ses pièces, ni l'ordre dans lequel elles furent jouées ; et le trésor nous a été légué en masse et en bloc, mais sans étiquettes.

On comprend combien le jeune William, doué de cette organisation vigoureuse et en même temps fine et spirituelle que n'était point venue rabattre de son classique et fatal niveau l'éducation universitaire, fut apte à tout saisir, depuis les inspirations qui se perçoivent par l'instinct, jusqu'à la science qui s'acquiert par le travail. Employé du théâtre, il en apprit le métier, et ce fut à cet apprentissage qu'il dut l'habileté mécanique qui soutient l'échafaudage de ses pièces. Né parmi le peuple, et élevé jusqu'à la cour, toutes les classes échelonnées sur les différents degrés de l'échelle sociale, depuis les braconniers, ses anciens amis, jusqu'à Élisabeth, sa nouvelle protectrice, passèrent successivement devant ses yeux, et aucun ne lui échappa. Enfin, maître à son tour d'une troupe, disposant de tous les moyens d'exécution qui étaient connus à cette époque, n'ayant à subir ni les caprices d'un directeur, ni les scrupules d'une censure, ni les retards d'une réception ou d'une mise en scène, ses œuvres se reproduisirent vives, complètes, indépendantes, et ainsi que, rêvées par son imagination, elles avaient jailli de son cerveau.

Shakspeare était arrivé dans une de ces époques heureuses, et avait pris racine dans une de ces terres chaudes et primitives, où grandissent facilement au delà de la taille ordinaire les hommes de génie : il trouva la langue à peine formée, l'art à peine sorti de l'enfance ; il les prit, l'une balbutiant à peine, l'autre marchant aux lisières, et fit pour la Grande-Bretagne ce que Dante avait fait pour l'Italie. La vieille Angleterre, secouée comme un volcan par les guerres de la Rose blanche et de la Rose rouge, toute sanglante encore des exécutions de la catholique Marie, se reposait enfin sous le règne long et calme d'Élisabeth la protestante ; de temps en temps, quelques secousses souterraines, quelques commotions intérieures se faisaient ressentir ; mais, parties du palais, elles s'étendaient rarement jusqu'au peuple. Une tête de favori parjure ou de reine rebelle tombait comme pour ne pas laisser rouiller le sabre du bourreau, et tout était dit ; l'exécution faite, l'intérêt mourait avec le patient, tout redevenait tranquille, et chacun demandait à oublier dans des fêtes ou des spectacles, ces émotions momentanées qui rappelaient les vieux désastres et les vieilles guerres.

Aussi trouve-t-on dans les drames de Shakspeare les impressions extrêmes qui agitaient alors la société : folles joies et larmes amères, Falstaff le bouffon et Hamlet le penseur ; et, ce qu'il y a de remarquable encore et qui vient à l'appui de notre opinion, c'est que ces deux types existaient déjà, populaires et informes ; de sorte que Shakspeare n'eut qu'à les perfectionner pour les rendre poétiques et complets, tels enfin qu'il nous les a légués et que nous les admirons aujourd'hui.

Un des bonheurs de notre poëte fut encore l'ignorance où l'on était alors du théâtre grec. Le beau selon les anciens n'était pas réputé, par quelques critiques impuissants et quelques rhéteurs jaloux, le beau selon les modernes : Eschyle, Euripide et Sophocle étaient entièrement étrangers à Shakspeare, qui étudia toute son histoire romaine dans Plutarque, le plus coloré et le plus pittoresque des biographes antiques ; il résulta, de cette ignorance des uns et de l'étude approfondie de l'autre, trois chefs-d'œuvre : *Jules César*, *Coriolan* et *Cléopâtre*.

Mais où Shakspeare est vraiment merveilleux, quoique l'esprit de parti lui fasse donner parfois une teinte plus sombre à certains caractères, c'est dans ses drames historiques; là sont tellement rivées l'une à l'autre et fondues l'une dans l'autre la réalité et l'imagination, qu'il est impossible de les séparer, et que certaines figures, aux yeux mêmes des analystes les plus sévères, se présentent avec la forme et l'expression que leur a données le poëte : ainsi, Macbeth, ainsi le roi Jean, ainsi Richard — Richard surtout — qu'Horace Walpole et Louis XVI, c'est-à-dire un ministre et un roi, n'ont pu laver dans l'avenir de l'arrêt trop partial du poëte.

Maintenant, où la lutte du génie contre les moyens matériels est le plus remarquable, c'est dans la création de ses personnages de femme ; les types de Shakspeare, Jessica, Juliette, Desdémona, Ophélie, Miranda, sont restés les types de tout amour, de tout charme et de toute pureté. Notre théâtre à nous, depuis Corneille jusqu'à Beaumarchais, ignorait ces types suaves et poétiques rêvés par le poëte qui a dit de sa patrie, que l'Angleterre était un nid de cygnes au milieu d'un vaste étang ; les créations de nos grands maîtres à nous sont toutes viriles : les femmes sont, sinon oubliées, du moins sacrifiées dans leurs œuvres, et celles qui rarement y lèvent leur tête échevelée, se rapprochent presque toujours de l'homme par leur langage et par leurs passions : c'est Camille, c'est Émilie, c'est Phèdre, c'est Hermione, c'est Sémiramis. Or, que l'on veuille bien se rappeler un instant que, du temps de Shakspeare, les rôles de femme, comme nous l'avons dit, étaient remplis par des hommes, et l'on comprendra quel plus puissant trésor d'amour et de poésie il fallait que le poëte anglais eût amassé dans l'âme, lui qui n'avait pour miroir que sa pensée, et non pas, comme Corneille, Molière, Racine ou Voltaire, les yeux de la Deseuillet, de la Béjart, de la Champmeslé et de la Clairon.

Pendant les vingt ans que dura sa carrière dramatique, Shakspeare produisit trente-cinq pièces ; car, selon toutes les probabilités, *Périclès* et *Titus*, quoique se trouvant dans les éditions de Letourneur et de Guizot, ne sont pas de lui; pendant cet espace de vingt ans, à l'exception de Marlowe, son prédécesseur, de Ben Johnson, son émule, et de sir William Davenant, son successeur, il absorba en lui toute la littérature de son époque. Qui connaît aujourd'hui Chapmann, Marston, Rowley, Middleton, Welster, Heywood, Forde, Deker, Shirley, Drayton, Phincas, Fleher, Daniel Chettle, Browne, Davenport, Field, Peeles, Quarles, Vash, Lodge Sackville, Green, Gascoigne, Gager, Preston, Warmes, Taylor? — et qui ne connaît pas Shakspeare ?

Shakspeare se retira du théâtre vers l'an 1610, c'est-à-dire à l'époque où Corneille avait quatre ans. Il avait connu tout ce que le siècle avait produit de grands hommes, depuis le comte d'Essex jusqu'au comte de Southampton, à qui il dédia son poëme de *Vénus et Adonis*; il avait été le poëte favori d'Élisabeth, qui lui avait commandé la tragédie de *Henri VIII*

et la comédie des *Joyeuses Commères de Windsor*.
Il avait obtenu de Jacques à son avénement au trône,
le privilége du théâtre le Globe : il avait la réputation
du premier poëte de son époque; il jouissait d'une
fortune de sept à huit mille livres de rente, équivalant
à un revenu de trente mille francs de nos jours; il
voulut revoir en triomphateur le pays qu'il avait quitté
en fugitif; il retourna donc à Strafford-sur-Avon, auquel il n'avait fait, pendant cet intervalle de vingt-quatre ans, que de courtes et rares visites. Une fois
qu'il fut rétabli dans son pays natal, la fin de sa vie retombe dans l'obscurité de sa naissance. Et, pareil à un
arc-en-ciel magnifique, il brille au plus haut de l'empyrée; mais, à ses deux horizons, il se perd dans les
nuages.

Tout ce qu'on sait dès lors de Shakspeare, c'est qu'il
mourut le 23 avril 1616, le jour anniversaire de sa
naissance, âgé de cinquante-deux ans; c'était l'âge
auquel devait, cinquante-sept plus tard, mourir Molière, le seul homme que nous puissions lui comparer.

Shakspeare laissa deux filles légitimes, Suzanne et
Judith, et un fils naturel, sir William Davenant.

Suzanne épousa, en 1607, le docteur John Hall, et
mourut en 1649, âgée de soixante-six ans, laissant une
fille qui n'eut pas de postérité.

Judith, épousa en 1616, M. Thomas Quiny, et mourut
en 1662, laissant trois fils qui n'eurent point d'enfants.

Ainsi s'éteignit la postérité légitime du grand poëte.

Quant à sir William Davenant, qui se vantait lui-même d'être le fils de Shakspeare, convaincu que
l'honneur d'avoir un tel père devait effacer la tache de

sa naissance, après avoir suivi la carrière tracée par le grand maître qui la laissait libre et déserte, il obtint la direction d'un grand théâtre, et fut créé baronnet en 1643, par Charles 1er. Sous le protectorat, Milton lui sauva la vie, service que Davenant rendit à son tour à Milton lors de la restauration des Stuarts. Ce fut lui qui introduisit le premier au théâtre l'art des décorations et le prestige des changements à vue ; ce fut sous sa direction, en 1660, que mistress Sanderson joua le premier rôle de femme dans Desdémona.

Sir William Davenant mourut le 17 avril 1668, et avec lui s'éteignit le dernier rejeton du poëte qui a le plus créé après Dieu.

DE LA

SUBVENTION DES THÉATRES

Le commandement de l'artillerie classique avait été remis pour cette fois à M. Fulchiron ; il a rempli dignement son mandat. Il a visé sur le Théâtre-Français et a fait feu de toutes pièces (discussion du budget, mai 1836). Examinons les uns après les autres les boulets de M. Fulchiron, qui, heureusement, n'ont fait aucune brèche et n'ont blessé personne.

Le premier reproche de M. Fulchiron est que l'on ne parle plus français au Théâtre-Français, et ce reproche s'adresse spécialement à M. Victor Hugo.

D'abord, qu'entend M. Fulchiron par ces mots : *parler français ?*

Ce fut vers le XIIIe siècle, à peu près, que l'on commença de parler français en France. Les premiers ouvrages que nous possédons dans notre langue nationale sont ceux des chroniqueurs revenus de la terre sainte. Jusque-là, la littérature, renfermée dans l'intérieur des cloîtres, était entièrement latine. Suger, qui

vivait vers la fin du xii⁰ siècle, écrivait en latin; Ville-
Hardouin, contemporain de Philippe-Auguste, écrivait en langue romane. Joinville, pèlerin et chevalier
à la suite de saint Louis, écrivit, sinon le premier, du
moins un des premiers en langue française. L'avidité
qu'avait chacun d'entendre des récits de la croisade
détermina ces deux chroniqueurs à substituer le langage populaire au langage savant.

Depuis Joinville jusqu'à nous, la langue française
a subi bien des variations, et tous les grands écrivains,
loin de reconnaître ses caprices, l'ont pliée à leur génie.
Nous avons la langue de Froissart, la langue de Comi-
nes, la langue de Rabelais, la langue de Montaigne, la
langue de Malherbe, la langue de Corneille, la langue
de Molière, la langue de Racine, la langue de Bossuet,
la langue de Voltaire, la langue de Beaumarchais, la
langue de Chateaubriand; laquelle de toutes ces langues
est la véritable langue française? Nous le demandons
à M. Fulchiron. — Quant à nous, nous avouerons que,
plus nous les avons étudiées, moins nous avons osé
faire un choix entre elles.

Puis ensuite, c'est qu'il nous a paru que chaque jour,
amenant de nouveaux besoins, de nouvelles décou-
vertes, de nouveaux événements, devait amener aussi
de nouveaux mots, de nouvelles expressions, de nouvelles tournures de phrase; que la langue, comme
l'Océan, avait besoin de son flux et de son reflux, et
que toute langue fixée était une langue morte.

Or, parmi les disciples de Chateaubriand, qui par-
lent cette dernière langue, héritière de toutes les
autres, il en est peu, j'en demande pardon à M. Ful-

chiron, qui la manient avec autant de science et d'habileté, que celui qu'il attaque. Si M. Fulchiron avait lu les *Odes et Ballades* et *les Orientales*, il aurait certes reconnu que M. Victor Hugo est non-seulement un grand poëte, mais encore un grand philologue. Si M. Fulchiron avait lu *Notre-Dame de Paris*, il aurait encore reconnu que M. Victor Hugo était non-seulement un grand philologue, mais encore un grand prosateur. Ce n'est point mon opinion que j'oppose ici à celle M. Fulchiron, c'est l'opinion de M. Guizot, de M. de Lamartine, de M. Charles Nodier et de M. de Chateaubriand, qu'il me permettra de regarder comme assez compétents en pareille matière.

Le premier boulet de M. Fulchiron était, comme nous le voyons, adressé à Victor Hugo; le second est dirigé sur *Angelo*. Décidément, il y a parti pris d'exterminer l'auteur de *Marion Delorme*. « On joue au Théâtre-Français, dit M. Fulchiron, des pièces qui sont la destruction de toutes convenances. Ainsi, on y a vu une pièce dans laquelle une femme impudique l'emporte sur une femme légitime. » Peut-être pourriez-vous croire que c'est de Phèdre qu'il s'agit; non pas, messieurs, c'est de la pauvre Tisbé, maîtresse du tyran de Padoue.

Il serait bon cependant, une fois pour toutes, de couler à fond cette question de moralité classique qu'on oppose éternellement à l'immoralité romantique; car on croirait vraiment, à entendre M. Fulchiron, que c'est nous qui avons inventé le parricide, l'inceste et l'adultère; heureusement qu'il y a de par le monde une Phèdre amoureuse de son beau-fils, un Œdipe qui tue son père, épouse sa mère, donne le jour à deux enfants qui s'entr'égorgeront devant Thèbes, et se crève les yeux avec son épée pour venir dire à tâtons un monologue, dans lequel il rejette cet amas de crimes sur le compte du Destin, c'est-à-dire de Dieu. Heureusement ou malheureusement encore, qu'il y a un Atrée qui présente à Thyeste une coupe pleine du sang de son fils; un Fayel qui fait manger à sa femme le cœur de son amant, un Caïn qui assomme son frère, toutes choses fort morales, comme on le voit, en comparaison de Hernani, qui se tue pour accomplir son serment; de la duchesse de Guise, qui, au moment de mourir seulement, avoue à son amant qu'elle l'aime, et de Chatterton, qui préfère le poison à l'avilissement.

Traitons la question plus sérieusement, au risque de ne pas être compris de M. Fulchiron. Ce n'est pas pour lui seul, d'ailleurs, que nous écrivons ces lignes.

La mission du poëte dramatique, si je ne me trompe, est de poursuivre au théâtre les crimes pour lesquels la société n'a pas de lois; or, l'un de ces crimes, le plus fatal comme le plus commun peut-être, c'est l'adultère. Corneille, Racine et Voltaire ont attaqué ce crime, il est vrai; mais ils ont revêtu les criminels du manteau grec ou de la toge romaine, et nous avons assisté au développement de ces passions coupables avec une impassibilité qui prouvait que le costume et la distance nous les faisaient regarder comme des passions étrangères à notre nature et inconnues à notre société. Quant à Molière, il n'a jamais fait que plaisanter avec elles, et, dans son langage comique, l'adultère, qui cependant lui a brisé le cœur, ne s'est jamais appelé que d'un certain nom catégorique.

DE LA SUBVENTION DES THÉATRES

C'est seulement l'école moderne qui a eu le courage de revêtir l'adultère d'un frac et de le traîner sur la scène. Alors, on l'a vu réellement entrer dans notre société, s'introduire dans nos maisons, se glisser dans nos boudoirs. Au premier pas qu'il y a fait, on l'a reconnu, et l'on n'a crié si haut et si fort que parce qu'on sentait bien que c'était là une réalité et non plus un fantôme ; mais ce n'était pas assez ; il fallait lui arracher son masque, afin de le montrer à visage découvert ; il fallait le présenter humble, poétique, passionné tant qu'il craint de ne pas réussir ; égoïste et tyran quand il a réussi, meurtrier quand il est découvert ; il fallait enfin que l'on comprît bien que les passions, que les lois ne peuvent pas punir, se punissent elles-mêmes. Et voilà ce que nous avons fait.

Nous avons présenté un miroir à la société moderne, elle s'y est reconnue, et s'est trouvée si hideuse, qu'elle l'a frappé du poing ; mais heureusement elle n'a pas pu le briser.

L'époque qui suivit celle où florissaient nos grands maîtres fut la Régence. Ce ne sont point leurs œuvres qui lui ont donné naissance ; mais, toutes morales qu'elles étaient, elles ne l'ont pas du moins empêchée. Je ne sais pas quelle époque suivra la nôtre, mais je crois pouvoir répondre qu'elle ne sera point pire que celle de la Régence.

M. Fulchiron ajoute « qu'il n'a pas la prétention de demander qu'on lui fasse des pièces de théâtre comme en faisaient Corneille, Molière et Racine ; » mais il fait observer que, « puisque le gouvernement a la surveillance des théâtres et donne de l'argent, il devrait empêcher de représenter des pièces qui s'éloignent du bon goût et de la morale ; que le Théâtre-Français doit conserver les bonnes traditions, et que, si l'on obtenait de lui qu'il les conservât, on serait bientôt débarrassé de toutes ces hérésies littéraires que l'on voit chaque jour se produire. »

C'est à cette partie du discours de M. Fulchiron qu'a répondu M. le président du conseil, et cette réponse de M. Thiers se trouve tellement en harmonie avec nos sentiments, que notre réfutation sera en partie calquée sur la sienne.

Car il a dit une chose vraie : c'est qu'à son arrivée au ministère de l'intérieur, il a trouvé le Théâtre-Français près de faire banqueroute. M. Thiers s'est d'abord engagé dans une voie fausse, il a cru que le salut du Théâtre-Français pouvait s'opérer à l'aide de l'ancien répertoire, et il a donné l'ordre de jouer le plus souvent possible, et à l'exclusion des auteurs modernes, Corneille, Molière et Racine ; il en est résulté une augmentation de malaise dans les affaires de la Comédie-Française.

Alors, M. Thiers s'est fait présenter les registres du théâtre ; il a vu que les pièces de l'ancien répertoire faisaient, l'une dans l'autre, 700 ou 800 francs de recette c'est-à-dire 700 ou 800 francs de moins que les frais. Il a jugé, je ne dirai pas au premier coup d'œil, mais du premier coup de plume, qu'il lui faudrait une subvention de 600,000 francs pour soutenir le théâtre dans la voie qu'il désirait lui assigner, et il a été sagement convaincu d'avance que la Chambre ne lui accorderait pas cette subvention, M. Fulchiron fût-il président.

C'est alors qu'il a appelé à son aide ces ouvrages de mauvais goût et ces hérésies littéraires sans le secours desquels il était de toute impossibilité de soutenir debout nos grands maîtres, près de disparaître de la scène par cela même que, connus de tout le monde, ils conservaient bien encore le même mérite, mais n'offraient plus le même attrait.

Maintenant, ce que M. Thiers a oublié de dire, c'est que, sous le ministère de M. de Martignac, le Théâtre-Français s'était déjà trouvé dans la même position, et n'en avait été tiré que par deux de ces hérésies littéraires que proscrit M. Fulchiron ; *Henri III* et *Hernani* produisirent en un an 420,000 francs de recettes, c'est-à-dire 200,000 francs de plus que la subvention gouvernementale.

Que si M. Fulchiron ne nous croit pas sur parole, nous lui proposons une chose, c'est de prendre les dix derniers ouvrages que les représentants modernes du goût ont fait jouer au Théâtre-Français depuis *les Plaideurs sans procès* de M. Étienne jusqu'au *Pertinax* de M. Arnault, et, si ces dix ouvrages ont rapporté entre eux tous la moitié de la somme produite par *Henri III* ou *Hernani*, j'ai tort et M. le président du conseil aussi.

« Mais ce n'est pas tout, continue M. Fulchiron, il y a un grand vice dans l'administration du Théâtre-Français. Je voterais de grand cœur pour la subvention qui est demandée si elle revenait véritablement à ceux à qui elle est destinée. Mais, aujourd'hui, les sociétaires sont dans la misère. Savez-vous pourquoi ? C'est qu'autrefois les parts des sociétaires étaient de

20,000 francs, par an ; et savez-vous de combien elles sont cette année ? De 1,129 francs. » Eh ! mon Dieu, oui, les parts des sociétaires du Théâtre-Français ont été de 20,000 francs par an, et c'était le bon temps, c'était le temps où M. Fulchiron faisait recevoir ses tragédies, il y a de cela trente à trente-cinq ans. Mais savez-vous, monsieur Fulchiron, pourquoi les parts étaient alors de 20,000 francs ? Je vais vous le dire.

C'est d'abord qu'il n'y avait, à cette époque, que huit théâtres à Paris, et qu'il y en a aujourd'hui dix-neuf; c'est qu'alors les sociétaires se nommaient : Talma, Michaud, Saint-Prix, Dugazon, Damas, Baptiste aîné, Baptiste cadet, Fleury, Montvel, Grandmesnil, Contat, Raucourt, Mars, Georges et Duchesnois; c'est que la faveur spéciale du gouvernement s'attachait à ce théâtre ; c'est que l'empereur y allait quelquefois, et que, pour lui plaire, sa cour y allait souvent ; c'est qu'au lieu de fermer la porte aux jeunes auteurs de cette époque, qui depuis sont devenus vieux, Napoléon applaudissait de ses mains impériales au succès de *Marius à Minturnes*, d'*Hector* et d'*Omasis*, qui étaient plus moraux peut-être que les drames modernes, mais qui n'avaient certes pas une valeur littéraire supérieure à *Marion Delorme*, aux *Enfants d'Édouard* et à *Bertrand et Raton*.

« D'un autre côté, poursuit M. Fulchiron, les auteurs ont introduit l'abus des primes ; autrefois, ils se contentaient de toucher le douzième de la recette brute ; aujourd'hui, ils ne se contentent pas de cela, ils font une pièce, et, même avant de la lire, ils se font donner une prime. »

Sauf le respect que je dois à mon honorable confrère, je lui dirai que je crois qu'il se trompe. Des primes ont été accordées par les théâtres de l'Opéra, de l'Opéra-Comique et de la Porte-Saint-Martin, mais jamais, je pense, par le Théâtre-Français. Ce que M. Fulchiron prend pour une prime est une convention faite, je crois, par MM. Victor Hugo et Casimir Delavigne, et qui, lorsqu'on la connaîtra, sera qualifiable, non pas de prime, mais de simple restitution.

Si l'on veut comparer la longueur des pièces de Corneille, de Racine, de Voltaire et de Molière à la longueur des pièces modernes, on s'apercevra que celles-ci l'emportent sur les autres, je ne dirai pas comme mérite, mais au moins comme volume, d'un tiers à peu près, et quelquefois même de moitié. *Mérope*, par exemple, a mille trois cents vers, *Hernani* et *Louis XI* en ont de deux mille quatre cents à deux mille huit cents ; cela fait qu'une pièce moderne tient toute la soirée et qu'on la joue seule au lieu de la jouer avec une pièce en un acte ou en trois actes. Eh bien, M. Victor Hugo et M. Casimir Delavigne ont demandé, je crois, qu'on ajoutât à leurs droits le droit de cette pièce en un acte, et c'était, ce me semble, justice, puisque, grâce à la longueur de leur œuvre, cette pièce en un acte était devenue inutile.

Et, puisqu'il est ici question de primes, je dirai que ce ne sont point les auteurs qui en ont eu la première pensée, mais bien encore M. Thiers lorsqu'il était ministre de l'intérieur. M. Thiers compara lui-même les droits des auteurs aux recettes qu'ils faisaient faire, et trouva qu'il n'y avait pas proportion entre eux.

Alors, ne pouvant pas changer les traités existants, il eut l'idée de donner des primes, fit venir la commission dramatique dont je faisais alors partie, et nous demanda notre opinion sur la manière dont ces primes devaient être distribuées. Après avoir longtemps discuté entre nous tous les modes d'application, nous fîmes au ministre la proposition suivante à laquelle nous nous étions arrêtés comme à la plus loyale : c'était d'accorder 100 francs par soirée aux pièces en cinq actes, 60 francs aux pièces en trois actes, et 20 francs aux pièces en un acte. Ces primes, dont tous les auteurs devaient se ressentir selon le mérite de leurs œuvres, puisque les bonnes seraient jouées longtemps et que les mauvaises n'auraient qu'une courte existence, augmentaient de 29,000 francs seulement la subvention du Théâtre-Français. Le ministre reconnut avec nous que c'était le meilleur mode d'application, nous promit de les accorder, et ne manqua à sa promesse que par cause indépendante de sa volonté.

Maintenant, il y a plus, c'est que, malgré M. Fulchiron, et peut-être malgré lui-même, M. le ministre de l'intérieur sera forcé d'en venir à ces primes qu'attaque à l'avance M. Fulchiron ; et voici ce qui forcera M. le ministre d'y venir.

C'est que le Théâtre-Français est, de tous les théâtres de Paris, celui qui joue le moins longtemps les ouvrages, et dont les ouvrages ont le moins de retentissement sur les scènes de province, presque toutes envahies par le vaudeville et l'opéra-comique. Il en résulte qu'un vaudeville en un acte rapporte souvent autant qu'un drame en cinq actes, et qu'un opéra-comique rapporte le double. Or, le vaudeville le plus ouvragé ou l'opéra-comique le plus consciencieux (je parle ici des paroles), ne réclament pas plus d'un mois de travail, tandis qu'un drame ou une comédie, destinée au Théâtre-Français, coûte souvent six mois, et parfois un, deux ou trois ans de travaux assidus à son auteur. Il en résulte qu'un auteur de vaudeville ou d'opéra-comique gagne autant en un mois, qu'un auteur de drame, de tragédie ou de comédie, en dix-huit. Quelle que soit la prime que donnera M. le ministre de l'intérieur, il voit donc bien qu'elle sera loin de dédommager le dramaturge de ses recherches historiques et de son travail littéraire.

Ici se termine le discours de M. Fulchiron ; il descend de la tribune au milieu des félicitations générales et fait place à M. Auguis.

M. Auguis est plus sévère encore que M. Fulchiron, non pas pour les auteurs, mais pour les théâtres ; il dit que l'art doit défrayer l'art, qu'en Angleterre on ne paye pas de subvention (il est vrai qu'il n'y a que six théâtres à Londres, et que la moitié est toujours fermée pour cause de banqueroute), qu'il n'appartient pas aux députés de grever les départements en faveur des plaisirs de Paris ; que peu importe aux habitants de Carpentras la légèreté sylphidique de mademoiselle Taglioni, et aux contribuables de Quimper-Corentin la vigueur des orteils de mademoiselle Essler, que les départements envoient des députés à la Chambre pour voter des fonds budgétiques destinés à la réparation de leurs chemins, à la construction de leurs ponts et à la prospérité de leurs manufactures, et non à faire la fortune des directeurs et à payer les chevaux et les laquais des artistes; M. Auguis vote en conséquence pour la suppression totale de la subvention.

D'abord, nous répondrons une chose à M. Auguis, c'est que les 1,300,000 francs ne se prélèvent pas sur les contributions des départements, mais sur le bail de la ferme des jeux. Henri IV se contentait de la raison du défaut d'artillerie lorsqu'on s'excusait auprès de lui de n'avoir pas tiré le canon pour dix-sept motifs à son entrée dans une ville. M. Auguis pourrait être plus difficile que Henri IV, et nous faire observer que, d'un jour à l'autre, le bail de la ferme des jeux peut être résilié, ce qui serait sans doute une grande calamité pour l'entrepreneur, mais un grand triomphe pour la moralité et un grand bonheur pour la capitale. Nous répondrons que nous avons prévu l'objection, et que, le cas échéant, nous offrirons un moyen d'y porter remède. Ce moyen, le voici:

Il y a un impôt singulier qui pèse sur les directeurs des théâtres de Paris : c'est celui des hospices. Je ne sais quel ministre a eu l'idée poétique de faire servir les plaisirs du riche aux besoins du pauvre, et, séduit par cette antithèse philanthropique, a fait prélever chaque soir sur la caisse de nos théâtres le dixième de leur recette. Cette dîme a rapporté l'an dernier 750,000 francs.

Ne serait-il pas juste — et, en administration, la justice nous paraît devoir passer avant la poésie — de renvoyer les hôpitaux de Paris à la charge des octrois de Paris, fondés dans ce but, qui rapportent 25,000,000 de rente, et, rendant ces 750,000 francs à leur véritable destination, de défrayer l'art avec l'art et de les employer en subventions appliquées sux théâtres nationaux. Il resterait, comme on le voit, pour arriver à ce chiffre de 1,300,000 francs, 450,000 francs seulement à trouver, chose facile avec des ressources comme celles que nous mettons aux mains de nos ministres, ou une liste civile comme celle que nous mettons aux mains de notre roi.

De cette manière, les quarante-quatre mille communes de France n'auront plus de motifs de se plaindre, par l'organe de leurs quatre cent quarante-huit députés, de ce que les plaisirs de la capitale ruinent les provinces, et Paris resterait ce qu'il est, centre d'art et de civilisation, couronne de la France, laquelle est la couronne du monde, ce qui est bien quelque chose pour les départements, qui ne sont, quoi qu'ils fassent, que l'estomac et les membres de cette vaste tête.

Voilà ce que M. Auguis aurait dit s'il eût connu la législation de nos théâtres, et, ce disant, il se serait fait médecin au lieu de se faire chirurgien.

Quant à M. Amilhau, il faut lui rendre une justice, c'est que, loin de vouloir rien retrancher à la Comédie-Française, il veut qu'on ajoute à sa subvention 70,000 francs pris sur l'Opéra-Comique ; et, moyennant cette augmentation, M. Amilhau fera un miracle : il se procurera de bons acteurs, qui ramèneront la foule aux chefs-d'œuvre de Molière, de Racine et de Voltaire.

Certes, si M. Amilhau tenait sa promesse, ce ne serait pas trop de 70,000 francs pour une pareille amélioration; mais nous mettons M. Amilhau au défi de

4.

trouver hors du Théâtre-Français, un seul acteur qui fasse hausser de cinquante francs la recette de *l'Avare* ou du *Misanthrope*.

Nous connaissons les théâtres de province et de Paris, certes aussi bien que M. Amilhau peut les connaître, et nous avons souvent fait venir de Lyon, de Marseille ou de Bordeaux des artistes qu'une grande réputation départementale désignait d'elle-même à notre choix ; eh bien, presque toujours nous avons trouvé en eux des copies de quelque grand talent parisien, que l'éloignement faisait croire originales et qui pâlissaient vite au soleil ardent de Paris. D'un autre côté, nous avons vu M. Jouslin de Lasalle choisir, parmi les artistes les plus distingués des théâtres parisiens, les acteurs qu'il croyait pouvoir jeter un nouveau lustre sur nos vieilles gloires, et que leur réputation dans le drame semblait imposer à la Comédie. Nous citerons Bocage, mesdames Dorval et Volnys, mesdemoiselles Brohan et Noblet.

Eh bien, il faut l'avouer, ces essais n'ont été heureux, ni pour le théâtre ni pour les artistes, non point qu'ils aient perdu leur talent dans le trajet du boulevard à la rue de Richelieu, mais parce que leur talent, comme ces plantes des tropiques qui se fanent et meurent dans nos jardins, ne pouvait s'acclimater à l'air de la vieille comédie. Il est vrai aussi que, lorsqu'une occasion s'est présentée à ce talent de fleurir, dans le drame, il a retrouvé toute sa force et toute sa verdeur. Mais le but qui les avait fait engager n'en était pas moins faussé, puisque c'était au secours de la comédie ancienne et non du drame moderne qu'on les avait appelés.

Peut-être ce fait, tout positif qu'il est, n'en paraîtra-t-il pas moins problématique à M. Amilhau et aux personnes qui, comme lui, n'ont point fait leur étude spéciale du théâtre. Quant à nous, nous nous en rendons parfaitement compte, et voici de quelle manière :

La comédie est la peinture des mœurs, et le drame celle des passions; la comédie, c'est la *société ;* le drame c'est *l'humanité.* La société change ; chaque siècle lui donne une nouvelle face, chaque règne un nouveau cachet, chaque révolution une nouvelle allure. L'humanité est invariable, ses passions sont identiques; elles se manifestent de la même manière dans le théâtre indou, dans le théâtre grec, dans le théâtre romain, dans le théâtre anglais, dans le théâtre allemand et dans le théâtre français.

L'acteur appelé à jouer de la comédie doit donc avoir *vu*. L'acteur appelé à jouer du drame n'a besoin que d'avoir *éprouvé.*

Or, tout homme a éprouvé les passions avec plus ou moins de force, mais enfin il les a éprouvées, tandis qu'il n'y a que le Juif errant et le comte de Saint-Germain qui puissent se vanter d'avoir vu le siècle de Louis XIII, le siècle de Louis XIV et le siècle de Louis XV, siècles qui, malgré leur parenté, ont cependant des traits caractéristiques bien différents.

Voilà pourquoi les grandes comédies sont restées et les grands acteurs comiques sont partis. Molé, Fleury et Dugazon avaient vu les hommes qu'ils étaient chargés de représenter (car remarquez qu'ils avaient fait un anachronisme qui vient à l'appui de ce que j'avance, qu'ils avaient déplacé le siècle de Louis XIV, l'avaient implanté dans celui de Louis XV, et jouaient *le Misanthrope* et *Tartufe* en poudre et en habit à paillettes); non-seulement, dis-je, ils avaient vu ces hommes, mais encore ils avaient vécu dans leur intimité. Baron passait la journée à boire avec les maris, et venait le soir chercher le bonnet de nuit qu'il avait oublié chez les femmes. Les mœurs, costumes, langage, étaient les mêmes chez le comédien que chez le grand seigneur; il ne faut donc pas s'étonner de cette vérité, de cette finesse et de cette facilité de jeu, qui ont fait de Molé et de Fleury des modèles inimités.

Aujourd'hui, au contraire, tout est différent, mœurs, vêtements, langage. Il faut que le comédien se transporte en arrière au lieu de vivre dans le présent; il faut qu'il étudie dans les livres au lieu de se modeler sur la nature. Voilà pourquoi, de la grande comédie, il ne reste qu'une grande comédienne, mademoiselle Mars. En vain voudrait-elle transmettre le feu sacré qui doit s'éteindre avec elle. Elle fera des élèves peut-être, mais ne se préparera pas de rivale ; on lui succèdera, mais on ne la remplacera point. Que la Comédie-Française garde donc avec amour ce diamant, car c'est le dernier de la mine.

Mais à ceci M. Amilhau me répondra peut-être qu'avec une étude profonde de l'ancienne comédie, les auteurs pouvaient arriver à faire de la comédie moderne. Ici s'ouvre le champ des théories, et nous ne pouvons qu'exposer la nôtre, c'est la même qu'il y a quatre ans nous avons déjà mise au jour dans *Antony*, jusqu'à présent rien n'est venu la démentir.

Du temps de nos grands maîtres, — et qu'on ne croie pas que je veuille pour cela rogner leur manteau royal,

— la comédie était chose plus facile que dans le nôtre. Cela tenait à ce que la société était divisée par castes ; que chaque caste avait un costume particulier qui renfermait ses mœurs comme un cadre renferme un tableau; que le déplacement des rangs n'était point encore opéré; que l'égalité des hommes n'était point encore admise. Il en résultait que ces castes différentes ne s'élevaient point ou ne s'abaissaient point par des mariages, mais s'alliaient entre elles, et, par conséquent, transmettaient aux enfants les vertus, les mœurs et les ridicules des pères. Il en résultait des types invariables et prolongés, non-seulement dans les costumes, mais encore dans les physionomies. Les juifs ont gardé depuis Moïse leurs yeux noirs, leur nez aquilin, et, depuis Titus, leur amour du commerce.

Depuis la Révolution, au contraire, le niveau a passé sur la société : plus d'habits brodés pour les grands seigneurs, plus de robes longues pour les médecins, plus de perruques pour les avocats; tous portent la redingote et le frac, déjeunent au même café, dînent au même restaurant, vont au même spectacle. Les bals de la cour eux-mêmes n'ont gardé ni cachet ni caractère. Il résulte de ce nivellement une généralité de mœurs, qui ne sont ni meilleures, ni plus mauvaises, dans une classe que dans l'autre ; des nuances au lieu de couleurs. Or, ce sont des couleurs et non des nuances qu'il faut au peintre qui veut faire des tableaux.

Quant à la tragédie il y a un moyen de la galvaniser et de lui donner pour quelque temps encore l'apparence de la vie. Que M. le ministre de l'intérieur appelle au Théâtre-Français mademoiselle Georges, elle y trouvera

Ligier, qui jouit à la rue de Richelieu de l'héritage de Talma. Leurs deux talents réunis feront revivre *Mérope*, *Nicomède*, *Hermione*, *Cinna* et *Phèdre*, Mais, après eux, il en sera de la tragédie comme de la comédie après mademoiselle Mars.

Ce que M. Fulchiron, M. Auguis et M. Amilhau ont de plus sage à faire dans tout ceci, c'est de lire les préfaces de Corneille, de Molière et de Racine, qu'on accusait, eux aussi, de pervertir le goût. Ils y verront que l'Académie criait à la décadence de l'art en voyant *le Cid*, Boileau en voyant *les Fourberies de Scapin*, et l'hôtel Rambouillet en voyant *Britannicus*. Ils se convaincront alors que l'art se modifie, change d'expression, reparaît sous une nouvelle forme, mais ne meurt pas ; que les contemporains sont de mauvais juges en pareille matière ; que l'éducation, l'intérêt, l'âge, faussent les jugements individuels, tandis que le public en masse se trompe rarement, et que, là où il court en foule ou avec empressement, il y a toujours quelque chose de grand, de bon ou de curieux à voir.

A l'article qu'on vient de lire, et qui avait paru dans le feuilleton de *l'Impartial*, M. Viennet — dont nous avions parlé incidemment, dans une note, — répondit par la lettre suivante :

A M. Alexandre Dumas

« Monsieur,

» J'ai appris hier que, dans un article inséré dimanche au feuilleton de *l'Impartial*, vous m'aviez fait l'honneur de penser à moi. Je me suis donné bien vite le plaisir de lire ce factum contre les orateurs qui ont si *drôlement* discuté le budget des théâtres, et j'ai lu les dix lignes que vous m'aviez réservées. Elles sont bien; elles constatent deux progrès en vous. D'abord les Racine et consorts se seraient bien gardés d'attaquer un ouvrage de l'un de leurs concurrents, avant que cet ouvrage eût vu le jour, et par cela seul qu'ils auraient travaillé pour le même théâtre ; mais il était dans l'ordre que les convenances sociales fussent entraînées dans le naufrage des convenances théâtrales. Les faits ne sont pas mieux traités par vous, et le spirituel critique qui vous a reproché de manquer d'invention, vous doit une réparation éclatante. Il y en a dans vos dix lignes dix fois plus que dans toute une tragédie classique. Soyez assez bon, je vous prie, pour me montrer la page du *Moniteur* où se trouve mon discours de l'année dernière sur les théâtres, et la lettre par laquelle j'ai demandé à M. Jouslin de Lasalle la mise en scène de mon *Arbogaste*. Vous avez inventé même jusqu'à la date de sa réception, car, dès 1828, j'ai refusé de laisser jouer cette pièce. J'étais déjà un homme politique, et mes adversaires d'alors, qui n'étaient pas plus doux que ceux d'aujourd'hui, n'auraient pas manqué de se venger de mes discours sur mes vers. Permettez-moi d'ajouter que, depuis que le parterre a été livré à votre queue, je suis moins que jamais tenté d'exposer mes ouvrages à la colère de ceux qui les déchirent avant de les connaître. Vous qui n'ignorez point les pouvoirs donnés à la commission dramatique dans le sein de laquelle j'ai accepté votre place, sans avoir la prétention de la remplir, vous savez bien qu'il lui est enjoint de soutenir les tours de droit contre les tours de faveur; et, à l'aide du fonds commun, il ne tiendrait qu'à moi de faire jouer par autorité de justice les cinq autres tragédies que j'ai depuis longtemps enfouies dans les cartons de la ci-devant Comédie-Française. Mais vous pouvez, à cet égard, rassurer les comédiens et le public, et remettre à je ne sais quel temps le plaisir de me témoigner publiquement votre *bienveillance*. Jouissez, en attendant, de la vogue qui s'attache toujours, dites-vous, à ce qui est bon et grand, comme en ont joui les Cotin, les Pradon et les Chapelain. Mais ne vous y fiez pas trop.

Songez-y, car tout change et le siècle et le goût :
Le Panthéon souvent n'est pas loin de l'égout.
La publique faveur est mobile, incertaine;
Le vainqueur de l'Europe est mort à Sainte-Hélène.

» Ces vers sont tirés d'une satire toute fraîche que j'ai pris la liberté grande de diriger contre votre illustre école, et que je publierais si j'en avais le temps. Vous êtes les triomphateurs, et je reste à pied dans la rue; j'use de mon droit. Mais triompher et se moquer des vaincus, c'est par trop moyen âge; et, moi qui suis en tout les méthodes plus modernes, je finis en vous assurant de l'admiration et du respect avec lesquels j'ai l'honneur d'être,

» Monsieur,
» Votre très-humble et très-obéissant serviteur,
» VIENNET.

» Paris, 1er juin 1836. »

A cette lettre, voici quelle fut notre réplique :

Nous avions cru faire une chose sérieuse lorsque nous adressâmes nos réflexions au public sur la discussion théâtrale qui vient de transformer le palais Bourbon en académie ; tout homme qui a lu sans prévention ces lignes que nous avions écrites sans colère, n'y a vu, nous en sommes certain, que notre désir de dégager les discussions futures des ténèbres qui, depuis cinq ou six ans, obscurcissent les discussions passées. Dans un état de choses aussi mouvant que le nôtre, avec une constitution incomplète encore, qui ouvre les portes du palais législatif aux fortunes et qui les ferme aux spécialités, c'est non-seulement un droit, mais encore un devoir, pour tout citoyen assistant comme simple spectateur à ces graves discussions d'un État qui se reconstitue, d'amener son expérience en aide à la bonne foi qui se trompe, et d'arracher le masque dont se couvre l'intérêt personnel. On comprendra donc quel a été notre étonnement lorsque nous avons vu un homme grave, qui aurait dû apprécier l'importance de la discussion littéraire qui se débattait, se tromper si étrangement à notre intention, qu'il a cru que le flambeau dont nous avons éclairé une question d'honneur national, n'avait été allumé que pour mettre au jour quelques ridicules individuels, et qu'il est venu, phalène étrange, brûler à notre lumière les ailes de son amour-propre dramatique.

Certes, si le désir de nous venger de ces mille petites attaques auxquelles nous sommes en butte depuis six ans, conduisait notre plume, l'occasion serait belle, et jamais ennemi littéraire n'est venu, plus à l'étourdie, se jeter désarmé dans une embuscade ; c'était matière à feuilleton, s'il en fut jamais, que cette lettre bizarre dont chaque phrase offre une arme contre celui qui l'a écrite ; et, si elle était tombée entre les mains d'un de nos spirituels confrères, il en aurait certes longuement, joyeusement et cruellement vécu ; quant à nous, nous nous contenterons d'y répondre sommairement ; puis nous passerons à autre chose.

« D'abord, dit M. Viennet, *les Racine* et consorts se seraient bien garbés d'attaquer un ouvrage de *l'un* de leurs concurrents, avant que cet ouvrage eût vu le jour. »

Nous nous contenterons de souligner deux fautes de français dont nous pourrions faire grâce à l'*homme poïtique*, mais qu'en conscience nous ne pouvons passer à l'un des quarante, pour renvoyer à M. Viennet l'accusation que contient sa phrase.

Ce n'est pas nous qui avons donné les premiers 'exemple de ces attaques contre un ouvrage d'*un* de nos concurrents, avant que cet ouvrage eût vu le jour. *Henri III* était encore dans les cartons de la Comédie-Française, lorsque sept signatures furent apposées au bas d'une pétition, qui demandait au roi Charles X qu'en vertu de son pouvoir royal, il défendît le Théâtre-Français contre l'envahissement des novateurs. Or, l'un de ces novateurs, c'était le *pauvre moi*, qui alors inconnu, sans place, sans fortune, nourrissant ma mère sans pension, quoique veuve d'un général qui avait commandé en chef trois armées, n'avais de ressource au monde que cette pièce, qui pouvait seule m'ouvrir l'avenir qu'elle m'a ouvert : l'un de ces novateurs, dis-je, c'était moi, et l'un de ces signataires, c'était vous. Il y a sept ans que cette pétition fut faite, monsieur, et il y a sept jours que ma lettre fut écrite : il est donc évident que la priorité vous appartient, et je vous la renvoie, ne voulant pas m'en charger.

Il y a, dans mes dix lignes, dix fois plus d'invention que dans une tragédie classique, dites-vous. Le compliment est chétif pour vos confrères, monsieur; car cette invention se borne à une simple erreur de date. *Arbogaste*, au lieu d'être reçu, comme je le croyais, depuis trois ou quatre ans, est lu depuis 1825. Je reconnais ma faute, monsieur; mais elle est excusable, puisque vous-même, en rectifiant une erreur de date, vous faites une erreur de chiffre. La voici :

« Il ne tiendrait qu'à moi, dites-vous, de faire jouer, par autorité de justice, les cinq autres tragédies que j'ai depuis longtemps enfouies dans les cartons de la Comédie-Française. »

Pardon, monsieur, mais, de ces cinq tragédies, je n'en connais que trois : la première, *Alexandre le Grand*, reçue en 1815; la seconde, *Achille*, reçue en 1821 ; la troisième, *Pizarre*, reçue en 1829. Pour arriver à ce nombre *cinq*, il faut donc que vous comptiez *Sigismond de Bourgogne* et *Clovis*, qui sont sortis de ces malencontreux cartons, et qui, vous l'avouerez, auraient peut-être mieux fait d'y rester ; ou bien encore la comédie que vous avez fait lire l'année dernière, tout *homme politique* que vous êtes, mais qui, n'ayant pas été reçue, ne doit pas, en conscience, vous être passée en compte.

Vous voyez avec quelle bonhomie, monsieur, j'ai

avoué mon erreur de date. Relevez mon erreur de chiffre, et, avec la même bonhomie, je ferai amende honorable.

Vous demandez la permission d'ajouter que, « depuis que le parterre a été livré *à ma queue*, vous êtes moins tenté que jamais d'exposer vos ouvrages à la colère de ceux qui les déchirent sans les connaître. »

Ici, ce ne sont point deux fautes de français que je signalerai à l'académicien, c'est une faute de goût que je reprocherai à l'homme du monde ; en faisant observer toujours que je ne suis si chicanier envers vous, monsieur, que parce que vous êtes vraiment inexorable pour moi.

Puis vient une citation tirée d'une satire *toute fraîche*, que vous avez eu le temps d'écrire et que vous n'avez pas le temps de publier. Des vers de vous sont une trop grande bonne fortune, et depuis trop longtemps vous nous en laissez manquer, pour que je ne vous demande pas la permission de reproduire cette citation tout entière :

> Songez-y, car tout change, et le siècle et le goût ;
> Le Panthéon souvent n'est pas loin de l'égout.
> La publique faveur est mobile, incertaine ;
> Le vainqueur de l'Europe est mort à Sainte-Hélène.

C'est un fait historique très-connu, aussi je ne le contesterai pas, monsieur ; mais je vous ferai observer que ce que vous regardez comme un exil, fut une apothéose, que c'est un magnifique piédestal pour une statue qu'une île qui s'élève entre deux mondes, et qu'il y a peu d'ombres de roi qui ne consentent à troquer leur monument de marbre, contre cette tombe qui n'a qu'une pierre et qu'un saule. Les Napoléons pour lesquels une Sainte-Hélène est à craindre, sont ceux qui ont eu deux Waterloo sans avoir eu un Austerlitz.

Vous terminez en disant que « nous sommes les triomphateurs et que vous restez à pied dans la rue. » Cette fois, vous êtes trop modeste, monsieur : on ne reste dans la rue qu'autant qu'on le veut, lorsqu'on a trois palais ouverts : le palais des Tuileries, où vous reçoit toujours avec plaisir une illustre amitié ; le palais Mazarin, où vous êtes assis entre Chateaubriand et Lamartine ; enfin, le palais Bourbon, où vous avez succédé aux Foy et aux Manuel. C'est Benjamin Constant qui est resté dans la rue tandis que vous êtes entré à l'Académie, monsieur ; permettez-moi de rétablir les faits dans leur sincère et cruelle vérité.

Et, maintenant que nous avons fini avec M. Viennet, revenons aux questions d'art.

Deux choses font les siècles grands entre les siècles : l'épée de leur empereur ou la plume de leurs poëtes. Il ne faut pas moins que Napoléon pour rivaliser avec Louis XIV, et cependant, il y a loin de ce roi qui n'osait passer le Rhin, au vainqueur aventureux des Pyramides, de Marengo et d'Austerlitz.

C'est que Louis XIV nous apparaît radieux des auréoles de Corneille, de Racine et de Molière ; c'est qu'à défaut de noms de victoire aussi éclatants que ceux que nous venons de citer, il s'est emparé des noms de *Cinna*, du *Misanthrope* et d'*Iphigénie ;* c'est qu'il a entremêlé à sa couronne royale des feuilles de laurier attachées aux couronnes de la grande trinité poétique devant laquelle se prosterne depuis cent cinquante ans notre religion littéraire.

Il est donc triste de sentir que notre époque, veuve de la gloire des conquêtes, ne cherche pas à la remplacer par la gloire des arts. Il est triste de voir qu'une discussion d'une si haute importance que celle de l'honneur littéraire de la France soit étranglée à la fin du deuxième jour, et n'ait pour épitaphe qu'un discours de M. Fulchiron. C'est pour cela que nous l'évoquerons de sa tombe, et qu'à défaut du corps, nous en ferons reparaître l'ombre.

Jamais querelle plus intempestive n'avait été faite au Théâtre-Français, que celle qu'on lui a cherchée il y a huit jours. Si l'on veut se rappeler dans quel état de discrédit était tombé l'ancien répertoire après la mort de Talma, entre quelles décorations on jouait les chefs-d'œuvre de nos grands maîtres, et de quels costumes pauvres et malheureux on vêtait leurs personnages, on comprendra le dégoût qui s'était attaché à ces représentations misérables, abandonnées aux doubles et aux triples de la Comédie-Française. M. le baron Taylor et M. Jouslin de Lasalle après lui, ont compris que là était la plaie, et tous leurs soins ont eu pour but de la guérir. L'école nouvelle avait donné le goût de la richesse des décorations et de la vérité des costumes. On appliqua cette séduction aux œuvres de l'école ancienne et elles s'en trouvèrent bien. La comédie et la tragédie, reconstruites aussi richement que possible avec les débris dorés d'une autre époque, se personnifièrent, la premiere dans mademoiselle Mars, la seconde dans Ligier. Les spectateurs reparurent, et l'ancien répertoire, joué deux fois par semaine, produisit deux recettes.

Maintenant, constatons un fait d'une haute importance. M. le président du conseil, qu'on n'accusera certes pas de partialité pour nous, est venu avouer cette année à la Chambre qu'il était impossible que le Théâtre-Français se soutînt sans le secours de l'école nouvelle. Cette déclaration est très-flatteuse, sans doute, pour notre amour-propre, mais a peu d'importance pour les intérêts de nos confrères; car elle prouve seulement que deux ou trois élus ont acquis droit de bourgeoisie dans la cité, tandis que tout un peuple campe encore à ses portes.

Or, pour tout ce peuple, qui n'a qu'un camp, il faut une ville.

Ici, la question de la réouverture de l'Odéon se présente tout naturellement. Nous l'avons profondément étudiée, et tandis qu'il était ouvert, et depuis qu'il est fermé. Nous allons donc la traiter avec connaissance de cause.

Oui, sans doute, il est essentiel que le théâtre de l'Odéon se rouvre ; mais il serait fatal qu'il se rouvrît avec le titre de second Théâtre Français.

Il faut que l'Odéon se rouvre, parce qu'il est le cœur de tout un quartier, parce que, depuis que ce cœur ne bat plus, le sang a cessé de circuler dans les artères de ce grand cadavre qui semble à cent lieues de nous, et qui cependant est couché de l'autre côté du fleuve. Il faut que l'Odéon se rouvre, non point comme question d'art, mais comme question de vitalité. ⁀ ne sont point les Muses qui pleurent à sa porte, c'est le commerce. Voilà pourquoi on trouvera dans le quartier même une subvention de 50,000 francs.

Maintenant, il ne faut pas qu'il se rouvre avec le titre de second Théâtre-Français, parce que, quoi qu'on fasse, l'Odéon ne sera jamais un théâtre rival. Pour constater des succès, pour se faire un nom, il faut être joué, non pas devant une subvention, mais devant un public. Un second Théâtre-Français, vraiment rival, doit être situé dans un quartier riche et populeux; à défaut des mêmes ressources pécuniaires, avoir du moins les mêmes chances industrielles que son aîné, sinon il sera toujours pareil à ces cadets de bonne maison, à qui l'on donnait, en échange de la fortune de leur frère, ou le petit collet, ou la croix de Malte, et qui, dans l'un ou l'autre cas, étaient obligés de faire vœu de continence.

A ceci l'on me répondra peut-être que le théâtre de la Porte-Saint-Martin remplit ce but ; que ses succès ont parfois fait pâlir ceux du Théâtre-Français, et qu'aucune démarcation n'existe plus entre les pièces jouées au théâtre de la rue de Richelieu, ou sur cette scène de boulevard qu'ont ennoblie *Marino Faliero* et *Lucrèce Borgia*.

Cette réponse serait, de la part de celui qui la ferait, l'aveu d'une ignorance profonde. La Porte-Saint-Martin, livrée à une exploitation particulière, ne sera jamais qu'un théâtre industriel, où les questions d'argent étoufferont éternellement les questions d'art ; et la preuve, c'est que, depuis cinq ans, aucun ouvrage en vers n'a osé s'y montrer; moins encore par le *veto* gouvernemental que par la conviction de son directeur, qu'un semblable essai serait contraire aux intérêts de sa caisse.

Maintenant, un ministre qui protégerait l'art et qui désirerait son progrès, verrait dans le mauvais succès des tentatives passées l'inutilité des tentatives à venir, dirigées dans un même but ; il comprendrait que le premier Théâtre-Français est fait pour garder le souvenir de nos vieilles gloires et donner du relief à nos gloires nouvelles, mais ne peut offrir un débouché suffisant à la multitude d'essais dramatiques qui tâtonnent encore dans la nuit de l'art. Quatre pièces qui réussissent occupent le théâtre toute une année, et, dans une époque comme la nôtre, où, quand les Muses sont vierges, elles sont pauvres, bien peu d'auteurs ont le temps d'attendre. De là vient que telle somme de talent qui se serait produite avec gloire dans son ensemble, si un second Théâtre-Français était ouvert, s'éparpille en petite monnaie dans nos théâtres de vaudevilles, et, coulée une fois dans ce moule, va toujours se rapetissant au lieu de s'agrandir.

De cette manière, et avec un privilége qui comprendrait la tragédie, la comédie et le drame, cent mille francs de subvention suffiraient pour soutenir un théâtre véritablement rival du Théâtre-Français, pourvu toutefois qu'on ne lui imposât point l'ancien répertoire que les seuls acteurs du Théâtre-Français jouent, les uns d'une manière distinguée, les autres d'une façon convenable, tandis que le théâtre de l'Odéon, ouvert à tous les genres, trouverait, dans sa variété, une chance de succès qu'il ne trouvera jamais dans une exploitation purement artistique.

5.

Si l'Académie avait fait, pour l'accomplissement de ce projet, la moitié des efforts tentés par la commission dramatique, ce projet, qui n'est encore qu'un rêve, serait depuis longtemps une réalité.

CORNEILLE ET LE CID

I

Un jour, je rencontre Lafontaine, cet excellent comédien qui a créé d'une façon remarquable tant de rôles différents au Gymnase et au Vaudeville.
Il vient à moi et me dit :
— Savez-vous une chose, mon père ?
— Laquelle ?
— Je suis engagé au Théâtre-Français.
— Tant pis !
— Comment, tant pis ?
— Oui, on ne vous a pas engagé au Théâtre-Français pour vous y faire jouer, mon pauvre enfant, mais pour vous empêcher de jouer ailleurs.
— Ne croyez pas cela ; d'abord, on me donne le choix du rôle pour mon début.
— Et quel rôle avez-vous choisi ?
— Devinez.
— Oh ! le répertoire est trop grand, et je n'ai pas assez de temps à perdre pour me livrer à cette étude.

Faites comme madame de Sévigné : après l'avoir donné en dix, en cent, en mille, elle raconte tout simplement la chose.

— Eh bien, je débute dans... *le Cid !*
— Vous faites une bêtise.
— Moi?
— Oui ; vous tomberez à plat !
— Je n'ai donc pas de talent?
— Si fait, vous en avez beaucoup, au contraire ; mais ce n'est point le talent qu'il faut pour jouer *le Cid.*
— Oh! je le jouerai à ma manière.
— Alors, ce sera encore pis que je ne le croyais. Si vous vouliez absolument débuter dans un *Cid*, il fallait me le dire. Je vous en eusse fait un avec le *Romancero* espagnol et Guilhem de Castro.
— Vous vous croyez donc plus de talent que Corneille?
— Ah ! mon pauvre Lafontaine, en êtes-vous déjà là, même avant d'avoir joué *le Cid.*
— Mais enfin *le Cid*, c'est *le Cid.*
— Oui, certainement, *le Cid*, c'est *le Cid;* mais le génie du xviie siècle n'est pas celui du xixe siècle. Vous êtes un homme tout moderne, mon pauvre ami, un comédien de nos jours. Vous direz admirablement bien la prose de mon fils ou d'Octave Feuillet, des vers d'Hugo ou de moi; mais vous ne saurez pas dire des vers de Corneille.
— Vous croyez donc qu'il faut chanter les vers ?
— Il y en a quelques-uns à qui cela ne fait point de mal, et c'est si vrai, que Racine notait les rôles de la

Champmeslé à peu près comme on note à la messe l'épître et l'évangile.

— Vous me parlez de Racine ; mais Corneille ! Corneille doit se dire comme de la prose.

— Si Corneille avait cru, cher ami, que ses vers dussent se dire comme de la prose, il eût fait ses tragédies en prose et pas en vers. Non, mon ami, dire les vers est un art, et un grand art, qui demande des années d'étude, surtout quand ces vers sont transportés d'une époque dans une autre ; quand, au lieu de parler la langue que vous parlez tous les jours, il vous faut parler la langue qu'on ne parle plus depuis deux cents ans, qu'on ne parlait déjà presque plus du temps de Racine, et plus du tout du temps de Voltaire. Ah ! si *le Cid* était une pièce *humaine*, comme les pièces de Shakspeare, je ne dis pas. Les pièces de Shakspeare, surtout traduites dans une langue étrangère qui leur ôte la *marque* de l'époque, peuvent se jouer en tout temps. Mais Guilhem de Castro ne va pas à la cheville de Shakspeare, comme vérité générale surtout. En outre, *le Cid* n'est pas une pièce dans le génie français, et son succès fut un succès de circonstance.

— Comment cela ?

— Oui... Voulez-vous que je vous conte l'histoire non pas du Cid, cela nous mènerait trop loin, mais de la tragédie du *Cid ?*

— Volontiers.

— Eh bien, voici ce que c'est ; écoutez.

Le Cid n'est point une pièce, c'est une protestation ; ce n'est point un succès littéraire, c'est un succès politique.

Le roi Louis XIII avait failli mourir à Lyon. Richelieu y était venu presque aussi malade que le roi. Bassompierre, l'ex-amant de la reine mère ; le Guise, cet étrange archevêque de Reims qui deux fois se maria en habits épiscopaux, qui avait un chanoine exprès pour consacrer ses faux mariages, et qui, archevêque et bigame, se sauva en Italie, prit Naples et succéda à Masaniello ; Longueville, filleul de Henri IV, qui, quatre ans auparavant, avait fait partie des conjurés qui devaient assassiner le cardinal ; le vieux d'Epernon, chef des mignons de Henri III, capitaine des Quarante-Cinq, qui avait été obligé de fuir Paris accusé de complicité dans l'assassinat de Henri IV, n'avaient pas perdu de temps pour s'assurer de Monsieur. Louis XIV n'était point né, et, Louis XIII mort, Monsieur était roi.

Monsieur régna une semaine. Il eut une cour. On prit ses ordres pour l'arrestation de Richelieu. Les femmes, toujours plus ardentes aux complots que les hommes, voulaient sa mort. La sœur du duc de Guise, la duchesse de Conti, fit acheter des poignards. C'était, du reste, depuis longtemps l'idée des Espagnols de se débarrasser ainsi de leur ennemi. Campanella, qui avait écrit le livre des trois imposteurs, qui avait voulu substituer, à Naples, la république au joug des Espagnols, qui était resté dix-sept ans en prison, qui avait subi sept fois la torture, l'en avait averti ; la reine n'était retenue que par un scrupule.

— Il est prêtre, disait-elle.

Le roi s'était alité le 22 septembre 1610 ; du 22 au 30, il fut à la mort. Le 1er octobre, il communia et demanda pardon à tout le monde. Il savait si bien que tout le monde attendait, disons mieux, espérait sa mort, qu'il ne prenait plus rien que de la main d'un brave Allemand, son valet de chambre, qui occupe une certaine place dans l'histoire, Beringhen.

Les médecins avaient saigné six fois en six jours ce fantôme qui n'avait plus de sang; on essaya une septième fois, le 2 octobre; le sang ne vint pas. Les médecins jetèrent leur langue aux chiens. La nature alors se chargea de la guérison ; un abcès que personne n'avait soupçonné creva : on fut étonné de voir le moribond tout à coup se lever sur son séant et parler. Lazare ressuscitant n'étonna pas davantage les Juifs de Béthanie.

Le roi sauvé, Richelieu l'était par contre-coup ; la reine, de régente qu'elle espérait être, redevenait une femme légère et compromise. Il fallait se créer une force contre ce ministre qui voyait si bien ce qui se passait à l'étranger, et, chose plus extraordinaire, ce qui se passait à la cour, qui notait l'heure et la date des fausses couches de la reine, non pas dans son grand journal, dans son journal politique, dans ses mémoires destinés à voir le jour, mais dans son carnet écrit au crayon, dont M. de Condé hérita par les mains du jeune duc de Richelieu et qu'il fit imprimer en 1649.

A ce pâle fantôme à peine revenu à la vie, on créa un amour, un amour à la Louis XIII. On inventa — c'est à un aventurier, à un nommé Vautier, musicien de la reine mère, qu'il faut attribuer le mérite de l'invention — on inventa une petite provinciale, si blonde, si fraîche, qu'on la surnommait *l'Aurore;* son vrai nom était mademoiselle de Hautefort.

On sait jusqu'où allaient les amours de Louis, et il

était réservé à mademoiselle de Hautefort d'en donner un exemple.

Tout le monde, même la reine, voulait faire de mademoiselle de Hautefort la favorite du roi. Un jour, la rusée jeune fille se fait remettre un billet, et feint de vouloir le dérober à Louis XIII; naturellement le roi veut le lire, mademoiselle de Hautefort recule; le roi avance, curieux et intrigué de plus en plus, tendant la main en avant; mademoiselle de Hautefort cache le billet dans sa poitrine. Voilà le roi tout interdit. La reine lui vient en aide, elle prend les mains à mademoiselle de Hautefort pour que le roi puisse fouiller celle-ci tout à son aise; mais Louis XIII prend des pinces d'argent, et, avec ces pinces, va chercher le billet dans sa cachette.

Si le roi eût pris le billet avec ses doigts, au lieu de le prendre avec les pincettes, le cardinal était perdu.

Le cardinal profite de cette recrudescence de faveur. Il fait la fameuse journée des Dupes; il exile Marie de Médicis, la mère du roi.

Il démontre au roi que mademoiselle de Hautefort n'est autre chose qu'un charmant espion bleu, rose et or, placé par la reine près de son mari.

Il lui restait son confesseur, au moins, à ce roi si ennuyé ; il pouvait se distraire en se confessant. Cette dernière ressource contre le spleen lui est enlevée; Richelieu lui prouve que son confesseur Suffren est à la reine mère.

Ce fut par ce grand isolement, en prouvant à Louis XIII que la reine le trompait, que sa mère le trompait, que mademoiselle de Hautefort le trompait, que son confesseur le trompait, que Richelieu put atteindre le double but de sa politique : la rupture ouverte avec l'Espagne, le renvoi d'Anne d'Autriche en Espagne.

Nous disons *put atteindre ;* car la chose fut bien près de réussir ; Anne d'Autriche eut un pied hors du royaume.

M. de Créquy, gouverneur du Dauphiné, fut envoyé à Rome pour demander le divorce.

Le jour même où Richelieu envoyait à Bruxelles la déclaration de guerre à l'Espagne, c'est-à-dire le 16 avril 1635, il fit l'ouverture de son théâtre du Palais-Royal par une comédie en cinq actes, *les Tuileries*, esquissée par lui, mise en vers par Rotrou, Corneille, l'Étoile, Colletet et Boisrobert.

Là, les larmes dans les yeux, le cœur prêt à se fendre, force fut à la reine de rire ou d'en faire semblant.

Or, voici ce qui s'était passé : un des cinq collaborateurs, le plus indépendant, le plus pauvre de tous, Colletet, las de tirer la charrue de la rime sous l'aiguillon de ce terrible camarade, s'était retiré. Corneille avait voulu en faire autant; mais il avait eu peur, et, sous la menace de Richelieu, était resté. Seulement, la pièce jouée, il s'était sauvé à Rouen

De tous les collaborateurs de Richelieu, Corneille était l'homme de génie, ce fut sur lui qu'on jeta les yeux pour la vengeance. Mais on le savait timide, on résolut d'en faire un vengeur sans qu'il se doutât du rôle qu'il jouait.

Voyons les chances que l'on avait de réussir en disant ce qu'était Corneille.

— Ce qu'était Pierre Corneille! comme si nous ne le savions pas! me direz-vous.

Eh! mon Dieu, il y a toujours, si savant qu'on soit, quelque chose que l'on ne sait pas ou que l'on sait mal; ce qui est bien pis que de ne pas savoir du tout.

II

Pierre Corneille était né en 1606, à peu près vers l'époque où Shakspeare, à l'apogée de son génie, faisait *Othello*.

Il était l'aîné de Rotrou, né en 1609 seulement, et qui ne donna son *Venceslas* qu'en 1647.

Rotrou passe donc à tort pour le saint Jean précurseur de Corneille.

Ses parents, Pierre Corneille, son père, et Marthe Le Pesant, sa mère, le mirent au barreau; ils rêvaient un fils avocat; Corneille, bien malgré lui, étudia donc Cujas et revêtit la robe noire.

Puis, par la protection du cardinal, il fut fait juge; ce qui lui donnait des appointements fixes.

Un jour, un de ses amis, amoureux d'une demoiselle de Rouen, le conduisit chez elle.

Corneille n'était âgé que de dix-huit ans; il avait le visage assez agréable, quoiqu'il eût le nez un peu fort, la bouche belle, des yeux pleins de flamme, la physionomie vive et expressive. Il trouva la demoiselle jolie, lui fit sa cour en vers et en prose, supplanta son ami, et, sur cette aventure, fit sa comédie de *Mélite*, exécrable pièce, si on la juge à notre point de vue, excellente pièce si on la juge au point de vue de l'époque.

De *Mélite*, en effet, date la naissance du théâtre en France.

Avant *Mélite*, il n'y avait que *Marianne* ; avant Corneille, il n'y avait que Hardy.

Lorsque nous jugeons un homme d'une autre époque que la nôtre, il faut, avant de porter notre jugement, nous pénétrer de cette vérité, que chaque siècle a son degré de lumière, et que cette lumière s'accroît au fur et à mesure que le monde marche.

Il est bien entendu que nous séparons le monde en deux périodes : la période païenne, la période chrétienne ; la période païenne, qui a donné les beaux génies de l'antiquité ; la période chrétienne qui a donné les beaux génies modernes.

Les hommes médiocres restent au-dessous de la lumière de leur siècle, quel qu'il soit.

Les hommes de talent l'atteignent.

Les hommes de génie la dépassent.

Mélite avait déjà dépassé le degré de perfection de la première moitié du xviie siècle.

Après *Mélite* vint *Clitandre* ; après *Clitandre*, *la Galerie du Palais*, puis *la Veuve*, puis *la Place Royale*, puis *Médée*.

Un vers fit le succès de *Médée* :

Dans un si grand revers, que vous reste-t-il ? — Moi !

Corneille s'était aidé de Sénèque pour faire *Médée*, car on commençait à étudier le théâtre des anciens, et à respecter ce que l'on a appelé depuis « les règles d'Aristote ». Corneille s'y conforma dans Clitandre, mais sans s'y soumettre et en protestant contre les unités. Corneille était robin, et c'était pour les robins une mode de protester à cette époque.

Le parlement donnait l'exemple.

La pièce est imprimée en 1632, et voici ce que dit Corneille dans sa préface :

« Que si j'ai renfermé cette pièce dans les règles d'un jour, ce n'est pas que je me repente de n'y avoir point mis Mélite, ou que *je me sois résolu à m'y attacher* désormais ; aujourd'hui, quelques-uns adorent cette règle, d'autres la méprisent ; pour moi, j'ai voulu seulement montrer que, si je m'en éloigne, ce n'est point faute de la connaître. »

Cependant, cette série de pièces, si médiocres qu'elles nous paraissent, était tellement au-dessus du niveau littéraire de l'époque, que Richelieu remarqua Corneille, l'appela au Palais-Royal et le fit travailler à ses pièces.

Richelieu tenait beaucoup à lui, et le protégeait particulièrement ; le voyant plusieurs jours de suite venir au Palais-Royal, triste, rêveur et sans avoir beaucoup travaillé :

— Pourquoi vous laissez-vous aller ainsi à la mélancolie et à la paresse ? lui demanda-t-il.

— Parce que je suis amoureux, monseigneur, répondit Corneille, et que, tant que je ne possèderai pas l'objet de mes désirs, il me sera impossible d'avoir la tête à moi.

— Comment désirez-vous la posséder ? demanda le cardinal.

— En légitime mariage, monseigneur, répondit Corneille.

— Pourquoi ne l'épousez-vous point, alors?

— Ses parents, trop fiers, ne veulent pas me la donner.

— Oh! fit le cardinal, et comment s'appelle cette beauté qui vous rend fou, et quels sont ces parents qui refusent leur fille à un homme que j'honore de ma protection?

— La jeune fille se nomme Marie Lampérière, monseigneur; son père est lieutenant général des Andelys en Normandie.

— Mettez-vous l'esprit en repos, monsieur Corneille, vous épouserez celle que vous aimez.

Et, en effet, le même jour, le cardinal écrivit à ce père récalcitrant une de ces lettres sèches comme il savait les écrire, lui ordonnant de venir à Paris sans lui donner la raison de cet ordre.

Le lieutenant général accourut, très-effrayé. Il crut qu'il s'agissait de quelque conspiration dans laquelle il avait été compromis, et se regarda comme trop heureux de donner sa fille à ce petit juge et à ce pauvre poëte qu'il avait tant méprisé.

Il y avait peu de temps que Corneille était marié, lorsque le cardinal le manda à Paris pour lui donner un acte à faire dans la comédie des *Tuileries;* on se rappelle que Corneille s'était montré fort susceptible aux observations du cardinal, qu'il avait voulu partir, mais que Richelieu l'avait forcé de rester jusqu'à ce que la pièce fût finie.

Mais, la pièce finie et jouée, il retourna bien vite auprès de sa jeune femme.

Nous l'avons dit, après avoir frappé la reine dans son ambition, le cardinal, en la forçant à venir applaudir sa pièce, l'avait humiliée dans son orgueil. Tout ce qui entourait Anne d'Autriche, tout ce qui lui était dévoué, tout ce qui haïssait le cardinal s'ingénia à lui rendre la pareille.

Ce fut un vieux secrétaire de Marie de Médicis qui trouva la botte secrète.

Il partit pour Rouen, porta à Corneille le romancero espagnol et une pièce de Guilhem de Castro, poëte dramatique fort estimé en Espagne, et qui était mort cinq ans auparavant.

Corneille ne savait guère mieux l'espagnol que Molière, qui, lorsque, dans son *Don Juan*, il imita *le Séducteur de Séville* de Tirso de Molina, traduisit *y Convidado de piedra*, c'est-à-dire « le Convive de Pierre, » par *le Festin de Pierre*, titre qui n'a aucun sens, puisque l'un des convives s'appelle *don Juan Tenorio* et l'autre *don Gonzalo d'Ulloa*.

Mais le vieux secrétaire de la reine mère, qui avait ses instructions, offrit à Corneille de lui traduire drame et romancero, chose que Corneille accepta.

Corneille, amoureux, fut séduit par Chimène.

Corneille, escrimeur, devint passionné du Cid.

Nous disons *escrimeur* sans trop savoir si Corneille maniait l'épée ; mais toute la robe était belliqueuse à cette époque ; c'était un homme de robe et un parent des Arnault les jansénistes, qui fit le fort Louis contre la Rochelle, et forma le célèbre régiment de Champagne ; le fameux Gassion, que le cardinal avait surnommé *la guerre*, sortait du parlement de Pau ; enfin,

Auguste de Thou, qui, quatre ou cinq ans plus tard, montera sur l'échafaud avec Cinq-Mars, et qui, en attendant, va en amateur à la guerre et s'y fait blesser, était le fils du président de Thou.

Nous eussions peut-être choisi un terme plus juste en disant *disputeur* au lieu d'*escrimeur*. C'était un rude disputeur, même parmi les disputeurs normands, que ce Corneille, dont les tragédies sont d'éternelles disputes quand elles ne sont pas des procès.

Maintenant, comment Corneille, l'homme du cardinal, ne comprit-il pas qu'il allait cruellement blesser Richelieu, en faisant une tragi-comédie qui n'était rien autre chose que la glorification du duel défendu par les édits?

Il y avait dix ans à peine qu'un Montmorency avait porté, avec son second, sa tête sur l'échafaud pour s'être battu en duel. Il est vrai que c'était en plein jour, à Paris, sur la place Royale.

Peut-être Corneille fut-il entraîné par son enthousiasme de poëte, peut-être fut-il séduit par l'argent. La Bruyère ne dit-il pas que Corneille n'estimait les pièces que par l'argent qu'elles rapportaient?

Le Cid, fait à l'instigation de la reine, lui fut soumis et lu. Elle applaudit fort la pièce, promit monts et merveilles à l'auteur, qui la fit représenter chez elle, au Louvre, mais sans inviter le cardinal.

Ce fut de l'enthousiasme, du délire, de la frénésie, des applaudissements, des trépignements, des cris, des pleurs. Corneille avait pris en main la cause des gentilshommes, c'était l'âme de toute la noblesse française qui était passée dans la poitrine du Cid. Glorifier le duel, c'était abonder dans les idées du temps ; relever le gentilhomme depuis dix ans abattu, proscrit, décapité, c'était sonner la trompette du défi. On cria à la représentation : « Plus de ministre en robe rouge ! plus de cardinal prêtre ! »

Le cardinal reçut le coup en pleine poitrine; c'était mieux que ce fameux coup de Jarnac qui coupa le jarret de la Châtaigneraie ; c'était un coup droit, comme on dit dans la langue de l'escrime.

Richelieu risqua le tout pour le tout. Feignant de protéger la pièce et de la vouloir mieux juger pour mieux récompenser l'auteur, il la fit jouer au théâtre du Palais-Royal. Sans doute, il espérait que, là, sous son œil terrible, nul n'oserait applaudir.

Il se trompa. Devant lui, chez lui, le succès fut plus grand peut-être encore que chez la reine.

Contre ce fanatisme public, si bien traduit par ce vers :

Tout Paris, pour le Cid, a les yeux de Chimène,

le cardinal, tout puissant qu'il était, se trouvait désarmé.

Ce fut par sa victoire même que Corneille mesura son danger; il dédia sa pièce à madame de Combalet, la nièce bien-aimée de Richelieu, pour laquelle on accusait le cardinal d'avoir une tendresse trop grande de la part d'un oncle. Et, en effet, Richelieu aimait fort cette nièce, qui lui était toute dévouée

Sa nièce Combalet mène une belle vie !

dit Hugo dans *Marion Delorme;* c'est à tort : les plus

méchantes langues du temps, Tallemant des Réaux lui-même, n'en disent pas de mal. C'était, au milieu de cette folle cour où les Chevreuse et les Fargès donnaient le ton, où la reine cherchait des favorites à son mari et où les ingénues de quinze ans mettaient des billets dans leur sein afin que le roi allât les y prendre; c'était une jeune femme, jolie, modeste, austère, veuve à vingt-cinq ans d'un mari qui l'avait été à peine; elle prit des habits de vieille femme et fit vœu de se faire carmélite. A partir de ce moment, ses cheveux disparurent sous son bandeau de veuve, et la seule parure qu'elle se permît était un bouquet au corsage, son oncle adorant les fleurs.

Elle était dame de la reine mère, qui la haïssait. Cette figure grave, cette robe brune, ces yeux qui ne se levaient jamais, faisaient à la fois un contraste et un reproche.

Revenons au *Cid*.

En 1629, une compagnie littéraire, une société à l'instar des académies italiennes, s'était formée chez un protestant fort érudit, nommé Conrard. Chapelain et tous les beaux esprits du temps faisaient partie de cette société. Richelieu, qui avait toujours eu un faible pour les protestants, aimait Conrard. Il eut l'idée — non pas Conrard, mais le ministre — d'en faire une société qui s'occupât d'épurer la langue française. Elle avait, dès la première année de son existence, commencé son Dictionnaire, dont la première édition parut en 1694, et la sixième et dernière en 1835.

On devine que nous parlons de l'Académie française. Le cardinal était de plus en plus furieux contre le pauvre Corneille, qui commençait à s'épouvanter de son succès. La reine, dont ce succès faisait le triomphe, exigea que le cardinal ennoblît le père de Corneille. C'était plus que n'en pouvait supporter le cardinal. Il obéit, fit noble le digne maître des eaux et forêts à qui Corneille devait la naissance, et déféra, le 10 juillet 1637, *le Cid* à la censure de l'Académie.

L'Académie fut fort embarrassée; à peine constituée, raillée déjà, elle allait débuter par rendre un jugement qui heurterait de front l'opinion publique; il y avait de quoi y songer.

Richelieu s'aperçut de l'hésitation.

— Faites-y attention, messieurs, dit-il, comme vous m'aimerez je vous aimerai.

Ce qui voulait dire en toutes lettres : « Si vous censurez *le Cid*, j'augmenterai vos pensions; si vous ne le censurez pas, je vous les ôterai. »

Les académiciens de tous les temps ont fort tenu à leurs pensions. — L'Académie censura *le Cid*.

N'importe; malgré la censure de l'Académie, les duels, que l'on avait eu tant de peine à éteindre, pouvaient recommencer. Richelieu, après le succès du *Cid*, eût-il osé faire tomber la tête de Bouteville?

Non; le théâtre avait vaincu les édits, et, dans le duel qui avait eu lieu entre le ministre et le poëte, le poëte avait tué le ministre.

Et maintenant, nous allons voir ce que Corneille a emprunté à Guilhem de Castro et au romancero espagnol, et ce qu'il a élagué de ces deux sources comme indigne de son œuvre.

III

J'ai dit que c'était un vieux secrétaire de Marie de Médicis qui avait porté à Corneille le *Romancero* et le drame de *la Jeunesse du Cid* (*las Mondades del Cid*).

Disons maintenant quelques mots du poëme et du drame.

L'ensemble du *Romancero* est l'histoire pittoresque, légendaire et poétique de l'Espagne.

La légende du Cid n'est qu'un épisode de ce grand tout qui est à l'Espagne ce que l'*Iliade* et l'*Odyssée* sont à la Grèce.

Seulement, l'Homère espagnol est inconnu.

Jusqu'à la fin du règne de Philippe II, le *Romancero* servit de base aux historiens espagnols qui tentèrent d'écrire l'histoire de leur pays, et, jusqu'à la fin du siècle dernier, leur authenticité ne fut point contestée.

Mais, on le sait, le xviiie siècle fut un siècle de démolition. Pas une croyance religieuse ne resta debout, et, dans l'écroulement général, le *Romancero* faillit perdre le plus beau fleuron de sa couronne.

Une voix s'éleva qui cria tout à coup :

— Le Cid n'a jamais existé !

C'était nier Achille à Homère, Roland à l'Arioste, Renaud au Tasse; c'était arracher la pierre angulaire et faire écrouler tout l'édifice.

C'était un savant nommé Masden qui, dans sa réfutation critique de l'histoire léonaire du Cid, ne sachant comment concilier quelques contradictions et éclaircir quelques obscurités, prenait, pour se tirer d'embarras, l'héroïque parti de nier son existence.

Il y a dans tous les pays de ces esprits-là qui regardent la poésie comme une tache d'huile tombée sur l'histoire. En même temps, un autre savant, Espagnol toujours, composa, ou plutôt publia un ouvrage intitulé *la Castille et le plus fameux Castillan*. Il prétendait l'avoir tiré d'une chronique latine découverte à Léon. Celui-là se nommait Manuel de Risco.

Il faisait mieux que nier le Cid : il le mutilait.

Ainsi, dans la chronique de Manuel de Risco, le Cid, au lieu d'être né vers 1025, comme le disent les chroniques, serait né seulement en 1050, ce qui supprime toute cette grande période de la jeunesse du Cid, qui comprend son duel avec le comte Lazano, le plaidoyer de Chimène devant le roi Ferdinand, la victoire du Cid sur les cinq rois maures, le mariage du Cid avec Chimène, le combat en champ clos entre le Cid et Martin Conçalez, l'apparition de saint Jacques au Cid, la guerre que fit le Cid à l'empereur Henri III, les plaintes de Chimène au roi, les relevailles de Chimène et la mort du roi Ferdinand.

Et, en effet, selon Manuel de Risco, le Cid n'aurait eu que quinze ans à la mort du roi, et, à l'âge de quinze ans, n'aurait pu accomplir tous les exploits qu'on lui prête de 1046 à 1065.

Avouez que c'est bien heureux pour un pays que d'avoir un savant si savant, que, comme don Manuel de Risco, il lui mutile son plus grand homme, ou, comme Masden, le lui supprime tout à fait.

Il est vrai qu'en échange de cette magnifique légende de Rodrigue, que tout le monde sait par cœur, ils dotent l'Espagne de deux ouvrages que personne ne connaît, excepté moi et mon ami Damas-Hinard, auquel je vous renverrai, comme au commentateur et au traducteur tout à la fois du *Romancero*.

Quant à nous, qui ne sommes ni Espagnol ni savant, nous tenons le Cid non-seulement pour avoir vécu et pour être né en 1025, mais nous allons plus loin : nous disons, avec la *Chronique du Cid*, écrite par l'historien arabe Ben-Alfang, que voici la vraie généalogie du Cid :

« Après la mort de don Pélage, surnommé le Montagnard, la Castille étant restée sans maître, le peuple élut deux juges suprêmes, deux al-kaïds, dont l'un s'appelait Nuño Raduera et l'autre Layn Calvo. Celui-ci épousa la fille du premier, appelée Elvira Nuñes. De Layn Calvo descendit Diègue Laynez, qui prit pour femme doña Térésa Rodrigue Alvarès, comte gouverneur des Asturies. De ce mariage naquit Ruy Dias, l'an 1026 de l'incarnation, en la cité de Burgos. »

Or, en 1045, don Rodrigue, s'il était né en 1026, comme le dit la chronique arabe, avait dix-neuf ans — vingt ans, s'il était né en 1025 — l'âge nous va : c'est celui des colères bouillantes et des idées généreuses, — lorsque son père don Diègue reçut un soufflet de don Gomez de Gormas, surnommé Lazano, c'est-à-dire le Hautain.

A quel propos don Diègue reçut-il ce soufflet ?

Le *Romancero* n'en dit rien. Il commence par ces paroles :

« Don Diègue Laynez, pensant tristement à l'outrage

qu'avait reçu sa maison noble, riche et ancienne, avant Inigo et Abarca, et voyant que les forces lui manquaient pour la vengeance, et que son grand âge l'empêchait de la prendre par lui-même, ne peut dormir la nuit, ni goûter à aucun mets, ni lever les yeux de dessus terre, et il n'ose plus sortir de la maison. »

Guilhem de Castro est plus explicite : il veut le soufflet en scène.

Le roi don Ferdinand nomme Diègue gouverneur de son fils; don Gormas, jaloux de voir accorder à don Diègue une faveur qu'il devait avoir méritée, lui reproche son âge, qui lui permettra de donner à son élève des conseils, mais non des exemples.

Don Diègue lui répond :

— Si les forces me manquent dans les jambes ou dans les bras pour rompre une lance ou mettre un cheval hors d'haleine, je ferai lire au prince l'histoire de mes exploits; il apprendra ce que je fis, s'il ne peut apprendre ce que je fais : et le monde et le roi verront qu'autour de lui personne n'a mérité...

LE ROI. — Diègue Laynez !
LE COMTE, se levant. — Moi, j'ai mérité !
LE ROI. — Sujets !...
LE COMTE. — J'ai mérité comme toi et mieux que toi.
LE ROI. — Comte !...
DIÈGUE. — Tu te trompes.
LE COMTE. — Je le dis.
LE ROI. — Je suis votre roi.
DIÈGUE. — Tu ne saurais le dire.
LE COMTE. — Ma main parlera comme ma langue a parlé.
(Il donne un soufflet à don Diègue.)

Corneille a complétement adopté cette version et a

imité, avec une merveilleuse supériorité, le dialogue du drame espagnol.

LE COMTE. — Ce que je méritais, vous l'avez emporté.
DIÈGUE. — Qui l'a gagné sur vous, l'avait mieux mérité.
LE COMTE. — Qui peut mieux l'exercer, en est bien le plus
[digne.
DIÈGUE. — En être refusé n'en est pas si bon signe.
LE COMTE. — Vous l'avez eu par brigue, étant vieux courtisan.
DIÈGUE. — L'éclat de mes hauts faits fut mon seul partisan.
LE COMTE. — Parlons-en mieux : le roi fait honneur à votre
[âge.
DIÈGUE. — Le roi, quand il en fait, le mesure au courage.
LE COMTE. — Et, par là, cet honneur n'était dû qu'à mon
[bras.
DIÈGUE. — Qui n'a pu l'obtenir, ne le méritait pas.
LE COMTE. — Ne le méritait pas ? moi ?
DIÈGUE. — Vous.
LE COMTE. — Ton impudence,
Téméraire vieillard, aura sa récompense !
(Il lui donne un soufflet.)

Ce soufflet était et est resté une grave infraction aux règles pompeuses de la tragédie. Une note de l'éditeur du Théâtre de Corneille, de Firmin Didot, avec commentaires, dit textuellement :

« On ne donnerait pas aujourd'hui un soufflet sur la joue d'un héros : les acteurs mêmes sont très-embarrassés à donner ce soufflet : ils font le semblant. Cela n'est plus le même soufflet dans la comédie, et c'est le seul exemple qu'on en ait dans le théâtre tragique. Il est à croire que c'est une des raisons qui font intituler *le Cid* « tragi-comédie. »

Dans le drame espagnol, don Diègue reçoit le soufflet en présence du roi, ce qui rend l'offense plus grave encore. Corneille n'a point osé pousser jusque-là l'oubli de la majesté royale, et don Gormas ne se livre à cet emportement qu'après la sortie du roi.

A côté ou plutôt derrière le *Romancero*, qui ne dit pas la cause du soufflet, et le drame de Guilhem de Castro, qui l'attribue à la jalousie excitée chez don Gormas par la faveur royale, une vieille chanson populaire trouve à cette querelle une cause plus pittoresque et surtout plus dans les mœurs du temps :

> El conde don Gomez de Gormas
> A Diego Laynez fiso d'ano :
> Feriole los pastores
> E robole el ganado.

Ce qui signifie :

« Le comte don Gomez de Gormas fit tort à Diègue Laynez : il frappa ses bergers et lui déroba un troupeau. »

Don Diègue prend parti pour ses bergers, réclame ses moutons volés, et, à la suite de l'altercation, don Gomez donne un soufflet à Diègue.

Quoi qu'il en soit, et quelle qu'ait été la cause de la querelle, le soufflet est reçu.

Dans Corneille, don Diègue met incontinent l'épée à la main; mais don Gormas le désarme et l'abandonne avec ce double affront.

Dans Guilhem de Castro, le vieillard, soit qu'il connaisse sa faiblesse, soit qu'il ne veuille pas mettre l'épée à la main devant le roi, s'élance hors du palais et rentre chez lui au moment où don Rodrigue désarmé par son frère, pend son épée au mur.

Don Diègue rentre avec le bâton sur lequel il s'appuie : le bâton est brisé en deux, comme si, assez fort pour porter la vieillesse, il n'avait point été assez fort pour porter, à la fois, la vieillesse et l'affront.

Nous disons que don Diègue rentre au moment où, armé par le roi, Rodrigue est désarmé par ses frères. Guilhem de Castro donne de son autorité privée deux frères à Rodrigue, et vous allez voir le parti qu'il en tire.

D'abord il aurait dû dire deux neveux.

Et, en effet, d'un fils naturel que don Diègue avait eu dans sa jeunesse, étaient nés deux fils qui, quoique neveux de Rodrigue, étaient plus âgés que lui.

Ce fils naturel de don Diègue rentre chez lui, se livre à sa douleur, et, interrompu par Rodrigue, l'apostrophe, sans préambule, de ces paroles :

Rodrigue, as-tu du cœur?

L'auteur espagnol passe par des préparations qui me paraissent d'un haut intérêt dramatique.

Don Diègue, comme je l'ai dit, rentre chez lui au moment où Rodrigue, désarmé par ses frères, arrache l'épée que lui a donnée le roi en le faisant chevalier, épée qui, dans les mains de Ferdinand, a triomphé des ennemis de l'Espagne dans cinq batailles rangées.

Le vieillard renvoie ses trois fils ; car, pour l'épreuve qu'il veut tenter, il faut qu'il parle à chacun seul à seul. D'ailleurs, il veut voir, non pas jusqu'où va encore son courage, mais jusqu'où va encore sa force.

Il détache d'un trophée l'épée dont il se servait dans sa jeunesse et essaye de la manier ; mais sa main tombe, fatiguée du poids de l'épée.

A cette preuve de faiblesse, il demeure convaincu qu'il lui faut confier le soin de sa vengeance à un autre.

Il appelle son fils Hernan.

— Hernan Dias !

HERNAN. — Que me veux-tu ?

DIÈGUE. — Ah ! mon fils, donne-moi ta main : je sens des angoisses terribles. (Il prend la main de son fils et la serre de toutes ses forces.)

HERNAN. — Mon père ! mon père ! vous me brisez la main ! Lâchez-moi, ou je meurs ! Ah !

DIÈGUE. — Est-ce moi qui t'ai donné la vie ? Non ! Homme plus faible qu'une femme, va-t'en ! sors !

HERNAN. — Étrange chose ! (Il sort.)

DIÈGUE. — Si tous mes fils lui ressemblent, adieu mon espérance ! (Il appelle.) Bermudo Layn !

BERMUDO. — Seigneur ?

DIÈGUE. — J'éprouve une faiblesse, un évanouissement : accours, enfant, donne-moi ta main. (Il la serre : Bermudo tombe à genoux.)

BERMUDO. — Que faites-vous ! Grâce, mon père ! grâce !

DIÈGUE. — Ah ! misérable ! Mes mains affaiblies sont-elles donc les griffes d'un lion ! et, quand elles le seraient, devrais-tu faire entendre ces indignes plaintes ! Tu te dis homme. Va-t'en, honte de ma race ! (Bermudo sort. Il appelle Rodrigue.)

RODRIGUE. — Mon père et seigneur, pourquoi me faire une insulte ? pourquoi, m'ayant engendré le premier, m'appelles-tu le dernier ?

DIÈGUE. — Ah ! mon fils ! je me meurs !

RODRIGUE. — Qu'éprouves-tu ?

DIÈGUE. — Une douleur, une rage. (Il lui prend la main, la porte à sa bouche et la lui mord.)

RODRIGUE. — Mon père, laissez-moi ! A la malheure ! Si vous n'étiez mon père, je vous donnerais un soufflet !

DIÈGUE. — Ce ne serait pas le premier.

RODRIGUE. — Comment?

DIÈGUE. — Fils de mon âme, j'adore ce ressentiment : ta colère me charme, et je bénis ce manque de respect. Ce sang impétueux qui se révolte dans tes veines, que je vois dans tes yeux, ce sang que la Castille m'a donné, héritage de Calvo et de Nuñez, c'est le sang que vient de déshonorer en moi le comte d'Orgas, celui qu'on appelle Lazano!

DIÈGUE. — Le comte d'Orgas!

A partir de ce moment, la situation est la même dans Corneille que dans Guilhem de Castro et ne s'en éloigne véritablement que dans l'épisode du lépreux, dont il n'est même pas fait mention dans Corneille et qui se trouve dans le *Romancero* et dans Guilhem de Castro.

IV

A notre avis, un des défauts du *Cid* de Corneille, c'est d'être un héros contemporain des croisades et de n'être pas un héros chrétien dans l'époque la plus chrétienne du moyen âge.

Ni le *Romancero*, ni Guilhem ne commettent cette faute. Le Cid, vainqueur des Maures, est, avant tout, un héros plein de piété et surtout de foi, et c'est ce que tous deux, poëme et drame, établissent d'une manière incontestable dans l'épisode du lépreux.

Notre défaut d'étude du théâtre étranger laissant cet épisode assez ignoré, nous allons, en l'abrégeant, le mettre sous les yeux de nos lecteurs.

Rodrigue est en campagne avec ses chevaliers et ses

soldats. Au moment où il passe près d'un buisson, une voix dit :

— N'y aura-t-il pas un chrétien qui m'assiste dans ma misère ?

RODRIGUE. — Quelqu'un gémit.

PREMIER SOLDAT. — En effet.

RODRIGUE. — Quel homme peut se plaindre ainsi? N'entendez-vous rien? Je ne le vois pas, et ma pitié s'en augmente. Écoutons.

UN BERGER. — Je n'entends rien.

DEUX SOLDATS. — Ni moi, ni moi.

RODRIGUE. — Cherchons des yeux. D'ailleurs, nous pouvons attendre ici les autres. Ce lieu est charmant pour se reposer.

LE BERGER. — Et pour manger aussi. (Ils dressent une petite table.)

RODRIGUE. — A peine le soleil est-il levé ; vous venez de déjeuner, et vous voulez manger encore !

LE BERGER. — Rien qu'un morceau, monseigneur.

RODRIGUE. — Rendons grâces, d'abord, au patron de l'Espagne ; nous pourrons manger ensuite.

LE BERGER. — Les grâces ne se disent qu'après le repas ; mangeons d'abord.

RODRIGUE. — Donne à Dieu ta première pensée afin que le repas ne te manque jamais.

LE BERGER. — Je n'ai vu de ma vie un homme si religieux avec un aspect si guerrier.

ODRIGUE. — Est-ce donc étrange de voir tout à la fois un homme dévot et soldat ?

LE BERGER. — Cependant, la dévotion dans cette entreprise est plaisante. Voyez-vous la dévotion à cheval et le rosaire à la main, avec ton armure brillante, tes éperons dorés, ton chapeau à plumes !

RODRIGUE. — Être chrétien n'est pas être chevalier. Pour le salut de tous, la main droite de Dieu montre mille chemins par lesquels on va au ciel. Que le moine porte son capuchon, le prêtre son bonnet et le rude laboureur son grossier manteau, c'est le dernier qui, peut-être, a trouvé la plus sûre voie en suivant les sillons de sa charrue. Le soldat et le chevalier, si leurs intentions sont franches et s'ils marchent dans le bon chemin, pourront, avec de belles armures, des plumes sur leurs chapeaux, des éperons dorés, parvenir au but, vrais gentilshommes du ciel. Dans cette route, là tristes, ici joyeux, les uns marchent en souffrant, les autres en combattant.

Il n'est point difficile de se figurer à quelle hauteur de pareilles pensées fussent parvenues en passant par la plume de l'auteur de *Polyeucte*. Mais, cette fois, la pièce était faite contre le cardinal : il ne fallait rien qui soutînt ou qui rappelât la religion.

A peine le Cid a-t-il fait cette splendide morale, que l'occasion lui est donnée de joindre l'exemple au précepte.

. Un lépreux, — non-seulement un lépreux, mais un *gafo*, dit le *Romancero*, c'est-à-dire la pire espèce des lépreux, ceux chez lesquels, dit Cavarrubias dans son *Trésor de la langue castillane*, ceux chez lesquels les nerfs et les chairs des extrémités se retirent de telle façon, que les pieds et les mains deviennent semblables aux serres d'un oiseau de proie, — un gafo sort la tête au-dessus des broussailles, et, joignant les deux mains :

— N'y a-t-il pas ici, dit-il, un chrétien ami de Dieu ?
RODRIGUE. — Qu'entends-je de nouveau ?
LE LÉPREUX. — Le Ciel ne se gagne pas seulement en combattant, Rodrigue.
RODRIGUE. — Approchez : la voix sort de cette fosse couverte de broussailles.

LE LÉPREUX. — Qu'un de mes frères en Jésus-Christ me donne la main pour sortir d'ici.

LE BERGER, s'approchant et reculant d'effroi. — Ce ne sera point moi ; sa main est ulcérée par la lèpre.

PREMIER SOLDAT. — Ni moi non plus.

LE LÉPREUX. — Écoutez-moi, au nom du Christ !

DEUXIÈME SOLDAT. — Pas moi, pas moi.

RODRIGUE. — Ce sera donc moi : c'est une œuvre pieuse.

LE LÉPREUX. — Avec votre gantelet de fer, vous n'avez rien à craindre.

RODRIGUE. — Avec l'aide de Dieu, je te donnerai bien la main nue. (Il ôte son gantelet, lui donne la main nue et le tire du bourbier où il était enfoncé.)

LE LÉPREUX. — Tout est devoir, Rodrigue, et tuer ses ennemis et secourir ses frères.

RODRIGUE. — Ma récompense est dans ta piété.

LE LÉPREUX — Les œuvres de charité sont les échelons du Ciel ; elles font partie de la parure du chevalier ; elles sont si bien faites pour lui, qu'on les regarde comme aussi nécessaires que son armure. Par elles, un chevalier tenant à la main sa lance et son épée, dont l'acier est recouvert d'or, montera de degré en degré à la porte du Ciel et sera bien sûr de ne pas la trouver fermée.

Ce n'est pas le tout. Le lépreux a froid, Rodrigue le couvre de son manteau ; le lépreux a faim, Rodrigue s'assied à la même table que lui et mange avec lui. Puis, quand il a mangé à la même table et bu dans le même verre, comme le lépreux est fatigué :

— Dormez un peu, lui dit Rodrigue, je garderai votre sommeil et je veillerai à vos côtés. Mais que m'arrive-t-il ? Je m'endors moi-même ; ce sommeil n'est point naturel. (S'endormant malgré lui.) Je me recommande à Dieu, que sa volonté soit faite ! (Il s'endort.)

LE LÉPREUX. — O grand courage et suprême bonté, généreux Cid, noble Rodrigue, illustre capitaine chrétien! C'est ta précieuse destinée : c'est mon bonheur de te l'annoncer. (Le lépreux étend les mains sur Rodrigue, et, tout en étendant les mains, monte sur des rochers et se transfigure. Ses grossiers habits tombés, il apparaît beau, lumineux et vêtu d'une robe blanche. C'est saint Lazare.)

RODRIGUE, se réveillant. — Qui me touche? qui m'embrasse? Où est ce pauvre? qu'est-il devenu ? Un feu céleste pénètre lentement jusqu'à mon cœur, comme un rayon venu du ciel! Que se passe-t-il? La pensée le devine, Dieu le sait. Quelle odeur douce et suave sa divine haleine a laissée. Voici mon manteau. Je chercherai la trace de ses pas. Dieu puissant! ses pas sont empreints sur les rochers! Je veux les suivre.

LE LÉPREUX, entouré d'une auréole d'or. — Regarde-moi, Rodrigue.

RODRIGUE. — Que vois-je?

LE LÉPREUX. — Je suis saint Lazare, je suis le pauvre qui a reçu de toi le bon accueil, et ce que tu as fait pour moi a tellement plu à Dieu, que tu seras le prodige des temps actuels, un capitaine miraculeux, un vainqueur invincible, à ce point qu'il arrivera à toi seul ce qui n'est jamais arrivé et n'arrivera jamais à un autre : tu gagneras une victoire après ta mort. Et, comme preuve de la vérité de ce que je te dis, toutes les fois que tu sentiras cette chaleur suprême, qui t'embrase et te fortifie, t'environner, entreprends quelque glorieuse conquête, le saint patron de l'Espagne sera avec toi et te fera triompher. (Il remonte au ciel.)

RODRIGUE. — Oh! comme je voudrais te suivre où tu vas!

Par cette scène, *le Cid* espagnol se complète : c'est véritablement le héros chrétien, le descendant de Pélage, l'homme, ou plutôt le chevalier du XIe siècle.

Sous ce rapport, nous le regrettons, il y a beaucoup de lacunes dans l'œuvre de Corneille; ce qui prouverait que, tout en imitant l'ossature du *Romancero* et du drame, il n'en n'a pas complétement saisi l'esprit.

Il y a aussi dans Corneille une petite erreur géographique et historique. Au lieu de laisser la scène à Burgos, il la fait passer à Séville. Lui-même s'en excuse dans son examen du *Cid* et donne à cette infraction aux règles de la vérité une singulière excuse.

« J'ai placé la scène à Séville, dit Corneille, bien que don Fernand n'ait jamais été le maître de cette ville ; mais j'ai été obligé à cette falsification pour former quelque vraisemblance à la descente des Maures, dont l'armée ne pouvait venir si vite par terre que par eau. Je ne voudrais pas affirmer, toutefois, que le flux de la mer monte jusque-là. Mais, dans notre scène, il se fait encore plus de chemin qu'ils ne lui en font faire sur le Guadalquivir pour battre les murailles de cette ville. Cela peut suffire à fonder quelque probabilité parmi nous, pour ceux qui n'ont point été sur le lieu même. »

La raison que donne Corneille nous semble étrange. Les Maures n'avaient pas besoin de venir à Séville par le Guadalquivir : ils y étaient. Or, ils avaient moins loin pour venir de Séville sur le territoire de Burgos que de l'Afrique à Séville.

De la présence des Maures en cette ville et de la puissance qu'ils y tenaient, *la Chronique générale d'Espagne* fait foi ; car voici ce qu'elle dit :

« Le roi Ferdinand, voulant posséder les corps de quelques saints qui se trouvaient à Séville, envoya, à cet effet, en ambassade, au roi maure qui y commandait, deux évêques et avec eux don *Nuño* et d'autres prud'hommes.

« Étant donc arrivés à Séville, ceux-ci demandèrent au roi maure les corps des saints; mais il leur répondit qu'il ne savait point où ils gisaient. De cette réponse furent fort affligés les bons évêques. Ils se mirent en oraison durant trois jours. La troisième nuit, comme ils priaient avec beaucoup de ferveur, saint Isidore leur apparut et leur dit de ne point s'inquiéter ni s'enquérir plus longtemps des corps des autres saints et de le transporter tout seul à Léon, ce que firent les ambassadeurs en grande cérémonie et pompe. On bâtit dans la ville susnommée une église que l'on consacra au nom du bienheureux saint, et l'on plaça son cercueil, richement paré, sous le maître-autel de cette église. »

Maintenant, il y a une chose dont je suis à peu près sûr, c'est que Corneille avait en portefeuille un combat qu'il désirait placer et qu'il a profité de l'occasion. Il lui fallait une marée pour justifier ce beau vers :

Le flux les apporta, le reflux les emporte !

et il a fait venir la marée jusqu'à Séville. Ce n'est pas nous qui lui en ferons un crime. Supposons que le combat nocturne auquel nous devons cet autre magnifique vers :

Cette obscure clarté qui tombe des étoiles ;

supposons que ce combat ait été livré pendant les équinoxes et n'en parlons plus.

On connaît, du reste, la paresse de Corneille à changer ses vers une fois faits.

On sait ce qui arriva à Baron à propos de quatre vers de *Bérénice* qu'il ne comprenait pas.

Dans la première représentation de cette tragédie, Baron, qui jouait le rôle de Domitian, s'était cassé la tête pour comprendre ces quatre vers et n'avait pu en venir à bout :

> Faut-il mourir, madame ? et, si proche du terme,
> Votre illustre inconstance est-elle encor si ferme,
> Que les restes d'un feu que j'avais cru si fort
> Puissent, dans quatre jours, se promettre ma mort?

Baron en était encore, dans la carrière dramatique, à la période de la modestie. Il prit son rôle et alla demander à Molière l'explication des quatre vers qui le chagrinaient.

Molière, qui était le bon sens et la clarté mêmes, l'esprit plein de confiance dans le génie de Corneille, les lut et les relut, et finit par avouer qu'il ne les comprenait pas plus que Baron.

— Mais attendez, dit-il au jeune comédien, M. Corneille doit venir souper avec nous aujourd'hui : vous lui direz qu'il vous les explique.

— A merveille, s'écria Baron.

Et, dès que Corneille arriva, il alla lui sauter au cou, comme il faisait ordinairement, à cause du grand amour qu'il lui portait; puis, ensuite, il le pria de lui expliquer les vers qui l'embarrassaient.

Corneille haussa les épaules et s'apprêta à donner l'explication demandée; mais il eut beau lire et relire ses quatre vers, il ne les comprit pas plus que ne l'avaient fait Baron et Molière.

— Récitez-moi ces vers de votre mieux, dit-il à Baron.

Baron les récita en y mettant toute la chaleur dont il était susceptible.

— Eh bien, dit Corneille, dites-les comme cela, et je vous réponds que l'on n'aura pas besoin de les comprendre pour les applaudir !

Et, en effet, les vers furent applaudis et bien au delà, probablement, de ce qu'ils l'eussent été si on les avait compris.

V

Disons encore quelques mots de la façon étrange dont Corneille reconnaît les tendresses de Richelieu pour lui.

Nous avons déjà vu le coup qu'il avait porté à son protecteur en faisant jouer *le Cid*, et dans quelle perplexité la reine avait mis l'auteur de *Mirame*, lorsque, ayant repris le dessus sur lui, elle le força, pour ainsi dire, de donner la noblesse au père de Corneille.

Richelieu, nous l'avons dit, se vengea en faisant censurer *le Cid* par l'Académie. Il anoblissait le père, et, en même temps, censurait le fils.

« Platon le met hors de sa cité, dit Balzac en parlant du poëte; mais il ne peut le chasser que couronné de fleurs. »

Corneille, chassé, eut-il l'idée, dans ses pièces, de se venger de Richelieu? Il dédie *Horace* au cardinal, et « *Horace*, dit Michelet, quoique dédié au cardinal, fut avidement saisi par les Romains du parlement, les

Cassius de la grand'chambre et les Brutus de la bazoche. »

Cinna vient après *Horace.* — *La Clémence d'Auguste!* comprenez-vous? sous ce ministre inclément, et sous ce roi triste et maussade et qui n'a jamais pardonné!

Polyeucte est représenté au moment où Richelieu vient de mettre à la Bastille le Polyeucte janséniste, l'abbé de Saint-Cyran.

Les femmes de Corneille, ces terribles frondeuses qui devançaient la Fronde, sont à la mode. La reine, c'est Chimène; la Palatine se croit Coligny, et à La Rochefoucauld, qui allait combattre, madame de Longueville, prête à se donner à tout le monde, disait :

Sors vainqueur d'un combat dont Chimène est le prix.

Une autre chose, qui est remarquable dans les pièces de Corneille, et que je signale le premier, je crois, c'est l'influence que son double état d'avocat et de juge exerce sur son talent ou plutôt sur la conception de ses pièces.

Peu de pièces de Corneille qui ne soient un procès criminel, à commencer par *le Cid.*

Le Cid tue don Gormas : le roi apprend sa mort par don Alonzo, qui lui annonce, en même temps, que doña Chimène vient lui demander justice; mais, en même temps que vient Chimène, c'est-à-dire l'accusateur, se présente don Diègue, c'est-à-dire le défenseur, et le procès est entamé.

Voyez *Horace* irrité des imprécations de Camille; — et nous reviendrons sur ces imprécations à propos de mademoiselle Rachel; — Horace tue sa sœur. Ici, c'est

bien autre chose que dans *le Cid*. Peste! un fratricide!
Cette fois, c'est Valère qui est l'accusateur public. Mais,
comme le roi Tullus ne veut point porter un jugement
si l'accusé n'est point défendu, il se tourne vers lui et
dit :

Défendez-vous, Horace !

Et Horace se défend dans un plaidoyer non moins
beau que ne l'a été le réquisitoire du procureur général.

Aussi, comme la situation est la même que dans *le
Cid*, comme la punition, ainsi que dans *le Cid*, atteindrait le sauveur de l'État, le jugement est-il le même,
et Tullus fait-il grâce à peu près dans les mêmes termes
que don Fernand.

Dans *la Clémence d'Auguste* la chose est encore plus
grave : c'est la République qui est le coupable et qu'il
s'agit de juger.

Je pourrais pousser les citations plus loin et poursuivre la même idée dans d'autres pièces : avocat et
juge, il faut que Corneille plaide ou entende plaider.

Quant à cette modestie de Corneille dont on parle
tant aux auteurs modernes, en leur reprochant leur
orgueil, l'examen de *Cinna* n'en est point une preuve.
Voulez-vous savoir ce que Corneille dit de lui-même?
Lisez :

« Ce poëme de *Cinna* a tant de suffrages qui lui donnent le premier rang parmi les miens, que je me ferais
trop d'importants ennemis si j'en disais du mal. Je ne
le suis pas assez (ennemi) de moi-même pour chercher
des défauts où ils n'en ont voulu voir et accuser le jugement qu'ils en ont fait, pour obscurcir la gloire qu'ils

m'en ont donnée. Cette approbation si forte et si générale, vient, sans doute, de ce que la vraisemblance s'y trouve si heureusement conservée aux endroits où la vérité lui manque, qu'il n'a jamais besoin de recourir au nécessaire. Rien n'y contredit l'histoire, bien que beaucoup de choses y soient ajoutées; rien, enfin, n'y est violenté par les incommodités de la représentation, ni par l'unité du jour, ni par celle du lieu. »

L'estime que Corneille fait de ses pièces va toujours augmentant. La pièce qu'il vient de faire est toujours la meilleure de ses pièces, et, quand, après *Pompée*, il imprime *le Menteur*, il en dit tout simplement ceci :

« Je me défierais peut-être de l'estime extraordinaire que j'ai pour ce poëme, si je n'y étais confirmé par celle qu'en a faite un des premiers hommes de ce siècle. »

Ce grand homme, le premier, ou du moins un des premiers du siècle, devant le nom duquel vous vous attendez à vous incliner, est M. Zuglichem, secrétaire des commandements du prince d'Orange.

Vous ne connaissez pas M. Zuglichem, n'est-ce pas? Ni moi non plus. Mais il a fait deux épigrammes, l'une française, l'autre latine, et il les a mises en tête de l'édition que les Elzeviers, dont nous avons fait les Elzévirs, ont faite du *Menteur* à Leyden.

Et maintenant, à propos de cette glorification que Corneille fait de lui-même, il faut appliquer ce même principe que nous avons mis en avant lorsque nous avons dit que *Mélite*, exécrable pièce de nos jours, était un chef-d'œuvre pour l'époque où elle avait paru, 1625. Les époques différentes où parurent *le Cid*, *Cinna* et *Polyeucte*, c'est-à-dire les trois chefs-d'œuvre de Corneille, étaient une période d'énervement. L'Europe, haletante, est épuisée par la guerre; la France est malade, l'Espagne agonisante, l'Empire saigné à blanc. « La France du xvii⁰ siècle, dit Michelet, procède de deux caducités, de la vide enflure espagnole et de la pourriture italienne. La vengeance que l'Italie a tirée de la France pour avoir tant de fois trompé son espoir, a été d'y mettre la peste qui s'exhalait de son tombeau. Les plus grands corrupteurs des mœurs et de l'opinion nous sont toujours venus de l'Italie : nombre d'aventuriers funestes, de braves scélérats, de séduisants coquins. Les uns réussissent, les autres avortent, mais tous pervertissent. Concini règne sept ans; Mazarin, quinze. »

Michelet oublie les deux reines du nom de Médicis, qui nous dotent de cette formidable civilisation florentine et qui acclimatent en France la guerre civile et y popularisent le poison. Tout nous vient d'Italie. Le roi de France et le roi d'Angleterre sont des fils d'Italiens : Louis XIII, de Vittorio Orsini; Jacques Ier, du ménestrel Rizzio. — Vous savez ce que disait notre spirituel Henri IV, ennuyé d'entendre appeler Jacques Ier *le Salomon du Nord :* « Ah! oui, le fils de David, le joueur de harpe. » — Sans compter Gaston, qui est le fils de Mazarin.

Le grand succès de l'époque n'est-il pas *Clélie?* Par qui est-il écrit? Par une Sicilienne, mademoiselle de Scudéry, qui francise son nom en changeant l'*i* en *y*. Par qui est tenu le fameux hôtel Rambouillet, où se font et se défont les réputations du jour? Par une Romaine, mademoiselle Pisani, marquise de Rambouillet.

Et, pour que nous tenions tout notre théâtre, — acteurs, de l'Italie; pièces, de l'Espagne, — l'opéra nous arrive de Florence, avec la musique italienne, qui règnera jusqu'à Glück.

Eh bien, c'est au milieu de cette société de soprani, que paraissent les magnifiques productions de Corneille. Comme Hercule, il a nettoyé les écuries d'Augias; comme Hercule, on le fait demi-dieu.

Il faudra Louis XIV, mademoiselle de La Vallière, Benserade, Saint-Aignan, pour que les goûts changent et tournent à Racine. Aussi, les esprits vigoureux tiennent pour Corneille. « Racine passera comme le café, » écrit madame de Sévigné à madame de Grignan.

Ni l'un ni l'autre n'ont passé, quoique l'on ait un peu abusé de tous les deux.

Rodogune fut le dernier succès de Corneille. « Celui qui voudra trouver la plus belle de mes pièces, dit quelque part Corneille, choisira entre *Rodogune* et *Cinna*. » Et, en effet, après *Rodogune* et *Cinna*, il n'a plus qu'un succès, *Nicomède*, et toutes les pièces de cette dernière période de sa vie, celle· de *Pompée* mise à part, sont hors de toute comparaison avec les quatre chefs-d'œuvre que nous avons cités.

Corneille vivait avec son frère Thomas, qui débuta lui-même au théâtre, en 1647, par une traduction de Calderon : *les Engagements du hasard*. Les deux frères avaient épousé les deux sœurs ; ils habitaient la même maison et eurent le même nombre d'enfants. Un seul domestique servait les deux ménages. Vingt-cinq ans après leur mariage, les deux frères n'avaient point encore songé à faire le partage des biens de leurs femmes, situés en Normandie. Le partage ne fut fait qu'à la mort de Pierre.

Quelques jours avant la mort de Pierre, l'argent manqua dans la maison : Louis XIV apprit cette pénurie et envoya deux cents louis.

VI

Revenons à cette anecdote que j'ai promise à propos d'*Horace* et du rôle de Camille joué par mademoiselle Rachel.

Une nuit que j'avais une grande réunion d'artistes chez moi, mademoiselle Rachel me dit :

— Venez donc me voir dans Camille ; j'ai trouvé un effet où je suis fort applaudie et que je crois assez beau.

— Quand jouez-vous *Horace ?*

— Samedi prochain.

— J'irai.

Je n'eus garde de manquer au rendez-vous que me donnait Melpomène, comme l'appelaient ses fanatiques.

Je n'avais pas demandé où était l'effet promis : sachant *Horace* par cœur, ayant vu jouer Camille par toutes les tragédiennes qui s'étaient succédé depuis trente ans, connaissant toutes les traditions du théâtre, j'étais bien sûr de ne pas le laisser passer sans le reconnaître.

J'étais, comme sœur Anne, au balcon, regardant si je ne voyais rien venir.

Le premier, le second, le troisième acte, défilèrent

sans apporter autre chose que les effets que je connaissais déjà et que mademoiselle Rachel accusait avec son talent accoutumé. La toile se leva sur le quatrième acte, et, comme c'est au quatrième acte que Camille est tuée, je me sentais à chaque vers approcher du moment décisif.

Je sentais, en outre, que la grande artiste jouait pour moi ; elle était vraiment magnifique.

Arriva la scène capitale du quatrième acte : celle où Horace rentre suivi de Procule portant les épées des trois Curiaces et où Camille, en face de son frère, donne à son amant les larmes d'un amour désespéré. Elle dit d'une façon merveilleuse les trois quarts de cette tirade, divisée en deux complets :

> Donne-moi donc, barbare, un cœur comme le tien...

Jusque-là, j'avais retrouvé la Rachel de mes souvenirs ; mais, à partir des derniers vers, sa voix alla s'affaiblissant de plus en plus, et ce fut avec la langueur d'une mourante qu'elle dit le quatrain après lequel elle s'évanouit :

> Puissent tant de malheurs accompagner ta vie,
> Que tu tombes au point de me porter envie,
> Et, lui, bientôt souiller par quelque lâcheté
> Cette gloire si chère à sa brutalité !

Les derniers mots de ces derniers vers moururent littéralement sur ses lèvres, et elle tomba renversée et sans connaissance sur ce fameux fauteuil tragique que vous connaissez et qui, incommode, doit surtout l'être pour les évanouissements.

Comme on le comprend bien, cette faiblesse ne fit, et il y avait de quoi, qu'exaspérer son frère. Que sa sœur le maudisse, très-bien, elle était encore la digne fille d'Horace, mais qu'elle s'évanouît, c'en était trop ; et, pendant que la salle éclatait en applaudissements, il hurla ces vers qui furent à peine entendus

> O ciel ! qui vit jamais une pareille rage !

(Il eût dû dire faiblesse ; car on ne peut pas raisonnablement appeler rage une syncope.)

> Crois-tu donc que je sois insensible à l'outrage,
> Que je souffre en mon sang ce mortel déshonneur !
> Aime, aime cette mort qui fait notre bonheur,
> Et préfère, du moins, au souvenir d'un homme
> Ce que doit ta naissance aux intérêts de Rome.

A ce mot de Rome, Camille tressaillait ; puis, avec une prodigieuse étude des hésitations de la nature, elle revenait lentement, peu à peu, et, pour ainsi dire, fibre à fibre à elle. Rien ne manquait à ce retour à la vie, ni tout le corps frissonnant, ni l'œil atone, ni l'infiltration de la pensée et de l'intelligence dans ce corps encore immobile. Enfin, tout à coup, elle sortait de sa torpeur, et la voix lui revenait pour dire, les dents serrées et avec une fureur croissante, cette sublime apostrophe, cet anathème sans pareil dans les traditions du théâtre :

> Rome, l'unique objet de mon ressentiment !

Enfin, à ce dernier vers :

> Moi seule en être cause et mourir de plaisir !

La salle faillit crouler sous les bravos.

En sortant, Rachel, jeta sur moi un regard triomphant ; moi seul, peut-être, n'applaudissais pas!

L'acte fini, je courus à sa loge assez embarrassé : il était évident que la grande artiste avait compté sur mon approbation, et que, loin d'approuver, je blâmais.

— Eh bien, me dit-elle en m'apercevant, que dites-vous de l'effet?

— De l'effet que vous avez fait ou de l'effet que vous avez trouvé ?

— De l'effet que j'ai trouvé.

— Je regrette, chère amie, qu'une femme de votre talent cherche de pareils effets, et surtout qu'elle les trouve.

— Comment cela ?

— Sans doute. Croyez-vous qu'il soit dans la nature de Camille de s'évanouir en apprenant la mort de son amant ? et croyez-vous que la femme qui a perdu connaissance la reprenne par un pareil vers :

Rome, l'unique objet de mon ressentiment ?

Injuriez votre frère, maudissez-le, sautez-lui au visage, arrachez-lui les yeux ; mais, pour Dieu ! ne vous évanouissez pas. Je n'ai été étonné que d'une chose : c'est que l'ombre du vieux Corneille n'ait pas percé le plancher pour vous dire : « Debout, lâche Romaine ! Dans la famille d'Horace, on meurt, mais on ne s'évanouit pas ! »

— Et cependant, vous autres romantiques, qui aimez la nature...

— C'est justement parce que j'aime la nature que je

vous blâme, moi, quand tout le monde vous applaudit.

— Mais il est dans la nature de la femme de s'évanouir.

— C'est selon la femme.

— Moi, je sais une chose : c'est qu'un jour on m'a rapporté M. de M... blessé en duel, et qu'en voyant le sang, je me suis évanouie.

— Mais vous n'êtes pas une Romaine du temps de Tullus Hostilius, vous : vous êtes une femmelette nerveuse du xixe siècle ; mais vous n'êtes pas la fille du vieil Horace : vous êtes la fille du père Félix.

J'eus beau dire : mademoiselle Rachel était applaudie par toute la salle, mademoiselle Rachel continua de s'évanouir.

PICHAT ET SON LÉONIDAS

Quelques jours après l'apparition du chapitre de mes *Mémoires* où je racontais cette grande et splendide soirée de la représentation de *Léonidas*, — soirée qui, pareille à un reflet des jeux isthmiques, lança un sillon lumineux dans ma jeunesse — soirée pendant laquelle j'avais vu passer le fier et beau poëte, plus beau encore que d'habitude ce soir-là de l'auréole que la gloire venait d'allumer à son front, plus beau peut-être aussi du pressentiment de sa mort prochaine ; car les poëtes, ces flambeaux vivants que consume l'enthousiasme, jettent toujours une lueur plus éclatante avant que de mourir ; — quelques jours, dis-je, après l'apparition de ce chapitre, je reçus sous enveloppe, portant le timbre de la ville de Vienne, un numéro du *Constitutionnel* où se trouvait un feuilleton intitulé : LA COMÉDIE EN PROVINCE, *Molière à Vienne*.

Un trait de plume tracé à l'encre rouge, et embrassant une quarantaine de lignes, m'indiquait que c'était sur ces quarante lignes que mon attention devait se porter.

Le feuilleton était de M. Auguste Lireux.

Je ne lis pas d'habitude les feuilletons, — pas plus ceux de M. Lireux que ceux des autres ; pas plus ceux des autres que ceux de M. Lireux.

Ce n'est point par mépris, Dieu m'en garde ! c'est faute de temps.

Mon avis est qu'il ne faut mépriser ni amis ni ennemis, — pygmées ou géants. — Il est donné à tout être vivant de faire le bien ou le mal ; seulement, tout être vivant fait le bien ou le mal dans la mesure de sa force.

L'abeille donne sa goutte de miel ; la vache sa terrine de lait. Voilà pour le bien.

Le moucheron pique, le tigre déchire. Voilà pour le mal.

Je dis : Bénies soient l'abeille et la vache !

Je ne dis pas : Maudits soient le tigre et le moucheron !

Chacun suit son chemin.

Tant mieux pour celui dont le chemin monte ; il est récompensé par cela même qu'il s'élève.

L'air pur est sur les hauteurs.

Ceci est de la philosophie générale, dont je ne fais et dont je désire que l'on ne fasse l'application à personne.

Mon attention se porta donc naturellement sur les quarante lignes indiquées.

Les voici :

« Cette ville de Vienne est une bonne ville, qui donne un démenti au vilain proverbe : « Nul n'est prophète dans son pays. » Il ne tiendrait qu'à M. Ponsard de se poser en prophète de l'Isère ; et, s'il se contente, pendant l'automne, de chasser comme un mortel ordinaire, qui ne souhaite rien tant que l'abondance du gibier, c'est qu'il a en réalité des goûts simples et une élévation de caractère qui s'allie très-bien avec son talent. Cependant, le nom de l'auteur de *Lucrèce*, d'*Agnès de Méranie* et de *Charlotte Corday* figure dans la décoration du théâtre de Vienne. La ville, justement fière de son poëte, l'a placé en regard de M. Pichat, l'auteur de *Léonidas*, qui était Viennois aussi. — Par exemple, M. Pichat n'a jamais fait jouer qu'une tragédie ; cela a suffi à sa gloire, qui sera immortelle *dans l'Isère ;* car, chaque fois qu'un nouvel auteur apparaît, on invoque M. Pichat et l'on place le *Léonidas* en travers, comme si c'était les Thermopyles en personne. — Sentant qu'il était inutile de compromettre sa réputation, et qu'on pouvait se contenter d'avoir été joué une fois par Talma, M. Pichat a fort habilement renoncé au théâtre [1] après son premier essai, qui, dans le temps, passa pour un coup de maître. Il a fait à là vérité, depuis le *Léonidas*, un *Guillaume Tell*, mais avec la sage réserve que cette seconde tragédie ne verrait jamais le jour [2], et que Barba lui-même, chargé de l'imprimer, ne la tirerait qu'à cin-

---

[1] Pichat est mort le 20 janvier 1829, à l'âge de trente-quatre ans, trois ans après avoir fait représenter *Léonidas*. C'est ce que l'auteur de l'article que nous citons appelle *renoncer habilement* au théâtre.

[2] Le critique se trompe : Pichat est mort en travaillant à son *Guillaume Tell*, qui a été joué trente ou quarante fois à l'Odéon, et qui eût été joué un an plus tôt si la censure royale ne l'eût arrêté.

quante exemplaires [1]. A la bonne heure, voilà de la modération dans le succès. Je crois qu'on peut offrir M. Pichat en exemple aux tragiques. Cet estimable auteur a créé un genre tout à fait recommandable, et que j'appellerai, à cause du huis clos dans lequel son *Guillaume Tell* a été tenu, la tragédie *de cabinet*. — Les temps sont devenus plus difficiles aujourd'hui. On ne se ferait pas une célébrité très-durable avec une seule pièce, sous peine de se survivre à soi-même [2]. Il faut passer les Thermopyles et donner au moins un *Xercès* après le *Léonidas*. Mais on nous offrirait quelque chose de plus moderne que *Xercès* et *les Thermopyles* que ce ne serait pas un mal. »

Ces quarante lignes, je l'avoue, me serrèrent profondément le cœur. Je me demandai s'il y avait des hommes si étrangement organisés qu'il leur fallût absolument une haine en pendant à leur amitié, et qu'ils ne pussent louer les vivants qu'aux dépens des morts, comme s'il n'y avait point place à la fois sous le soleil de Dieu pour le foyer illustre et pour la tombe glorieuse. Alors, je ne dirai pas dans ma colère, mais dans ma tristesse, je compris pourquoi l'on m'avait envoyé cet article à moi plutôt qu'à un autre. J'avais parlé de Pichat comme d'une de ces étoiles qui rayent l'orbe céleste

---

[1] Il y a ici une erreur non moins grave que dans les deux autres allégations déjà relevées par nous. L'auteur de *Guillaume Tell* ne pouvait faire la sage réserve de réduire à cinquante le nombre de ses exemplaires, puisqu'il était mort depuis un an quand son drame fut joué.

[2] M. Lireux appelle se survivre à soi-même mourir trois ans après sa première tragédie et un an avant la seconde.

d'un rayon de feu et qui s'éteignent. Quelque cœur pieux, mais timide, quelque main loyale, mais tremblante, chargeait mon cœur et ma main, qu'on sait ne reculer jamais devant un devoir, de prendre la défense de celui qui était endormi du sommeil éternel, confiant dans les applaudissements des hommes et dans la promesse de Dieu.

A nous donc l'honneur de défendre ce beau et pur génie, qui a eu, comme Gilbert, comme Malfilâtre, comme André Chénier, comme Millevoie, comme Hégésippe Moreau, cette faveur de mourir jeune et couronné de son premier laurier. Nous avons mis une sentinelle à la porte de toutes nos gloires, et nous lui avons donné pour mot d'ordre : *Réparation!*

Nous empruntons à nous-même le tableau de la situation de la Grèce, lors de l'invasion de Xercès ; nous ne doutons point que nos lecteurs ne connaissent cette situation aussi bien que nous ; mais ce que nous en faisons, c'est pour M. Auguste Lireux, qui, n'ayant pas su que Pichat était mort de la poitrine, et ayant dit qu'il s'était *habilement* retiré du théâtre, pourrait bien ignorer que Léonidas a été tué aux Thermopyles, et, le confondant, lui et ses trois cents Spartiates, avec Xénophon et ses dix mille mercenaires, pourrait nous raconter qu'il a fait une *habile retraite* des rives du Tigre à Chrysopolis.

LES THERMOPYLES

« En sortant de Thronium, en côtoyant la mer d'Eubée, le chemin se croisait alors plusieurs fois avec le

Boagrius. La route et le fleuve semblaient deux serpents qui, luttant l'un contre l'autre, se fussent étreints de leurs replis, jusqu'à ce que le fleuve, en formant le port de Tarphe, allât se jeter dant le golfe Maliaque, et que la route, continuant de longer la mer, se trouvât, un peu au-dessous de la pierre d'Hercule, rétrécie au point qu'un char pouvait à peine y passer.

» C'est là que, quatre cent quatre-vingts ans avant Jésus-Christ, Léonidas, ayant campé avec ses trois cents Spartiates et ses cinq cents Lacédémoniens, fut rejoint par mille soldats de Milet, quatre cents de Thèbes, mille de Locre, autant de la Phocide, trois mille du Péloponèse.

» Cela faisait au roi de Sparte sept mille quatre cents hommes, à peu près. — Qu'attendait-il là ? Xercès, un million de Perses et deux cent mille auxiliaires !

» Xercès avait une terrible revanche à prendre au nom de son père Darius. Aussi avait-il dit :

» — Je traverserai les mers, je raserai les villes coupables, et j'emmènerai leurs citoyens captifs.

» Alors, il avait fait un appel aux peuples de l'Asie, de l'Afrique et de l'Europe.

» Il avait levé neuf cent mille soldats dans son royaume.

» Carthage lui avait envoyé cent mille Gaulois et Italiens ; la Macédoine, la Béotie, l'Argolide et la Thessalie, cinquante mille hommes ; la Phénicie et l'Égypte, trois cents vaisseaux tout montés, tout équipés.

» Trois rois et une reine marchaient sous ses ordres : le roi de Tyr, le roi de Sidon, le roi de Cilicie, la reine d'Halicarnasse.

» Il jeta un pont de bateaux sur l'Hellespont, éventra le mont Athos, se répandit comme un torrent dans la Thessalie, et vint couvrir de ses tentes le pays des Maliens.

» On lui avait dit que, près d'Anthéla, il y avait une armée grecque qui l'attendait ; seulement, il ignorait que cette armée se composât de sept mille hommes.

» Chaque Lacédémonien, Spartiate, Thébain, Thespien ou Locrien, avait cent cinquante ennemis à combattre.

» Eux savaient cela, par exemple ; aussi venaient-ils pour mourir.

» Avant de quitter Sparte, les trois cents élus de la mort avaient célébré leurs jeux funèbres, en signe qu'ils se regardaient déjà comme dormant dans le tombeau.

» Au moment où Léonidas avait pris congé de sa femme, celle-ci l'avait prié de lui exprimer son dernier vœu, afin qu'elle s'y conformât.

» — Je vous souhaite, avait répondu Léonidas, un époux digne de vous et des enfants qui lui ressemblent.

» Alors, aux portes de la ville, ou plutôt aux dernières maisons — car Sparte n'avait ni murailles ni portes — les éphores l'avaient rejoint.

» — Roi de Sparte, lui avaient-ils dit, nous venons te représenter que tu as bien peu d'hommes pour marcher au-devant d'une si nombreuse armée.

» Mais, lui, avait répondu :

» — Il ne s'agit point de vaincre, il s'agit de donner

à la Grèce le temps de rassembler son armée. Nous sommes peu pour arrêter l'ennemi ; mais nous sommes trop pour le but que nous nous proposons ; notre devoir est de défendre le passage des Thermopyles, notre résolution est d'y périr. Trois cents victimes suffiront à l'honneur de Sparte, et Sparte serait perdue si elle me confiait tous ses guerriers, car je présume que pas un seul d'entre eux n'oserait prendre la fuite.

» Il partit, traversa l'Arcadie, l'Argolide, la Corinthie, hésita un instant entre l'Isthme et les Thermopyles, opta pour ces dernières, franchit les montagnes de la Béotie et vint camper à Anthéla, où il occupa aussitôt ses hommes à relever l'ancienne muraille qui barrait la route, et qu'on appelait la muraille des Phocéens, parce que ceux-ci l'avaient fait bâtir au temps de la guerre avec les Messéniens. Ce fut chose facile et vite achevée. Le chemin n'avait de largeur en cet endroit que pour le passage d'un char.

» Un poste de Spartiates fut placé derrière la rivière Phœnix ; il était destiné à défendre les approches du défilé.

» Un sentier connu des pâtres seuls s'escarpait aux flancs de l'Anopée, suivait son sommet, et, redescendant un peu au-dessus du bourg d'Alpénus, aboutissait à la pierre d'Hercule Mélampyge. Léonidas, envoya, pour le défendre, ses mille Phocéens, qui s'établirent sur les hauteurs du mont OEta, dominant le mont Anopée.

» Ces précautions étaient prises, non pas pour vaincre, mais pour mourir aussi lentement que possible ; plus la mort serait lente, plus la Grèce aurait de temps pour réunir son armée.

» C'était une question de semaines, de jours, d'heures.

» Les Spartiates et leurs alliés étaient arrivés les premiers ; c'était déjà beaucoup ; ils étaient sûrs d'avoir pour tombeau la place qu'ils avaient choisie.

» Ils avaient vu venir cette multitude asiatique ; ils avaient entendu le bruit des chars et des chariots de ce million d'hommes ; ils avaient senti la terre trembler au bruit de leurs pas.

» A peine daignèrent-ils lever la tête pour regarder de quel côté arrivait la mort !

» Un jour, un cavalier perse parut : c'était un envoyé de Xercès qui venait reconnaître à quels ennemis le roi des rois avait affaire.

» Les uns s'exerçaient à la lutte, tandis que les autres peignaient et lissaient leurs chevelures ; car le premier soin du Spartiate à l'approche du danger était de parer ses cheveux et de se couronner de fleurs.

» Le cavalier put pénétrer jusqu'à l'avant-poste, regarder les jeux, compter les joueurs et se retirer à loisir ; les Spartiates ne parurent pas l'avoir remarqué. N'ayant vu que les Spartiates — car le mur des Phocéens lui avait dérobé le reste de l'armée — le cavalier revint vers Xercès et lui dit :

» — Ils sont trois cents !

» Xercès n'y put croire ; il craignait quelque embûche ; il attendit quatre jours.

» Le cinquième, il écrivit à Léonidas :

« Roi de Sparte, si tu veux te soumettre, je te donne
» l'empire de la Grèce. »

» Léonidas répondit :

« J'aime mieux mourir pour ma patrie que de l'as-
» servir. »

» Alors, Xercès écrivit cette seconde lettre :

« Rends-moi tes armes. »

» Au-dessous de cette laconique sommation, Léonidas écrivit cette non moins laconique réponse :

« Viens les prendre ! »

» Après avoir lu, Xercès appelle à lui un corps d'armée composé de Mèdes et de Cissiens.

» — Marchez contre ces trois cents insensés, dit-il, et amenez-les-moi vivants.

» Le corps d'armée se mit en marche ; il était de vingt mille hommes.

» Un soldat accourut à Léonidas, en criant :

» — Voici les Mèdes, ô roi ! ils sont près de nous !

» — Tu te trompes, répondit Léonidas : c'est nous qui sommes près d'eux.

» — Ils sont si nombreux, ajouta le soldat, que leurs traits suffiront pour obscurcir le soleil.

» — Tant mieux, repartit un Spartiate nommé Diènecès, nous combattrons à l'ombre.

» Alors, Léonidas ordonna, non point d'attendre les soldats de Xercès, mais de sortir des retranchements et de marcher à eux.

» Là, ils n'étaient que trois cents ; il est vrai que les Mèdes et les Cissiens n'étaient que vingt mille.

» Au bout d'une heure de combat, les vingt mille soldats de Xercès étaient en fuite !

» Xercès envoya à leur secours les dix mille immortels.

» On les appelait les dix mille immortels, parce que les brèches faites dans leurs rangs par la mort étaient à l'instant même remplies; ils se recrutaient parmi les plus braves de l'armée, et ne restaient jamais un jour incomplets. Hydarnès les commandait.

» Après une lutte acharnée, ils furent repoussés à leur tour.

» O Sparte! Sparte! que tu avais raison de dire que ta meilleure muraille était la poitrine de tes enfants!

» Le lendemain, le combat recommença... Le lendemain, les Perses furent battus une seconde fois.

» La nuit vint sur cette seconde défaite. Xercès, sous sa tente, soucieux, la tête appuyée dans sa main; Xercès, désespérant de forcer le passage, se demandait si mieux ne valait pas renoncer à son expédition.

» Il se rappelait que, lorsqu'il avait été à Babylone pour voir le tombeau du roi Bélus, il avait ouvert ce tombeau. Le tombeau renfermait deux cercueils, un plein, l'autre vide.

» Une inscription placée dans le cercueil vide présentait ces mots: « J'attends la fortune de celui qui
» m'ouvrira. »

» Cette fortune, après deux pareils échecs contre trois cents hommes seulement, n'était-elle pas sur le point d'être ensevelie avec le cadavre du roi Bélus?

» Hydarnès entra dans la tente du roi; il amenait un homme: cet homme était un traître, ce traître s'appelait Épialtès.

» Garder le nom des braves est une piété; garder le

nom des traîtres est une justice; ce n'est pas assez que l'histoire soit pieuse, il faut qu'elle soit juste.

» Les Grecs avaient une divinité qu'ils appelaient Némésis, — *Vengeresse.*

» Ce traître venait dénoncer au roi des Perses le sentier du mont Anopée.

» Hydarnès et ses dix mille immortels partirent à l'instant même, ayant pour guide Épialtès.

» A l'aide des chênes qui couvraient les flancs de la montagne d'une ombre rendue encore plus épaisse par celle de la nuit, ils arrivèrent jusqu'aux Phocéens.

» Ceux-ci tinrent un instant : ils étaient mille, et combattaient seulement un contre dix; mais ils n'étaient ni Spartiates ni Lacédémoniens.

» Léonidas entendit le bruit du combat qui se livrait au-dessus de sa tête; puis des sentinelles accoururent, et lui dirent que le passage était forcé.

» A l'instant même, il rassembla les chefs de ses auxiliaires. Tous étaient d'avis de se retirer et de défendre le passage de l'isthme. Mais Léonidas secoua la tête.

» — C'est ici, dit-il, que Sparte m'a ordonné de mourir; c'est ici que nous mourrons... Quant à vous, poursuivit-il, réservez-vous, vous et vos soldats, pour des temps meilleurs !

» Eux voulaient rester; Léonidas parla au nom de la Grèce, et les hommes du Péloponèse, les Locriens, les Phocéens se retirèrent.

» Mais les Thespiens et les Thébains déclarèrent qu'ils n'abandonneraient pas les Spartiates.

» Les hommes du Péloponèse étaient trois mille cent; les Locriens, treize cents; les Phocéens, mille.

» C'étaient cinq mille quatre cents hommes qui se retiraient ; — c'étaient deux mille cent hommes qui restaient.

» Ceux qui se retiraient eurent le temps de regagner Thronium avant que les dix mille immortels leur eussent coupé le chemin.

» Le soir, on vint dire à Léonidas qu'Hydarnès était à Alpénus, et que, le lendemain, il attaquerait en queue en même temps que Xercès attaquerait en tête.

» — Alors, répondit Léonidas, n'attendons pas à demain.

» — Que ferons-nous donc ? lui demanda son frère.

» — Nous marcherons cette nuit sur la tente de Xercès, et nous le tuerons, ou nous périrons au milieu de son camp... En attendant, soupons!

» Le repas fut léger, le passage qui fournissait les vivres était coupé.

» On en fit l'observation à Léonidas.

» — Ce n'est qu'un à-compte, dit-il ; nous souperons mieux cette nuit chez Pluton.

» Puis, se retournant, il aperçoit deux Spartiates tous deux jeunes et beaux, tous deux ses parents.

» L'un parlait bas à l'autre ; sans doute lui confiait-il quelques-uns de ces secrets du cœur que, près de mourir, l'homme aime à verser dans le cœur d'un ami.

» Léonidas les appelle tous deux, donne au premier une lettre pour sa femme ; au second, une mission secrète pour les magistrats de Lacédémone.

» Tous deux sourient à la ruse dans laquelle ils reconnaissent la tendre pitié de Léonidas.

» — Nous ne sommes pas ici pour porter des ordres, disent-ils, nous y sommes pour combattre !

» Et ils vont se replacer au rang qui leur est assigné.

» Au milieu de la nuit, Léonidas sort sans bruit de ses retranchements, et, au pas de course, à la tête de sa petite armée, renverse les postes avancés, et entre comme un coin de fer dans le camp des Perses, avant que ceux-ci aient pu se mettre en défense.

» La tente de Xercès est au pouvoir des Spartiates; mais le roi des rois, comme il s'intitule, a eu le temps de fuir! Sa tente est mise en lambeaux; puis, avec des cris terribles, Spartiates, Lacédémoniens, Thespiens, Thébains, se répandent dans le camp, frappant au hasard au milieu de cette multitude épouvantée, parmi laquelle les bruits les plus terribles circulent ; on dit qu'Hydarnès et ses dix mille immortels ont été précipités du haut des rochers; on dit qu'un renfort est arrivé aux Spartiates, et que c'est ce renfort qui leur a donné le courage d'attaquer ; on dit que toute l'armée grecque suit ce renfort, et va entrer en ligne.

» Si les Perses eussent pu fuir, ils étaient perdus ; mais, la nuit, ignorants du chemin, avec la mer à leur gauche, les montagnes de Trachis à leur droite, les gorges de la Thessalie derrière eux, ils ne peuvent qu'opposer l'inerte résistance du nombre.

» Toute la nuit, on tua.

» Mais le jour vint; les premiers rayons du soleil dénoncèrent le petit nombre des assaillants; alors, toute cette multitude n'eut qu'à se serrer pour dévorer comme un gouffre les quelques hommes de Léonidas.

» Et cependant, la lutte continua plus acharnée que

jamais. — Léonidas fut tué. — L'honneur d'enlever son corps, l'honneur de le défendre double autour du cadavre l'ardeur du combat; deux frères de Xercès, les principaux des Perses, deux cents Spartiates, quatre cents Lacédémoniens, quatre cents Thespiens, deux cents Thébains lui font une hécatombe digne de lui. Puis, enfin, par un suprême effort, les Grecs repoussent leurs ennemis, restent maîtres du corps de Léonidas, se mettent en retraite, repoussent quatre fois l'ennemi, laissent des hommes dans chacune de ces attaques, mais repassent le Phœnix, s'arrêtent derrière leur muraille, et tiennent là jusqu'à ce qu'Hydarnès et ses dix mille immortels viennent les attaquer du côté d'Alpénus.

» Tous tombèrent.

» Trois étaient absents; un presque aveugle était resté au bourg d'Alpénus. Là, il apprend qu'Hydarnès et ses dix mille hommes ont suivi le sentier de la montagne, sont descendus à la pierre d'Hercule et marchent contre ses compagnons; il prend son bouclier, son épée, se fait conduire par son esclave, se jette au hasard dans les rangs des Perses et tombe percé de coups. Les deux autres s'étaient éloignés, ne sachant pas l'attaque si imminente, afin d'accomplir un ordre de leur général. Soupçonnés à leur retour de n'avoir pas mis tout en œuvre pour arriver à l'heure du combat, l'un se tue de ses propres mains, l'autre se fait tuer à Platée.

» Xercès continua sa route, et Salamine fut le pendant de Marathon [1]. »

---

[1] *Isaac Laquedem.*

Voilà le grand fait historique que Pichat avait non pas à dramatiser — pendant trois mille six cents ans, il a rempli le monde de sa terrible simplicité — mais à plier aux exigences de la scène, et à diviser en cinq actes.

Au premier acte, nous sommes dans le camp de Xercès. — Le théâtre représente la tente de cet autre roi des rois, dressée de l'autre côté des Thermopyles, dont on aperçoit les rochers dans le lointain ; l'encens fume devant lui, les souverains de l'Asie, qu'il a fait ses capitaines, sont prosternés à ses pieds.

Mages et satrapes l'entourent.

Au milieu de cette servilité générale, un homme vêtu de la tunique courte et du manteau brun de Lacédémone se fait remarquer par un reste de fierté qui ne lui permet pas de courber le genou devant les autres.

C'est Demarate, le roi de Sparte, qui a régné de 520 à 492, c'est-à-dire vingt-huit ans ; exilé de Sparte sur la dénonciation de Cléomène, il s'est réfugié à la cour de Darius et est demeuré à celle de son fils.

C'est le mari d'Archidamie, le père d'Alcée et d'Agis.

Léonidas lui a succédé au pouvoir depuis onze ans.

Demarate sait qu'il a deux fils, mais il ne les connaît pas ; — l'un avait huit ans, c'est Alcée, et l'autre cinq, c'est Agis, lorsque le proscrit a quitté Sparte.

Xercès est plein de confiance : l'oracle a dit que le sort des armes lui serait favorable, tant que le meurtre des deux ambassadeurs perses, égorgés par les Spartiates, ne serait pas expié par la mort volontaire de deux enfants de la cité de Sparton [1].

[1] Sparton est le fondateur de Sparte. — Note pour M. Auguste Lireux, seul.

Or, quelle probabilité que l'on trouve à Lacédémone deux citoyens assez dévoués pour s'offrir volontairement à la mort?

En ce moment, on annonce à Xercès l'arrivée dans son camp de deux jeunes gens sans armes; leur front est couronné de cyprès et de verveine entrelacés; l'un porte à la main une branche d'olivier, l'autre une lyre.

Celui qui porte la lyre, c'est Alcée; celui qui porte la branche d'olivier, c'est Agis, tous deux inconnus de leur père, qui leur est inconnu.

Que viennent-ils faire dans le camp de Xercès?

A cette interrogation, Alcée se charge de répondre.

ALCÉE.
Roi des Mèdes, la Grèce, à sa gloire infidèle,
Porte le juste arrêt d'un crime indigne d'elle.
Vos deux ambassadeurs sont tombés sous ses coups.
Elle doit à la Perse, à nos dieux en courroux
Une expiation : nous t'apportons nos têtes.

— Êtes-vous envoyés par vos rois? demande Xercès étonné.

— Non, répond Agis.

Sparte ignore un dessein qu'on nous eût envié.
Oui, devançant les Grecs aux pieds des Thermopyles,
Nous avons déposé nos armes inutiles,
Et de l'ombre, tous deux, fuyant enveloppés,
Nous nous sommes du camp en secret échappés.

Grâce à cette explication, les Mèdes comprennent ces couronnes de verveine et de cyprès au front des deux frères, cette branche d'olivier aux mains d'Agis; mais ils ne comprennent pas cette lyre aux mains d'Alcée.

— Et toi, demande Artapherne,

Et toi, jeune étranger, qu'égare un vain délire,
Es-tu pour les combats armé de cette lyre ?
Les Grecs, pour arrêter le grand roi dans son cours,
Aux mains de leurs guerriers n'ont-ils que ce secours ?

ALCÉE.

Je porte dans mes mains la lyre de Tyrtée ;
Sa gloire, par Messène, aux peuples racontée,
Enfante des héros et chante leur grand nom ;
Elle enflammait Eschyle aux champs de Marathon,
Et de ses fiers accents poursuivait votre armée ;
Ma voix ne fera pas mentir sa renommée ;
Elle va, sur ma tombe exhalant mes adieux,
A la cause des Grecs intéresser les dieux.

ARTAPHERNE.

Mortels, avant les dieux, apaisez votre maître ;
Son pardon vous attend, songez à vous soumettre.
Que vos têtes ici s'inclinent sur ses pas...

AGIS

Elles tombent, barbare, et ne se courbent pas !

Xercès ordonne le supplice des deux enfants, que Demarate se promet de défendre, quoiqu'il ignore que ce sont ses fils.

Voilà le premier acte.

Le théâtre, au second acte, représente le défilé des Thermopyles ; au milieu, un autel consacré à la patrie.

Le tableau de David.

Léonidas est en scène. Il a les mains levées, et dit :

Salut, ô monts sacrés ! salut, ô Thermopyles !
Autel qu'à la patrie ont consacré nos villes !
Terre sainte, où jadis pour Hercule au tombeau,
La Gloire ouvrit l'Olympe, où pour un sort plus beau,

Nous venons de nos lois, contre un despote injuste,
Sceller de notre sang l'indépendance auguste!

Un seul danger réel menace les Spartiates, car ce danger ne les attaquera point en face : c'est le cas où le défilé de l'Alpénus serait révélé par un traître. Au reste, les sept cents Thébains le gardent.

On annonce à Léonidas qu'Archidamie, la mère d'Agis et d'Alcée, suivie des théores, arrive de Delphes; elle apporte la réponse de l'oracle. Mais que dire à Archidamie à propos de ses fils, qui ont tous deux quitté leur poste en abandonnant leurs armes, et qui sont passés dans le camp des Perses?

L'oracle a fait aux Spartiates la même réponse qu'aux Perses : « Tant que le sang des ambassadeurs mèdes ne sera pas vengé, Sparte ne peut espérer la victoire. »

Tout en rendant compte de la réponse fatale, Archidamie cherche ses fils.

— Où sont-ils? demande-t-elle.

— Songe quel est leur père et quel fut ton époux!

répond Cléomène. Fils d'un traître, ils ont à leur tour trahi la patrie, et sont passés dans le camp des Perses.

— Tu nous trompes!

CLÉOMÈNE, montrant les armes des deux jeunes gens.
Vois-tu ces armes?
ARCHIDAMIE.
Justes Cieux!...
LÉONIDAS.
Alcée! Agis
ARCHIDAMIE.
Mes fils. Quelle honte m'accable!
Oui, je le reconnais, ce garant abhorré

D'un forfait, jusqu'ici parmi nous ignoré :
Voilà les boucliers dont j'armai leur courage.
Il manquait à mon sort cet exécrable outrage !
Et, quand je mis au jour ces enfants odieux,
O Sparte, mon amour, a rendu grâce aux dieux.
Que n'ai-je condamné ces fruits d'un sang parjure,
Comme ces fruits, pour nous triste et cruelle injure,
Ces fils dégénérés que tu n'adoptes pas,
Et des flancs maternels envoyés au trépas !

Et cependant, Archidamie doute encore. Elle est mère, et ses fils sont Spartiates.

Un envoyé de Xercès interrompt la douleur d'Archidamie. Il vient, au nom du grand roi, demander à Léonidas dans quel dessein lui et les quelques hommes qui l'accompagnent sont venus là.

— Nous venons combattre, répond Léonidas.

— Vous n'étiez pas à Marathon: Pourquoi êtes-vous ici? demande Artapherne.

LÉONIDAS.
Des champs de Marathon, si Sparte fut absente,
Sparte aux premiers périls à son tour se présente,

ARTAPHERNE.
Aux luttes d'Olympie, athlètes renommés,
Vous n'êtes plus ici pour de vains jeux armés.
La guerre suit mes pas.

LÉONIDAS.
        Leur valeur qu'elle embrase,
Se délasse aux combats des travaux du gymnase.

ARTAPHERNE.
D'un combat inégal tenterez-vous le sort,
Quand d'un courage vain le seul prix est la mort?

LÉONIDAS.
1 La Mort et le Sommeil, à Sparte, n'ont qu'un temple,
Afin que du même œil tout guerrier les contemple.

ARTAPHERNE.
Quelles sont donc vos lois? Hors de l'humanité
Le peuple par Lycurgue est-il donc rejeté?
La nature, en vos cœurs condamnée à se taire,
Proteste-t-elle en vain?
LÉONIDAS.
La Spartiate austère,
Sans pleurs, dit à son fils : « Les périls sont venus;
Voilà ton bouclier, viens dessous, ou dessus! »
ARTAPHERNE.
Au nom du roi des rois! esclave, rends tes armes
LÉONIDAS.
Viens les prendre!
ARTAPHERNE.
Tremblez! aux sanglantes alarmes
Les dix mille immortels m'appellent par leurs vœux.
Ils sont près de vous!
LÉONIDAS.
Dis que nous sommes près d'eux!
ARTAPHERNE.
Vois la Thrace envahie, et par nos traits sans nombre
Le soleil obscurci...
LÉONIDAS.
Nous combattrons à l'ombre!

Cette scène, faite pour encadrer les mots historiques qui précédèrent le combat, a aussi pour but d'apprendre à Archidamie que ses deux fils, loin d'être des traîtres, sont des victimes expiatoires.

En ce moment même, leurs têtes doivent tomber aux pieds de Xercès.

Alors, le front d'Archidamie s'éclaire; son œil d'abord remercie les dieux; puis elle s'écrie :

Et sur leur front pieux ma haine a pu descendre,
Mes imprécations retombaient sur leur cendre,

Sur l'urne où mon amour n'a pu les déposer!
Approche, Cléomène, et les' ose accuser;
Dis-nous, toi, dont la voix contait leur infamie,
S'ils sont dégénérés du sang d'Archidamie?
(A Léonidas.)
Et toi dont la douleur déplore leur trépas
Pourquoi les pleures-tu, quand je ne pleure pas ?
Ils ont de leurs destins surpassé l'espérance.
Sparte, avec sa vertu, ressaisit sa puissance !...
Ce devoir imposé, mes fils l'ont acquitté.
Salut, jeunes héros, morts pour la liberté !
De la patrie en pleurs, à nos pieux hommages,
Le deuil reconnaissant consacre vos images.
Ainsi qu'Harmodius et son frère immortel,
Vous verrez, ô mes fils, Sparte élever l'autel
Où viendront nos guerriers, par leurs chants héroïques,
Solenniser nos noms dans les fêtes publiques.
Consacrant vos saints nœuds, vos amis n'iront plus
Présenter les encens au temple de Pollux ;
Nos mères, entourant l'autel qui vous rassemble,
Demanderont aux dieux un fils qui vous ressemble,
Et diront, consacrant votre immortalité,
Salut, jeunes héros, morts pour la liberté!

. . . .

L'ennemi vous attend ! Spartiates, aux armes !

Et la toile tombe sur ce cri, le seul qui soit sorti du cœur d'une mère en deuil de ses deux enfants.

Le troisième acte se passe dans la même décoration.
— Léonidas et ses trois cents combattent. — Archidamie ne retournera à Sparte qu'avec l'urne de ses enfants.

Tout à coup Cléomène paraît, revenant du combat, couvert de poussière et de sang.

— O reine! s'écrie-t-il.

O reine, tes deux fils...
ARCHIDAMIE.
Polémarque, est-ce là le seul soin qui te presse?
Parle-moi du combat et du sort de

Les Perses ont été vaincus dans cette première rencontre. — Alors seulement, Archidamie :

O destins glorieux que ce jour vient combler !
Pour la patrie, enfin, je n'ai plus à trembler.
Parle-moi de mes fils.
CLÉOMÈNE.
Ah ! rendus à vos larmes.
Ils ont, aux premiers rangs, tous deux repris leurs armes.
ARCHIDAMIE.
Dieux !
CLÉOMÈNE.
Ils viennent, portant sur leur front couronné
Le prix de la valeur par nos mains décerné.
AGIS, hors du théâtre.
Ma mère !
CLÉOMÈNE.
Entends-tu ?
(Agis et Alcée entrent couronnés de lauriers.)
LES THÉORES.
Ciel !
ARCHIDAMIE.
Oh ! mon âme attendrie...
Mes enfants !... Je me meurs, — Pardonne, ô ma patrie !

Le reste de la scène est consacré au bonheur de cette mère qui retrouve ses enfants.

— Lequel de vous, demande-t-elle, a donc conçu ce généreux dessein ?

ALCÉE.

Est-ce à vous d'en douter ? Ah! de Léonidas
Reconnaissez l'élève. — Agis guida mes pas.

AGIS.

J'ai trouvé dans mon cœur le dessein de mon frère.

ARCHIDAMIE.

Poursuis, enfant, l'orgueil de Sparte et de ta mère;
Poursuis, et, de ton sang réparant la splendeur,
Des Agides, un jour, sois l'immortel honneur.

Mais les sentiments héroïques ne peuvent rester toujours tendus. Ils finiraient par briser le cœur qui les renferme. Archidamie redevient mère ; la Spartiate redevient femme ; elle respire.

Du poids de ces vertus que mon pays m'impose,
Au sein de la nature, enfin je me repose ;
Je puis donc, ô mes fils, écoutant mes douleurs,
Sur vos périls passés laisser couler mes pleurs !
Maintenant, tout entière au trouble qui me presse,
Oh! combien votre audace alarmait ma tendresse,
Et que mon cœur frémit du terrible pouvoir
Que sur vous exerçait un austère devoir !
Mais de mes fils vainqueurs la gloire m'environne ;
Je vais à mes foyers attacher la couronne
Dont la plus sainte cause orne leurs jeunes fronts
Théores, à nos dieux vengés de leurs affronts,
Apportez sur l'autel votre offrande acceptée.
Et toi, mon fils, reprends, émule de Tyrtée,
La lyre qui vainquit Messène et ses enfants,
Chante la Grèce, Alcée, et les dieux triomphants.

Mais, au moment où les doigts d'Alcée commencent à effleurer les cordes de la lyre, Léonidas entre le front sombre et ordonne que le conseil des amphictyons se rassemble au temple de Cérès.

Puis, se tournant vers Agis :
— Toi, lui dit-il, va à Sparte, et porte de ma part ce message au sénat.
— Mon frère ne m'accompagne-t-il pas? demande Agis.
— Non, dit Léonidas.

. . . . . Une autre gloire ici réclame Alcée.

Léonidas suit Agis des yeux. Il a voulu éloigner cet enfant qu'il aime. Un traître a livré le passage de l'Alpénus. Il faut se préparer à mourir.
Tous sont prêts.
— Eh bien, s'écrie Léonidas.

Eh bien, écoutez donc l'espoir qu'un dieu m'inspire
Et le but salutaire où notre mort aspire !
Contre ce roi barbare et qui compte aux combats
Autant de nations que nos rangs de soldats,
Que pourraient tous les Grecs? Puissance inattendue,
Il faut qu'une vertu, même à Sparte inconnue,
Frappe, étonne, confonde un despote orgueilleux.
De notre sang versé, va sortir, en ces lieux,
Une leçon sublime : elle enseigne à la Grèce
Le secret de sa force, aux Perses leur faiblesse.
Devant nos corps sanglants, on verra le grand roi
Pâlir de sa victoire et reculer d'effroi;
Ou, s'il ose franchir le pas des Thermopyles,
Il frémira d'apprendre, en marchant sur nos villes,
Que dix mille, après nous, y sont prêts pour la mort.
Mais, que dis-je! dix mille! ô généreux transport!
Notre exemple en héros va féconder la Grèce.
Un cri vengeur succède au cri de sa détresse,
Patrie! indépendance! à ce cri tout répond
Des monts de Messénie aux mers de l'Hellespont,

Et cent mille héros, qu'un saint accord anime,
S'arment, en attestant notre mort unanime.
Au bruit de leurs serments, sur ces rochers sacrés,
Réveillez-vous alors, ombres qui m'entourez !
Voyez, en fugitif, sur une frêle barque,
L'Hellespont emporter ce superbe monarque,
Et la Grèce, éclipsant ses exploits les plus beaux,
Rassurer son Olympe au pied de nos tombeaux.
Si de tels intérêts j'ose un moment descendre,
Amis, je vous dirai quel culte à notre cendre
Va consacrer l'histoire et la postérité.
Oui, nous nous emparons d'une immortalité
Où nulle gloire humaine encor n'est parvenue;
Et, quand de Sparte enfin l'heure sera venue,
De ses débris sacrés, qui ne se tairont pas,
Les tyrans effrayés détourneront leurs pas.
Alors, des temps fameux levant les voiles sombres,
Le voyageur sur Sparte évoquera nos ombres,
Et de Léonidas et de ses compagnons
Les échos n'auront pas oublié les grands noms.

CLÉOMÈNE.

O triomphe !

LÉONIDAS.

Écoutez! leur gloire vengeresse
Dans l'avenir encor ressuscite la Grèce.
Oui, vaincus, opprimés dans les siècles lointains,
Les Grecs ne seront pas déchus de leurs destins,
Tant que, de notre gloire entretenant leurs villes,
Vous resterez debout, rochers des Thermopyles !

ALCÉE.

Ainsi, de nos vertus, au sein de l'avenir,
Renaît sur nos tombeaux l'antique souvenir.
O gloire dont mon cœur impatient s'empare !

LÉONIDAS.

De cette gloire, amis, un seul jour nous sépare;
La nuit couvre ce poste où nous nous renfermons,
Et le Perse, arrêtant sa marche sur ces monts,

Ne peut, avant le jour, envahir le passage.
Tandis qu'aux alliés qu'assemble mon message,
Je vais, sur d'autres bords, montrant d'autres lauriers,
Ordonner leur départ, vous, mes braves guerriers,
Préparez sur l'autel les offrandes sacrées,
Selon la loi de Sparte aux Muses consacrées;
Déesses du héros par l'histoire adopté,
Notre encens leur est dû ; ce devoir acquitté,
Après avoir donné vos pleurs à la nature,
Couronnez-vous de fleurs pour votre mort future.

Et la toile du troisième acte tombait sur ces héros se couronnant de fleurs.

Au quatrième acte, il fait nuit; des feux sont allumés sur le sommet du mont Œta; l'encens brûle sur les trépieds ; les Spartiates environnent l'autel.

CLÉOMÈNE.

Dans ces lieux solennels les funèbres apprêts,
L'onde, les feux sacrés et les trépieds sont prêts.
Maintenant, sur l'autel, reprends ta lyre, Alcée :
Tu célébras des Grecs la valeur exaucée.
Chante l'hymne en ce jour des Muses attendu :
Et que Léonidas à cet autel rendu
Trouve acquittés, envers les vierges immortelles,
Les trois cents à la mort préparés devant elles.

(Musique douce et solennelle.)

ALCÉE, en s'accompagnant de la lyre.

Chastes, filles du ciel, dont le culte sacré,
Né chez les Grecs, reçoit leur encens préféré;
Vous, dont le chœur divin habite nos montagnes,
Car de la liberté vous êtes les compagnes,
Muses ! qui présidez aux destins des héros,
Recevez notre offrande au pied de nos tombeaux.
Si nos armes, du Mède abaissant l'insolence,

9.

De vos sacrés bosquets protégent le silence,
Du Parnasse voisin exilant vos concerts,
O déesses ! venez, sur ces rochers déserts,
Recueillir, consacrer les exploits légitimes
Et les derniers soupirs de ces saintes victimes.
Nous ne redoutons point votre austère équité :
Nous mourons pour nos lois et notre liberté,
Pour nos fils au berceau que notre amour délaisse.
Dites nos saints respects honorant la vieillesse,
L'amour de la patrie, absolu sur nos cœurs ;
Et, si la Grèce enfin doit trouver des vainqueurs,
Si Sparte doit tomber sous le joug du barbare,
Dites que, devançant les fers qu'on lui prépare,
Sur le sombre rivage, au funèbre banquet,
De ses trois cents guerriers nulle ombre ne manquait.

(La symphonie reprend.)

Sur ces derniers vers, Léonidas rentre et est bientôt suivi des ambassadeurs de Xercès, qui viennent lui offrir le trône de la Grèce.

La réponse de Léonidas est courte et expressive.

Il montre un rocher à l'un des trois cents.

Sur ce roc immortel, soldat, de ton épée
Écris : *Passant, va dire à Sparte nos exploits,*
Et ses guerriers ici morts pour ses saintes lois.

Puis, se tournant vers les ambassadeurs :

— Sparte a répondu !

Les ambassadeurs se retirent ; rien ne peut empêcher le combat. Tout à coup, haletant, couvert de poussière un jeune homme s'élance en scène.

LÉONIDAS.

Ciel !... Agis !

AGIS.
Ah! tu m'avais trompé, je le vois, j'en rougis
Vous voilant à mes yeux d'un injuste mystère,
Vous mouriez donc sans moi?
LEONIDAS.
Qui te l'a dit?
AGIS.
Ma mère...
LEONIDAS
Agis!
AGIS.
Autel funèbre où mes concitoyens
Déposaient leurs serments, je t'apporte les miens...
LEONIDAS.
Non, Sparte dans nos rangs n'accueille pas tes armes;
Avant le temps, sa loi te défend les alarmes :
Satisfait qu'un péril essayât ta valeur,
J'ai dû sauver tes jours en trompant ta douleur.
Ton âge...
AGIS, montrant le laurier qui couronne sa tête.
Démens-tu ce sacré témoignage?
C'est devant ce laurier qu'on accuse mon âge!
A de si vains détours peux-tu bien recourir !
J'ai l'âge pour régner, et non pas pour mourir!
Mon âge! A l'accuser ose-t-on se résoudre ?
Les Perses en tombant ont pris soin de l'absoudre.
Mais la patrie, ici, sert mes jeunes transports.
Et le corps d'un enfant trouvé parmi vos morts,
Cette jeunesse enfin, doux trésor de la vie,
A tant d'espoir, de gloire et de bonheur ravie,
Ces biens, cet avenir dans la poudre endormi,
Seront-ils sans terreur aux yeux de l'ennemi?...
LÉONIDAS.
En conservant tes jours, comble les vœux d'un frère.
AGIS.
J'accomplis nos serments.
LEONIDAS.
Souviens-toi de ton père.

AGIS.
Je suis fils de Lycurgue.
LÉONIDAS.
Obéis à ton roi,
AGIS.
Justes dieux! quel arrêt vient de tomber sur moi!
Quoi! lorsque, dans ses murs, Sparte reconnaissante,
De ses guerriers tombés honorant l'ombre absente,
Couvrira vos autels de lauriers et de fleurs,
Au milieu du triomphe, Archidamie en pleurs,
Seule, ô ciel! rougirait de son fils infidèle!
Et les mères de Sparte, en passant auprès d'elle
Et lui montrant son fils, muet à leurs accents,
Diraient avec mépris : *Il était des trois cents!*
Je verrais, redoublant la honte de mes armes,
Le rire d'un ilote insulter à mes larmes ;
Et, proscrit, repoussé par le sein maternel,
Je fuirais poursuivi d'un opprobre éternel,
Ou, dans quelque combat, j'irais tomber sans gloire,
Retranché de ces morts comptés par la victoire...
Je tombe à tes genoux. Ah! contre un tel danger,
Contre de tels affronts tu dois me protéger.
Héros, l'honneur de Sparte, et mon divin modèle,
Laisse à ton saint exemple Agis périr fidèle!
Prends pitié de mes pleurs et de mon juste effroi!...
LÉONIDAS.
Quel roi tu perds, ô Sparte!
AGIS.
Eh bien?
LÉONIDAS.
Rassure-toi,
Tu mourras!

Le cinquième acte ramène les spectateurs à la tente de Xercès. Fidèle jusqu'au bout à l'histoire, le poëte va nous montrer la tente du roi des rois envahie par les

Spartiates. Le cinquième acte n'est qu'une lutte sublime. Léonidas, blessé à mort et porté sur son bouclier est apporté sous cette tente, où il attend des nouvelles, et d'où il excite encore les Spartiates au combat.

LÉONIDAS.

Compagnons que mes yeux comptent debout encore,
Avant d'être surpris par le jour près d'éclore,
Des Perses ralliés prévenons les efforts.
Marchez; mais aux combats ne laissant que des morts,
Si, frappé dans vos rangs, un guerrier sous le glaive
Tombe vivant encor, que l'amitié l'achève;
Oui, commencez par moi.... Vous reculez d'effroi!
Osez-vous démentir l'ordre de votre roi?
Mais ce fer ennemi, laissé dans ma blessure,
Vous répond de ma mort, et ce sang me rassure.
Mes mains, contre les fers sauront me secourir.
Au triomphe commun hâtez-vous de courir;
Compagnons, de ces lieux, livrés par la victoire,
De vos derniers moments je surveille la gloire.

DÉMARATE.

Dieux!

ALCÉE.

Mon père, en nos rangs j'ai vu ton cœur fléchir

Agis vient lui donner des nouvelles dans le plus beau récit qui ait été fait, peut-être, d'Eschyle à nous.

Sanglant, blessé, sans force, Agis vient tomber aux pieds de Léonidas, en disant :

Ils sont tous morts : je meurs!

ARCHIDAMIE.

O mon fils!

LÉONIDAS.

Salamine!

C'est à toi des Persans d'achever la ruine.
Vainement tes vaisseaux, ô despote insultant!
Rassurent ton orgueil. — Thémistocle t'attend,
Sparte est libre!

A Archidamie.

Vivez ; moi, sur les rives sombres,
Je vais de ces héros rejoindre enfin les ombres.

(Il arrache le fer de sa blessure et meurt.)

Ceux-là seuls qui furent présents à la première représentation, — et, je l'ai dit, j'en étais, de ceux-là, — peuvent avoir une idée de l'enthousiasme excité par cette splendide page arrachée toute vivante aux annales de l'antiquité. Dans ces quatre passages, Talma avait été surhumain. Il avait dit tous les mots historiques avec une sublime simplicité. L'accent avec lequel, rassurant Agis, il lui disait :

Rassure-toi,
Tu mourras!

avait tout à la fois quelque chose de paternel et d'héroïque qui appartenait à une voix plus élevée que celle de l'homme, à des temps plus grands que les nôtres.

Puis c'était l'époque de l'enthousiasme inspiré par la résurrection de la Grèce moderne. On confondait les noms de Léonidas et de Botzaris, de Tyrtée et de Byron ; on se serrait la main, on s'embrassait dans les corridors, comme si l'on venait d'apprendre la nouvelle d'un autre Marathon ou d'une nouvelle Salamine.

Maintenant, comment Pichat en était-il arrivé à ce succès, si grand, que, le soir de la première représentation, sa femme fut obligée de quitter la baignoire où elle était cachée, encombrée qu'était cette baignoire par les bouquets et les fleurs ?

Comment naquit-il ? comment mourut-il ?

Qu'importe qu'une étoile n'ait brillé qu'un instant au ciel, si, pendant sa courte existence, elle a été aussi brillante que les étoiles ses sœurs !

Pichat naquit à Vienne en Dauphiné, en 1793, année terrible, année sanglante, où l'équilibre de la nature fut rompu, où la balance qui pèse les hommes pencha du côté de la mort.

Ses yeux s'ouvrirent, son premier cri fut jeté dans une petite maison dont la porte s'ouvrait sur le Rhône.

Ses aïeux étaient des pêcheurs. Son nom l'indique : Piskat, en patois, vient évidemment de *piscator* ; — de Piskat, la langue française a fait Pichat.

Le premier bruit qu'entendit l'oreille de l'enfant fut le grondement de ce fleuve *emporté comme un taureau qui a vu le rouge.*

Cette pittoresque expression est de Michelet.

Derrière la petite maison de l'enfant s'élevaient les belles montagnes du Dauphiné, qui, semblables au monde antique, enferment leurs sept merveilles.

L'eau et les montagnes, le Rhône et le val Jouffré, furent les premières amours du poëte. A dix ans, l'enfant, de son bras robuste, avait franchi le Rhône comme César et Cassius franchissaient le Tibre ; à dix ans, il avait, de son pied montagnard, escaladé des passages où le chamois hésitait, où les contrebandiers avaient le vertige.

— Comment avez-vous fait pour traverser ce pas ? lui demandait un jour un de ses amis, arrêté comme lui devant un col infranchissable, qu'il avait franchi un jour, mais que ni l'un ni l'autre n'osaient plus franchir.

— Un aigle planait sur ma tête, répondit Pichat. Au lieu de regarder à mes pieds, j'ai regardé l'aigle.

Tout enfant, dès qu'il avait un morceau de pain, il l'émiettait aux pigeons de la ville.

Les pigeons le connaissaient et venaient manger jusque dans sa main.

Un jour, avant de partir pour une de ses excursions dans la montagne, il eut l'idée de siffler ses pigeons comme d'habitude.

Les pigeons volèrent à lui.

— Venez avec moi, mes amis, dit-il ; venez, venez, venez !

Et les pigeons le suivirent.

Lorsqu'ils faisaient mine de s'éloigner, il n'avait qu'à siffler ; ils revenaient.

Désormais ils furent ses compagnons de courses. Partout où il allait, ils allaient, et l'on voyait avec étonnement du fond de la vallée, au fur et à mesure que l'enfant gravissait la montagne, *les amis* du poëte, digne symbole de sa jeune âme, planer au-dessus de sa tête, tourbillonner autour de lui, et, comme des strophes ailées, rafraîchir son front du battement de leurs ailes.

Partis avec lui, ils revenaient avec lui.

Aussi, que disaient les personnes sages et prévoyantes en voyant cet enfant fuir les bruits de la ville, et attentif seulement au murmure des flots, au fracas des avalanches, au murmure des torrents, écouter avec extase toutes ces rumeurs qui sont l'éternel langage de la nature ?

Elles disaient :

— C'est un fou qui ne fera jamais rien.

L'enfant ne faisait rien, en effet, puisqu'il ne faisait que des vers.

A quinze ans, il lui fallut quitter tout cela : son beau Rhône grondant, ses riches vallées d'émeraudes, ses splendides montagnes de diamants.

Un oncle riche, auquel appartenait la rotonde du Temple, se chargeait de lui et le faisait entrer au Prytanée de Paris.

C'est là qu'à seize ans, — en même temps que Casimir Delavigne, né la même année que lui, tente ses premiers essais, — lui Pichat, compose une pièce qui remporte le prix de poésie française.

Luce de Lancival, qui n'était peut-être pas un grand poëte, mais qui avait ce rare mérite d'adorer la poésie, Luce de Lancival, l'auteur d'*Hector*, c'est-à-dire de cette tragédie que l'empereur voulait faire jouer dans un camp; Luce de Lancival, professeur de belles-lettres, le prit en amitié.

Par malheur pour le jeune homme, Luce mourut en 1810, au moment où Pichat commençait sa tragédie de *Turnus*.

La tragédie fut achevée en 1812 ; l'auteur avait dix-neuf ans.

L'empire croula.

Napoléon avait à la fois des ressemblances avec Turnus et avec Énée. C'était un législateur qui avait conquis un empire, et promulgué des lois comme Énée, C'était un guerrier invincible comme Turnus, et qui, comme Turnus, avait été vaincu par la destinée.

Tant que régnèrent les passions ardentes de 1815,

1816 et 1817, on donna au jeune auteur le conseil de ne pas lire sa tragédie.

Pichat, pendant ces trois années, étudiait le droit sous M. Delvincourt.

Mais, tout en faisant son droit, il rêvait et commençait *Léonidas*.

Cependant, en 1820, *Léonidas* à moitié fait, Pichat se décide à lire *Turnus*.

Ces allusions, que craignaient les amis du poëte, lui firent une réception brillante au Théâtre-Français.

Mais, comme si, au milieu de son premier triomphe, la fatalité eût voulu d'avance le marquer pour la mort, pendant la lecture du dernier acte, une veine pulmonaire se rompit dans sa poitrine, et il rentra chez lui vomissant des cuvettes de sang.

Les soins empressés d'Alibert et de Valerand de Lafosse — je n'ai besoin que de nommer ces deux noms pour vous dire ce qu'était l'un, et ce qu'est encore l'autre — arrêtèrent ce commencement d'hémoptysie.

Turnus fut reçu comme pierre d'attente ; il gardait la place de *Léonidas*, dont on disait déjà le plus grand bien.

En 1822, je crois, *Léonidas* fut lu et reçu avec enthousiasme ; mais c'était encore pis que *Turnus*.

Comment espérer que, sous les Bourbons, ces rois de la Sainte-Alliance qui, pour rentrer en France, avaient passé, à la suite du Xercès du Nord, par les Thermopyles de Waterloo, — comment espérer qu'un pareil ouvrage serait jamais joué ?

Léonidas fut relégué dans les cartons avec son frère *Turnus*.

Par bonheur, dès 1821 avait éclaté l'insurrection grecque, qui, comme le siége de Troie, devait durer neuf ans, et, vers 1824 ou 1825, Taylor avait été nommé commissaire royal près le Théâtre-Français.

Qu'ont affaire ensemble ces deux événements, et quel rapport ont-ils avec Pichat et sa tragédie ?

Vous allez voir.

Taylor, en furetant dans les cartons, trouva *Léonidas*, le lut, et en fut émerveillé.

N'en déplaise à M. Lireux, les tragédies comme *Léonidas* étaient rares en 1825.

Il écrivit au jeune auteur de venir le voir.

Pichat alla chez Taylor, comme, trois ans plus tard, j'y allai moi-même.

Que d'autres disent du mal de Taylor ou n'en disent plus rien, depuis que l'art moderne a eu le malheur de perdre son influence, je ne suivrai pas cet exemple, et je crierai d'autant plus haut mes obligations et celles des autres envers lui, qu'il est aujourd'hui plus loin de nous.

J'espère que cette voix du passé lui sera douce.

Taylor envoya donc chercher l'auteur de *Léonidas*.

— Pourquoi ne faites-vous pas jouer cette tragédie, monsieur? lui demanda-t-il.

Le jeune homme sourit.

— Pour deux raisons, monsieur, répondit-il : d'abord, parce qu'elle ne vient qu'après *Turnus*; ensuite, parce que la censure, à ce qu'il paraît, ne veut pas la laisser passer.

— Laissons là *Turnus*. *Turnus* est une tragédie de jeunesse qui a ses beautés, mais des beautés de collége;

Léonidas est une tragédie d'homme fait. Avec *Turnus*, vous aurez un succès d'estime ; avec *Léonidas*, un succès d'enthousiasme.

— Mais, en supposant que je consente à cette substitution, reste la censure.

— La censure ! c'est mon affaire, dit Taylor.

Et, en effet, il devait accomplir bien d'autres miracles ; il devait faire jouer *le Mariage de Figaro*, et faire rendre *Henri III*.

— Si vous vous chargez de la censure, et si ce que vous dites de *Turnus*...

— Je me charge de la censure, et ce que je dis de *Turnus* est vrai.

— Alors, va pour *Léonidas*.

— Venez avec moi.

— Où allons-nous ?

— Chez Talma et chez Duchesnois. Vous comprenez qu'il faut bien que ce soit Talma qui joue Léonidas, et Duchesnois Archidamie.

— Allons !

On alla chez Talma.

Talma se rappelait parfaitement *Léonidas*. D'ailleurs, Vatout, — encore un homme qui n'oubliait pas ses amis et que je n'oublie pas quoiqu'il soit mort, — d'ailleurs, Vatout lui en avait souvent reparlé.

Talma désira entendre la pièce une seconde fois. Il se chargeait de prévenir Duchesnois, qui demeurait porte à porte avec lui.

Le lendemain, la tragédie fut relue en présence de Talma, de Duchesnois et de Taylor.

Talma allait partir pour Lyon. Il s'engagea à étudier *Léonidas* à son retour, si l'auteur voulait faire, au quatrième acte, les corrections qu'il indiquerait, et si Taylor répondait de la censure.

Pichat promit les corrections indiquées. Taylor répondit de tout. Les circonstances étaient favorables.

Louis XVIII venait de mourir. Charles X faisait de la popularité. La France se déclarait ouvertement pour la Grèce. Les noms de Kolokotroni, de Botzaris, de Mavrocordato, de Mavromikalis et de Constantin Canaris étaient dans toutes les bouches, Lamartine et Hugo chantaient les martyrs de Scio et de Parga. Byron venait de mourir pour eux. Talma, en revenant de Lyon, trouva son quatrième acte corrigé, et son *Léonidas* hors des mains de la censure.

Alors commença l'œuvre de Taylor.

Faire faire trois décorations nouvelles, des costumes exacts, une musique appropriée au sujet : la chose paraît toute simple aujourd'hui.

Eh bien, ce fut tout un monde à remuer.

Le vieux chef d'orchestre Émon fit une musique excellente. Cicéri, mon vieil ami Cicéri, le père de la décoration moderne, fit les décorations.

Taylor se chargea de la mise en scène.

J'ai raconté ailleurs le succès de cette représentation[1]. Je ne veux pas me répéter. J'ai dit comment j'avais vu, moi, jeune homme de vingt-trois ans, ambitieux d'un pareil succès auquel je n'espérais jamais atteindre, j'ai dit comment j'avais vu Pichat, radieux, embrassant Talma et Taylor au milieu du foyer du public.

[1] *Mes mémoires*, t. IV, p. 161.

Le lendemain de la représentation, le duc d'Orléans envoyait à Pichat son portrait ; et, comme il savait par Vatout que le triomphateur s'occupait d'un *Guillaume Tell*, il joignait à son portrait les deux gravures, d'après Steuben, représentant *la Fuite de la barque* et le *Serment du Grutly*.

Laugier, notre bon et célèbre Laugier, une des gloires du burin, lui envoyait sa gravure de *Léonidas* d'après David.

Entre les deux fenêtres de sa chambre à coucher, le poëte plaça le portrait du duc d'Orléans ; en face l'un de l'autre, *le Serment* et *la Fuite de la barque*, et, dans son alcôve, *le Passage des Thermopyles*.

On verra tout à l'heure quel étrange et poétique incident se rattache à ce dernier tableau.

En rentrant chez lui, le soir de son triomphe, Pichat fut pris d'un second vomissement de sang.

C'était la mort qui pour lui jouait le rôle de l'esclave antique, et qui criait au milieu des acclamations et des bravos de la multitude : « César ! souviens-toi que tu es mortel ! »

Le docteur Valerand accourut, et l'art, cette fois, fut assez puissant encore pour triompher de la maladie.

D'ailleurs, il était si jeune et si heureux, le pauvre poëte, qu'il prit peut-être sa volonté de vivre pour de la santé.

Guillaume Tell était aux trois quarts achevé, quand fut joué *Léonidas*. L'homme qui avait fait le fameux récit d'Agis, cet homme-là avait en lui l'instinct du drame moderne : Schiller, une fois entre ses mains, devait le préoccuper énormément. On voit, dans toute la tragédie, le double effort que fait le poëte pour conserver la forme classique, tout en abordant un sujet dramatique.

Il devait résulter et il résulta de ce conflit une œuvre bâtarde qui valait mieux que *Turnus*, mais qui ne valait pas *Léonidas*.

Aussi le poëte, sentant qu'il y avait un vice dans l'œuvre, sans pouvoir se rendre compte de ce vice, croyait-il faire disparaître le défaut à force de travail.

Jour et nuit, il travaillait, composant, corrigeant et recorrigeant; sa santé acheva de fondre dans cet ardent laboratoire de la poésie.

Pichat n'était pas riche ; on le poursuivait de l'offre d'une pension qu'il ne voulait pas accepter. Qu'avait-il besoin de pension? Il avait vendu, le soir même de la représentation, *Léonidas* à l'éditeur Ponthieu.

Devinez combien...

Une somme énorme : treize mille cinq cents francs d'argent, cinq cents francs de livres.

Mais, si l'on refusait la pension, il fallait travailler, il fallait que *Guillaume Tell* fût joué comme *Léonidas*.

Dès le commencement de 1828, sa faiblesse est parfois si grande, qu'il s'alite pendant plusieurs jours.

Il s'alite surtout, non point encore parce que la force lui manque tout à fait, mais parce qu'il travaille mieux couché ; il dicte alors à sa femme et à un brave garçon, nommé Arsène, que nous avons tous vu depuis acteur à l'Odéon.

D'ailleurs, le Théâtre-Français avait la tête montée par *Léonidas;* Taylor et le comité demandaient à cor et à cris *Guillaume Tell*.

Avec le printemps de 1828 la force revint quelque peu au pauvre Pichat.

Il avait, aux environs de Paris, un de ces amours comme en ont les poitrinaires, — pour qui ou pour quoi? — qui sait? — pour une femme, pour une fleur, pour un nuage, peut-être ?...

Peut-être, comme Dante, pour une Béatrix remontée au ciel; peut-être, comme Pétrarque, pour quelque Laure, qu'il se contentait de regarder passer au bras d'une mère ou d'un mari.

Il partit pour Morfontaine. Il avait là un ami, M. Bouchard, deux sœurs, deux jeunes filles charmantes, qui ont épousé depuis, l'une, Charles Lafont, l'auteur de *la Famille Moronval* et du *Chef-d'œuvre inconnu*, l'autre, le docteur Colombat (de l'Isère).

Morfontaine, avec ses frais ombrages, son grand lac, ses cascades murmurantes, ses fraîches fontaines, était bien la retraite d'un poëte.

Une de ces fontaines, surtout, était sa fontaine favorite; assis sur un banc, placé à l'ombre d'un ébénier, il restait là des heures entières à regarder bouillonner l'eau de la cascade, mise en mouvement par la respiration d'un gouffre.

En effet, le sable de la fontaine est mouvant et voile un abîme, Maelstrom en miniature, capable de dévorer le malheureux qui prendrait pour un terrain solide ce sable mouvant qui ressemble à un bloc de grès noirâtre.

Un jour, une société de jeunes gens et de jeunes filles vint visiter Morfontaine, et s'éparpilla dans le beau parc aux royaux souvenirs. Un jeune homme et une jeune fille venaient doucement par l'allée tortueuse, sans voir le poëte rêvant sous son ébénier; lui, au bruit de leurs pas, avait relevé la tête, et les voyait venir. Arrivés en face de la fontaine, ils s'arrêtèrent. Un petit sentier côtoyait l'autre rive, une grotte s'ouvrait en face, une fleur poussait à l'ombre de la grotte, trempant sa tige dans l'eau.

La jeune fille désira la fleur, — caprice de nymphe rêveuse. — Le jeune homme était amoureux, sans doute ; en tout cas, il avait vingt ans.

Ce désir exprimé lui suffit.

Il était impossible de sauter par-dessus le petit ruisseau ; mais, en s'élançant, en posant le pied sur cette apparence de grès, qui n'était autre que le gouffre, on pouvait atteindre l'autre côté, cueillir la fleur, et peut-être, qui sait? être récompensé par un baiser.

Le jeune homme recula pour prendre son élan ; Pichat devina son intention, jeta un cri, s'élança de son côté, retint le jeune homme entre ses bras, en criant :

— Malheureux, c'est un gouffre !

L'effort brisa la faible cicatrice qui fermait cette veine, si facile à s'ouvrir. Pichat pâlit, chancela, et une écume rouge borda ses lèvres, précédant les vomissements de sang, plus terribles qu'aucun de ceux qu'il eût encore éprouvés.

Le jeune homme et la jeune fille appelèrent au secours; le reste de la folle troupe accourut, et la joie devint tristesse.

Pichat rentra chez M. Bouchard, appuyé au bras du jeune homme qu'il avait sauvé.

Je n'ai point le droit d'écrire ici son nom; mais c'est celui d'un artiste cher au public, applaudi par lui, un de ceux qui conservent au théâtre de la rue de Richelieu, non-seulement les traditions de l'art, mais encore de l'ancienne courtoisie de la Comédie-Française.

Cet événement avait lieu vers le mois d'août.

Au mois de septembre, Pichat fut forcé de revenir à Paris.

On envoya prévenir Valerand et Alibert du retour de leur malade; ce n'étaient pas deux médecins, c'étaient deux amis : ils sortirent le cœur navré, des larmes plein les yeux.

Pour ces deux habiles praticiens, Pichat était un homme perdu.

Une jeune fille de beaucoup de talent, mademoiselle Laurier, avait commencé un portrait en pied du poëte; le médecin lui dit tout bas de se hâter de le finir.

Par bonheur, la maladie, à la fois douce et implacable, était sans pressentiments funèbres pour le poëte. Son *Guillaume Tell* avait été reçu par acclamations au Théâtre-Français; il comptait, aussitôt guéri de son crachement de sang, le faire mettre en répétition. Il rêvait des succès à venir; et, de temps en temps, quand par hasard il parlait d'un horizon dans lequel on eût été tout étonné que l'œil d'un homme de trente-quatre ans eût tenté de plonger, si du bout du pied déjà cet homme n'eût heurté le seuil de la tombe; quand il parlait de cet horizon qui borne le second côté de la vie, il prenait un miroir, et y regardait avec un sourire son visage pâle et décharné encadré par ses beaux cheveux flottants.

— Quel beau vieillard je ferai, disait-il, quand le temps aura neigé sur ces cheveux-là!

Puis, au bout du compte, cette lumière qui le quittait lueur à lueur était un charmant crépuscule; cette vie qui s'épuisait goutte à goutte était une douce vie. Le jour, le temps s'écoulait entre sa femme et ses enfants; le soir, à sept heures, les amis venaient et entouraient le lit du mourant; car tout le monde, hors Pichat, sa femme et ses enfants, savait que sa vie était condamnée, et que chacun devait prendre la plus grande part possible de ce qui en restait.

Ces amis, c'étaient Soumet, Frédéric Soulié, Émile Deschamps, Vatout, Avenel, Belmontet, Jules Lefèvre, l'excellent général d'Houdetot, Saint-Priest, l'auteur de l'*Histoire de la royauté*.

Hélas! quatre de ceux que nous venons de nommer sont déjà allés le rejoindre dans la tombe.

Là, autour de ce lit qui se métamorphosait peu à peu en tombeau, comme autour de la couche de Socrate, on parlait art, religion, poésie. Émile Deschamps, Soumet, Soulié, Jules Lefèvre, Belmontet disaient des vers, et, de temps en temps, le malade se soulevait sur son lit et disait, lui aussi, son fiévreux travail de la journée.

Cela dura ainsi jusqu'au mois de janvier; mais les premiers jours de l'année le virent si faible, qu'il ne se leva plus que difficilement et le temps nécessaire pour qu'on fît son lit.

Le portrait, par bonheur, était achevé.

C'est celui qui est au musée de Vienne.

Pichat ne dormait plus qu'à l'aide de l'opium. On en était encore aux sombres soirées et aux longues nuits d'hiver. Les amis venaient à cinq heures; à six, on donnait au malade sa potion; le malade s'endormait, et, pour qu'il ne se doutât point qu'on le veillait jusqu'à quatre heures du matin pendant qu'il dormait, on arrêtait la pendule.

Il croyait avoir dormi une heure, il en avait dormi quatre. La pendule marquait sept heures, il était minuit. On restait jusqu'à quatre heures du matin, et l'on avait l'air de se séparer à onze heures du soir.

Pieuse et tendre supercherie, qui donnait à chacun une plus forte dose qu'il n'eût pu en prendre sans cela, de la vie de celui qui allait mourir.

A quatre heures, Pichat prenait une seconde potion et dormait jusqu'au jour.

Le jour appartenait à la femme, aux enfants et aux amis moins intimes qui venaient, avec l'indifférence d'une demi-tendresse, prendre des nouvelles du malade.

Puis, le soir, la veillée recommençait.

Cependant, le malade s'affaiblissait de plus en plus; mais il était si ignorant de son état, qu'on n'osait lui parler d'un prêtre.

Le hasard envoya aux consciences inquiètes des amis du mourant ce que ces consciences demandaient.

Un jeune séminariste, qui venait d'être ordonné, fut envoyé à Paris comme vicaire de je ne sais quelle église; c'était un ami du mourant, plus qu'un ami même, un obligé.

Il vint prendre sa place au cercle des intimes.

Il se nommait Gary.

C'était l'ancien principal du collége de Carcassonne, révoqué à cause de ses opinions politiques, et qui avait fait jouer au Théâtre-Français une tragédie d'*Eudore et Cymodocée* [1].

Il y avait dans cette tragédie, qui obtint un beau succès, une bonne action de l'auteur de *Léonidas*; c'était l'ancien principal qui avait eu l'intention de faire, mais c'était en réalité Pichat qui avait fait en grande partie *Eudore et Cymodocée* [2].

Le seul droit d'auteur que se fût réservé ce second père, qui, comme tous les poëtes, méprisait assez l'argent, c'était de mettre la tragédie de M. Gary dans ses œuvres complètes.

Le jeune prêtre se chargea de cette tâche difficile de préparer Pichat au voyage de l'éternité.

Il attaqua cette grave et suprême question par des théories religieuses ; le malade le laissa dire, puis, prenant la sonnette qui se trouvait sur sa table de nuit, il sonna.

[1] 17 juillet 1824.
[2] « Je n'ajouterais rien à cette préface, déjà trop longue peut-être, quelque courte qu'elle soit, écrivait M. Gary en dédiant sa pièce à l'auteur des *Martyrs*, si je n'avais encore des grâces à rendre, si je ne craignais que ma réticence ne ressemblât à de l'ingratitude. J'ai besoin de consigner ici tout ce que je dois aux conseils, au talent, à l'amitié d'un jeune poëte qui se prépare un si brillant avenir dans l'opinion de tous ceux qui le connaissent. M. Pichat s'avance dans la carrière dramatique avec une poésie pleine de force et de charme. Que n'a-t-il pas fait pour moi ! Un père peut-il obtenir d'un fils bien-aimé un dévouement plus entier et plus généreux ! qu'il jouisse de tout le bien qui m'en est revenu, en attendant ce que lui présagent d'estime publique et de solide gloire les dons que la nature lui a faits, et que ses habiles travaux ont si heureusement fécondés ! »

La femme de chambre entra.

— Dites donc à madame Pichat de venir, dit-il ; c'est très-intéressant, ce que nous raconte là notre cher Gary.

Madame Pichat se rendit à l'invitation de son mari. Le jeune prêtre comprit qu'il était importun et se retira.

Lorsqu'il fut parti :

— Dis donc, bonne, fit le malade, ne me laisse donc plus seul avec Gary. Il me traite en homme qui va mourir.

Puis, pour le printemps suivant, il fit de beaux projets de voyage, comme en font les phthisiques, qui voient de frais ombrages, de douces vallées, de hautes montagnes, sans se douter qu'entre eux et ce mirage, il y a un abîme qu'on appelle l'éternité.

Les jours et les nuits s'écoulaient, on était arrivé au 20 janvier : chaque soir, fidèles à leur pieuse supercherie, les amis se réunissaient autour du lit de l'ami mourant. On arrêtait la pendule et on le quittait au jour.

Le matin, se manifesta la seule marque de délire qu'il donna.

Quand madame Pichat, qui avait pris deux heures de repos dans sa chambre, entra dans celle de son mari, elle le trouva lisant comme toujours, mais il tenait le livre à l'envers.

Le frisson courut dans les veines de madame Pichat.

— Que lis-tu là, mon ami? demanda-t-elle.

— Oh! un livre très-intéressant, répondit le malade.

Et puis ces filles blanches... Vois combien il y en a et comme elles sont belles.

Était-ce quelque théorie grecque qui revivait dans son souvenir? était-ce, au contraire, un coup d'œil à cet horizon du ciel déjà si rapproché de lui, qu'il en pouvait voir les anges ?...

Puis cet éclair de délire passa, la raison s'éclaircit, et il se remit à causer comme si ce nuage n'avait point couru devant ses yeux.

Le soir vint; on se tint près du mourant comme d'habitude. Rien n'indiquait une mort instante; seulement, l'heure venue de prendre sa potion, il refusa.

Tout à coup un petit bruit sec, comme une corde de harpe qui se rompt, vibra dans l'alcôve.

C'était le verre de la gravure de Léonidas qui se brisait, sans que nul y eût touché.

Cette vibration funèbre frémit par la chambre et fit passer un frisson dans tous les cœurs.

Le malade essaya de se soulever sur les poings; son visage était livide, mais ses yeux lançaient la flamme.

Depuis un instant déjà, sa main était cramponnée à la robe de sa femme debout devant lui, et, quand elle avait voulu s'asseoir :

— Tu t'en vas? avait-il dit. Ne t'en va pas, reste près de moi.

Et elle était restée debout près du lit.

En ce moment, et après l'effort infructueux que le malade avait fait pour se lever:

— Aide-moi à me tourner de l'autre côté, dit-il.

Et il s'affaissa en poussant un soupir.

Une espèce de cri étouffé répondit à ce gémissement ; madame Pichat se retourna.

Tout le monde était à genoux ; non-seulement dans la chambre, mais, à travers la porte ouverte, on voyait les voisins à genoux dans le salon, et jusque dans l'antichambre et sur le pallier les domestiques à genoux.

Seulement alors, la pauvre femme se douta du malheur qui venait de la frapper.

L'auteur de *Léonidas* était mort.

La pendule marquait neuf heures et quelques minutes.

M. Gary sortit alors d'une chambre où il s'était tenu caché, de peur que sa vue n'impressionnât le malade.

L'œuvre de la religion, brisée un instant par l'ignorance où le mourant était de son état, se renouait par la veille et par la prière.

Repoussé par le vivant, l'homme de Dieu revenait s'asseoir près du mort.

Le lendemain, un bruit se répandit comme une de ces rumeurs funèbres qui courent à certains trépas.

L'auteur de *Léonidas* venait de mourir.

Le convoi réunit non-seulement tous ses amis, qui étaient nombreux, mais encore tout ce monde parisien qui suit les convois illustres.

Le duc d'Orléans y envoya sa voiture.

Dix mille personnes suivirent jusqu'au Père-Lachaise.

Et, parmi ces dix mille personnes, il y avait Lamartine, Villemain, Hugo, Soulié, Émile Deschamps, de Vigny, Arnault, Scribe, Jules Lefèvre, Latouche, Saint-Priest, Soumet.

C'est-à-dire tout ce qui était grand ou allait le devenir !

La gravure des *Thermopyles* est encore dans l'atelier du fils de Pichat avec sa glace brisée et une couronne venant de la soirée de *Léonidas*.

Quant à *Guillaume Tell*. — Talma était mort, et Ligier à l'Odéon.

Guillaume Tell suivit Ligier.

Il fut joué le 24 ou le 25 juillet 1830.

C'est au parterre de l'Odéon, c'est en sortant de la représentation de *Guillaume Tell*, qu'éclata la première manifestation des écoles en faveur de la révolution de juillet.

Maintenant, pieux pèlerins de la mort, quand vous irez à Morfontaine, cherchez cette fontaine de Laure, au murmure de laquelle le poëte mêla les dernières modulations de son chant.

Vous la reconnaîtrez à cette inscription :

Des roses, des cyprès,
De tendres souvenirs et d'éternels regrets.

Puis, quand vous irez à Vienne en Dauphiné, noble ville qui sait rendre hommage à ses fils vivants sans oublier le culte de ses fils morts, faites-vous montrer non pas la maison où est né Pichat, — la pauvre petite chaumière a disparu sans laisser de trace, comme disparaissent les chaumières, — mais la maison en face, où il a été élevé.

Vous la reconnaîtrez à une plaque en marbre blanc sur laquelle le conseil municipal de la ville a fait graver cette inscription en lettres d'or :

ICI EST NÉ
LE POËTE PICHAT
AUTEUR
DE LÉONIDAS ET DE GUILLAUME TELL
MORT LE 20 JANVIER 1829.

LA LITTÉRATURE

ET LES HOMMES D'ÉTAT

Depuis la révolution de 1830, nos ministres ont eu besoin d'étayer tant de vieilles choses et d'étrangler tant de principes nouveaux, que, dans la lutte acharnée que chaque cabinet a soutenue à son tour, pour défendre son existence éphémère contre l'opposition éternelle, la grande question des arts et surtout des lettres a constamment été reléguée au dernier plan ou mise en oubli. C'est ce qui fait qu'au fur et à mesure que le terrain mouvant de la France se consolide sous le trône de la dynastie du 9 août, à l'aspect de chaque combinaison nouvelle qui se forme, un espoir nouveau renaît au cœur de ceux qui, ardemment préoccupés de l'amour du pays, voudraient voir le front de la grande déesse radieux de toutes les gloires et ceint de toutes les couronnes. Mais, il faut l'avouer, jusqu'à ce jour, l'espoir naïf et renaissant de ceux-là fut toujours rapidement déçu, et chaque soleil levant, rappelant bientôt à lui ses rayons épars pour les concentrer à son midi sur quelques questions de vitalité personnelle, s'est éteint, sans rien féconder, dans les brouillards politiques de son rapide couchant. Presque tous impopulaires déjà par leurs théories, les cabinets se sont faits, en arrivant au pouvoir, impopulaires par leurs actes ; et, ne pensant à prendre racine que dans des intérêts bas et personnels, ils se sont trouvés sans appui aussitôt que leur chute probable menaça de compromettre les égoïsmes sur lesquels ils s'étaient implantés. Aussi, tous ont chancelé, les uns après les autres, sans qu'une main libre s'étendît pour prévenir leur chute; aussi tous sont tombés, chacun à son tour, sans qu'une voix indépendante s'élevât pour faire leur éloge funèbre. Quant aux mains souillées et aux voix vendues, les nouveaux venus les ont trouvées à chaque revirement, demandant, du geste et de la parole, l'aumône à la porte du ministère. Je ne sais pas si, depuis six ans, nous avons eu beaucoup de Fouquets, mais ce qu'il y a de certain, c'est que leur disgrâce n'a trouvé ni un Pélisson ni un la Fontaine.

Et cependant, parmi les noms qui sont venus s'inscrire successivement sur les listes ministérielles, il y en avait deux qui donnaient des gages puissants à nos espérances artistiques, et empressons-nous de le dire, ceux-là ne nous ont point aussi complétement trompés que les autres : c'étaient ceux de M. Thiers et de M. Guizot. M. Thiers, courtisan adroit et spirituel avant tout, avait étudié les goûts personnels du chef de l'État, et s'était tracé d'après eux la ligne qu'il devait suivre. Il savait que le roi, grand amateur de tableaux, grand remueur de pierres, avait en si mince estime les hommes de lettres, qu'il ne leur faisait pas même, comme Louis XV, l'honneur de les haïr ou de les craindre; de là les encouragements ministériels de M. Thiers pour le pinceau et le compas, et ses mépris bureaucratiques pour la plume.

M. Guizot, au contraire, homme d'étude grave, de caractère sérieux et de puritanisme rigide, mettant en pratique à Paris, en 1830, sous la branche cadette, les mêmes idées sociales dont il mûrissait la théorie sous la branche aînée, dévoué de tête à un système et non de cœur à une dynastie, ne devait point se plier et ne se plia point à ces petites courtisaneries artistiques; mais aussi, trop instinctivement circonscrit dans le cercle de ses propres études et cédant trop facilement à l'impulsion de ses sympathies personnelles, philologue, historien et savant, il n'étendit son protectorat qu'aux professeurs universitaires, aux compilateurs de chroniques et aux déchiffreurs de chartes. Tout travail en dehors de cette littérature austère lui parut indigne d'appui et d'encouragement; il en résulta que les œuvres d'esprit, d'imagination et de poésie, réduites à leurs seules forces, ont eu à lutter péniblement depuis dix années contre les attaques des journaux, les persécutions des coteries et l'indifférence des sociétés : et, toutes victorieuses qu'elles furent, elles sont encore aujourd'hui haletantes du combat.

Et cependant, ces deux hommes qui, tantôt ensemble et tantôt séparément, ont accepté la mission et entrepris la tâche de faire la France reine parmi les nations, connaissent trop profondément leur histoire pour ignorer qu'à toutes les époques brillantes de notre pays, depuis François Ier jusqu'à Napoléon, ce sont les lettres qui ont attaché au front de nos rois leurs plus magnifiques couronnes; ils savent que le siècle de Louis XIV fut appelé le grand siècle, moins peut-être à cause des victoires de Condé, de Turenne et de Luxembourg, qu'à cause des triomphes de Corneille, de Molière et de Racine. Certes, les noms de Mazarin, de Colbert et de Louvois, sont de grands noms; mais ce sont de grands noms aussi que ceux de Descartes, de Montesquieu, de Pascal, de Bossuet, de la Bruyère, de Sévigné, de la Fontaine, de la Fayette, de Fénelon et de Caylus. Beaucoup plus se souviennent aujourd'hui, malgré les désinences barbares qui mettaient sa rime à la torture, des victoires célébrées par Boileau, que des batailles perdues par Créquy, Tourville, Villars et Boufflers, et le passage du Rhin est certes plus profondément resté dans la mémoire que la démolition du port de Dunkerque. Il savait cela, Louis XIV, lorsqu'il appelait Bernouilli et Cassini en France, commandait les voyages de Tournefort, et envoyait à l'étranger des pensions à Heinsius, Vossius et Huyghens.

Il savait cela aussi, Napoléon, l'homme au génie instinctif, lorsque, rêvant cette guerre étrange qui devait tuer l'Angleterre en perçant le cœur de l'Inde, il conduisit à la suite de ses soldats, dans le royaume des Pharaons, des Sésostris et des Cléôpâtre, les Monge, les Berthollet et les Dolomieu. La moitié de sa vaste pensée vint se briser, ainsi que du verre, contre les murailles de Saint-Jean-d'Acre; mais l'autre moitié survécut triomphante et immortelle. Cherchez maintenant au désert la trace des pas de notre armée, tâchez de reconnaître où sont les champs de bataille du mont Thabor, de Chebreisse et d'Aboukir; demandez aux sables dévorants ce que sont devenus les cadavres des vingt mille Français qu'ils ont recouverts, et, si vous êtes fatigué d'une recherche inutile, si le simoun a tout effacé d'un seul coup de son aile immense, s'il ne reste plus là-bas qu'un vain nom que l'écho répète avec ceux de Louis IX et de Cambyse, revenez ici, ouvrez nos bibliothèques, et vous y trouverez le seul, mais magnifique résultat, de cette gigantesque expédition.

Malheureusement pour Napoléon, Chateaubriand en quittant l'Europe, madame de Staël en s'exilant de la France, Lemercier en s'éloignant de la cour, laissèrent le champ littéraire nu et stérile; l'empereur tout-puissant, dont la voix improvisait des armées, eut beau y semer les trésors de sa cassette particulière, il ne put y faire pousser un homme de génie : il demandait des poëtes, et ses ministres lui fournirent des académiciens, comme, lorsque, après avoir épuisé la France, il demandait encore des soldats, ses préfets lui fournissaient des invalides; il avait des pensions à distribuer, et il en fut réduit à pensionner les auteurs d'*Hector* et d'*Omasis*; il avait des dignités à accorder, et il fut forcé de faire grands maîtres de l'Université Arnault et Fontanes. C'est alors que, dans son dépit impérial, cet Achille sans Homère, cet Alexandre sans Quinte-Curce, cet Auguste sans Virgile, s'écriait à la face de l'Institut que, si l'auteur du *Cid* avait vécu de son temps, il l'aurait fait prince.

L'époque est changée : les poëtes ne manquent plus, mais l'empereur manque. Les talents sont venus, mais les encouragements sont partis. Et cependant, ce ne sont point des croix, des pensions et des places que les hommes de lettres demandent, c'est qu'on ouvre des carrières différentes à leurs spécialités diverses. Tout est à refaire en France; non point à la place de ce qui existe, mais à côté. Près des vieux monuments de notre gloire littéraire, tout peut être rebâti sur des bases neuves. Au-dessus de l'histoire des Mézeray, des Velly et des Anquetil, les Guizot, les Augustin Thierry et les Barante, ont découvert une histoire nouvelle. Au-dessous du théâtre de Corneille, de Molière et de Racine, des élèves de Shakspeare, de Calderon et de Schiller ont commencé de fonder un théâtre nouveau. Les Chateaubriand, les Victor Hugo et les Lamartine ont retrempé au feu de leur génie la poésie des Voltaire, des Lebrun et des Delille. Toute terre est couverte d'épis, tout arbre riche de fleurs, et moissons et fruits n'attendent plus, pour mûrir, qu'un rayon de soleil.

MON ODYSSÉE

A LA COMÉDIE-FRANÇAISE

I

La première entrée que j'eus l'honneur de faire dans les coulisses du Théâtre-Français eut lieu le soir même de la première représentation de *Sylla*.

J'avais vingt-deux ans.

Mon introducteur était un jeune ami de Talma, Adolphe de Leuven. Vous le connaissez, c'est l'auteur du *Postillon de Longumeau*, du *Bijou perdu*, de *la Promise*.

Par quelle suite d'événements son père, un des hommes les plus éminents de l'aristocratie suédoise, venu en France avec M. de Fersen, ambassadeur de Gustave III à Paris, élevé en quelque sorte aux Tuileries, sur les genoux de Marie-Antoinette, prit-il part, en 1792, à la conspiration d'Ankastroem ; fut-il exilé à cause de cette conspiration, connut-il Talma à la suite de la vente que le grand seigneur fit au grand artiste de sa propriété de Brunoy? Tout cela appartient bien plus à l'histoire politique de la fin du xviiie siècle, et du commencement du xixe qu'à son histoire théâtrale. Ce que j'ai à dire, moi, c'est comment, jeune homme de vingt-deux ans, parfaitement inconnu en littérature, j'étais introduit dans la loge de l'homme que ses flatteurs appelaient tantôt le Roscius, tantôt le Garrick français, et que la postérité appelle tout simplement Talma.

J'étais profondément et doublement impressionné.

C'était la première fois que j'entrais dans le corridor d'un théâtre, dans le corridor intérieur bien entendu, dans celui qui mène aux loges des artistes. Celui du Théâtre-Français était encombré.

De Leuven, plus familiarisé avec ces sortes de détours, me tirait par la main et me fit traverser toute cette foule.

Nous arrivâmes à la loge de Talma.

Là, il y avait bien une autre foule.

Je ne sais si jamais le dictateur eut plus de clients à sa porte que celui qui venait de remplir son rôle avait d'admirateurs à la sienne.

Nous étions fort minces à cette époque, Adolphe et moi; nous nous glissâmes comme deux anguilles, et nous nous trouvâmes dans une espèce d'antichambre où s'entassait bien certainement tout ce qu'il y avait de célébrités littéraires dans Paris.

Là, je vis pour la première fois Soumet, Delavigne, Guiraud, Étienne, Alexandre Duval, Lemercier et quatre ou cinq autres.

J'y vis aussi M. Arnault père et Lucien Arnault ; mais je les connaissais.

Pendant que nous luttions pour arriver à cette seconde chambre qui était le sanctuaire où se tenait le dieu, on cria :

— Place ! place à mademoiselle Mars !

Nous nous serrâmes le plus près possible de la muraille.

Un charmant frou frou de satin se fit entendre, un parfum se répandit dans l'air, un nuage de gaze au milieu duquel brillaient des yeux étincelants comme des diamants et des dents blanches comme des perles passa, ou plutôt glissa au milieu de nous ; une voix suave comme les plus douces cordes d'une lyre, comme les sons les plus flûtés d'un hautbois se fit entendre, exprimant avec un accent parfaitement vrai une admiration profonde.

Il me sembla que mademoiselle Mars disait *vous,* que Talma disait *tu,* que les deux artistes s'embrassaienc

Le même frou frou se fit entendre de nouveau, mademoiselle Mars reparut, échangea quelques mots avec Étienne et avec Soumet, jeta de la main un bonjour à Adolphe, et disparut.

Heureux Adolphe !

Je ne comprenais pas comment il recevait une pareille faveur avec tant de flegme.

— Allons, me dit-il, il faut entrer !

— Je n'oserai jamais ! répondis-je.

— Bon! fit Adolphe, il ne fera pas même attention à vous!

C'était un seau d'eau glacée versé sur mon humilité, ou mon amour-propre, comme on voudra.

L'encouragement ne m'encouragea pas le moins du monde!

Cependant, je parvins à pénétrer dans la seconde pièce.

Si je n'ai pas toujours été gros, j'ai toujours été grand. Quoique je ne fusse qu'à la porte, que je ne désirasse pas aller plus loin, en me dressant sur la pointe des pieds, je pus dominer tout le monde.

Je cherchais Sylla avec sa couronne de laurier, sa mèche impériale, sa toge de dictateur, et je voyais tout le monde se presser autour d'un petit vieillard en robe de chambre de flanelle, chauve comme un genou.

Je n'y voulais pas croire.

Adolphe alla embrasser l'homme chauve à la robe de chambre de flanelle.

C'était bien décidément Talma.

J'ai raconté dans mes *Mémoires* comment eut lieu ma première entrevue avec le grand artiste, et comment il me baptisa poëte dramatique au nom de Shakspeare et de Corneille.

II

Quatre ou cinq ans s'étaient écoulés.

Talma était mort, mais son baptême avait porté ses fruits.

J'avais fait, comme tout le monde, ma petite tragédie en cinq actes.

J'ai dit ailleurs comment elle m'avait été inspirée par un bas-relief de mademoiselle de Fauveau, représentant la mort de Monaldeschi !

Ma tragédie s'appelait *Christine à Fontainebleau.*

C'était une tragédie classique ; entendons-nous, classique pas à la manière d'Eschyle et de Sophocle, pas même à la manière de Corneille, qui ne se gênait pas pour mettre dans son *Cid* des changements à vue là où il y en avait besoin, mais classique à la manière de Legouvé, de Chénier et de Luce de Lancival.

Il y avait bien par-ci par-là quelques scènes qui faisaient craquer la ceinture de Melpomène comme on disait alors ; par-ci par-là un peu de comédie montrant ses dents blanches et mordantes, mais enfin c'était par le fond une tragédie classique.

Une fois la tragédie faite, il s'agissait d'obtenir une lecture.

Il paraît que c'est encore chose fort difficile aujourd'hui. Mais, à coup sûr, c'était chose plus difficile encore à cette époque.

Hélas ! je l'ai dit, Talma était mort.

Oh ! s'il eût vécu, quoique je ne l'eusse revu que deux fois depuis, dans sa loge, bien entendu ; — au théâtre, je le voyais le plus que je pouvais ! — comme j'aurais couru chez Talma !

Et il y a une chose dont je suis sûr, c'est que, tout imparfaite qu'était *Christine*, Talma y eût trouvé au moins un rôle original, inconnu, je dirai plus, inouï dans le théâtre.

C'était le rôle de Monaldeschi.

Un lâche !

Personne n'avait jamais osé mettre un lâche sur la scène.

Je l'avais osé !

Mais naïvement, sans aucun désir de faire une innovation, parce que j'avais trouvé le caractère tout fait dans le récit du père Lebel.

Je suis convaincu que Talma eût saisi ce rôle au collet et ne l'aurait point lâché.

Il avait tenté un essai de ce genre dans le Leicester de *Marie Stuart;* mais le Leicester de *Marie Stuart* n'était pas un lâche, c'était un ambitieux.

Et que de préparations, mon Dieu ! pour lui faire donner l'ordre — révoqué au vers suivant — d'arrêter Mortimer.

Mais, je le répète, Talma n'était plus là.

Je m'informai, je me renseignai ; j'arrivai jusqu'au souffleur de la Comédie-Française.

C'était un brave homme au nez bourré de tabac, que l'on appelait Garnier.

Il serait trop long de vous dire comment je fis cette haute connaissance.

Un des artistes avec lesquels Garnier, en sa qualité de souffleur, avait les relations les plus fréquentes et les plus intimes, était Firmin.

Nous nous rappelons tous Firmim, charmant acteur plein de talent, de chaleur et de verve. Eh bien, Firmin avait le malheur de ne pas avoir de mémoire.

Cette absence de mémoire avait créé l'espèce d'intimité qui liait Garnier à Firmin.

Par Garnier, je montai à Firmin.

Firmin était alors un homme de quarante ans, qui

avait au théâtre le privilége d'en paraître vingt-six ou vingt-huit. Il avait débuté presque enfant sur la scène des Jeunes-Elèves ; il passa de là dans la troupe de Picard, et, de la troupe de Picard, à la Comédie-Française.

Firmin jouait adorablement Horace, de l'*École des femmes*; le Menteur, de Corneille ; Auguste, de *l'Amour et la Raison* ; Lindor, d'*Heureusement* ; d'Ormilly, des *Fausses Infidélités*. Il venait de créer d'une façon charmante le rôle du jeune homme dans *le Mari et l'Amant*, et je ne sais plus quel rôle dans *Valérie*. Mais il avait voulu jouer *le Tasse*, et avait à peu près échoué ! Il est vrai que ce drame d'Alexandre Duval n'est pas une bonne chose, il s'en faut.

Il se plaignait amèrement de son chef d'emploi, Armand, qui, disait-il, ne lui laissait rien jouer du grand répertoire.

Firmin était petit de taille, d'un caractère taquin et querelleur, comme les hommes de cinq pieds deux pouces, mais brave et tout à fait sur la hanche.

Il avait dans sa vie donné deux ou trois coups d'épée, et en avait reçu un — d'un mari, je crois — au beau travers du corps.

Une de ses ambitions était de jouer un Bayard. Vingt fois il m'a parlé de ce sujet au théâtre, en ajoutant toujours :

— Il ne faut pas croire que Bayard fût un colosse ; non, au contraire, il était plutôt petit que grand, et plutôt mince que gros ; Bayard était un homme de ma taille.

Le parallèle, au grand regret de Firmin, n'eut

jamais sur moi cette influence de me décider à traiter le même sujet que mon confrère du Belloy.

Mais, au milieu de ses immenses qualités, Firmin — à mon point de vue à moi — avait un petit défaut.

Il était timide, littérairement parlant; il craignait toujours de se compromettre envers le comité.

Le Théâtre-Français, à cette époque, était régi par un comité s'assemblant tous les samedis.

Ce comité était présidé par un commissaire royal.

Ce commissaire royal était le baron Taylor.

Toute l'aide que me donna Firmin fut de me conseiller d'arriver jusqu'au baron Taylor.

Il n'y avait rien de compromettant pour lui, comme on voit, dans un semblable conseil.

Ceux qui tiendront à savoir comment j'arrivai à M. le baron Taylor, par quelle échelle de Jacob je montai du souffleur au commissaire royal, peuvent lire mes *Mémoires*. Ils y trouveront la chose racontée dans tous ses détails.

J'obtins lecture pour ma *Christine*.

C'était déjà un grand triomphe.

Avoir lecture au Théâtre-Français. Peste ! il y avait des académiciens qui n'avaient jamais eu que cela.

Le comité de lecture était au grand complet. Je m'y présentai accompagné de Firmin.

C'était la première fois que j'entrais dans le *sanctum sanctorum*. J'avais été conduit, à travers les détours ténébreux du labyrinthe dramatique, par Firmin ; à cette époque, l'escalier qui conduisait du rez-de-chaussée au premier étage était parfaitement obscur.

Une femme marchait devant nous. Au fur et à

mesure que nous montions vers les régions éclairées, je pouvais remarquer, dans ce que je voyais de cette femme, ce charmant mouvement de hanche que les Espagnoles appellent *menito*.

Nous arrivâmes en pleine lumière. Seulement alors, la femme se retourna et reconnut Firmin.

Elle éclata de rire.

Elle avait fait pour Firmin des frais qui se trouvaient perdus et qu'elle lui reprocha par un mot que je trouvai bien léger pour une *dame* de la Comédie-Française.

On sait que, dans les traditions théâtrales, on dit : « Les filles de l'Opéra, — les demoiselles de l'Opéra-Comique — et les dames de la Comédie-Française. »

Le comité était au grand complet.

Il se composait de MM. Armand, Michelot, Monrose, Firmin, Grandville, Menjaud, Saint-Aulaire, Samson, et mademoiselle Mars.

Quoiqu'il fût aussi du comité, M. Lafon n'assistait point à la lecture.

Cette absence amena un incident que je raconterai tout à l'heure.

III

Christine ne fut ni refusée ni reçue sous son masque classique; la fille de Gustave-Adolphe cachait certaines allures à la Marie Tudor et à la Lucrèce Borgia qui trahissaient les tendances de l'auteur vers les *monstruosités* du drame moderne, comme dirent élégamment

MM. les critiques, qui applaudissaient Jocaste épousant son fils, Oreste tuant sa mère, Athée buvant le sang de son frère, et Gabrielle mangeant le cœur de son amant.

Il est vrai que tout cela avait la consécration du temps et surtout de la mort.

La lecture finie, MM. les membres du comité, mamoiselle Mars comprise, se regardèrent.

On m'avait fait bisser deux scènes, chose qui arrive rarement : la scène entre la reine et La Calprenède et la scène entre Sentinelli et Monaldeschi.

J'attendais naïvement ; on me fit observer que les délibérations n'avaient pas lieu devant les auteurs, et que j'eusse à attendre dans un salon voisin, où réponse me serait rendue.

J'attendis.

Au bout de dix minutes, Firmin vint me rejoindre.

— Eh bien? lui demandais-je.

— Eh bien, me dit-il, le comité est bien embarrassé.

— Bon! et comment?

— Il ne sait pas si la pièce est classique ou romantique.

— Pourquoi se préoccupe-t-il d'une question de mots? Est-elle bonne? est-elle mauvaise? Voilà tout.

— Mais c'est qu'il n'en sait rien non plus.

— Ah diable! cela se complique. La pièce a-t-elle ennuyé le comité? a-t-elle amusé le comité.

— Elle l'a vivement intéressé.

— C'est quelque chose.

— Sans doute; mais...

— Mais ?
— Mais le comité n'ose pas vous recevoir.
— Comment ! il n'ose pas me recevoir ?
— Non.
— Alors, il me refuse ?
— Il n'ose pas non plus vous refuser.
— Bon ! je suis reçu à correction ?
— Pas précisément.
— Mais enfin qu'a-t-on décidé ?
— Que l'on demanderait l'avis de Picard.
— De Picard ? Mais il trouvera cela exécrable.
— Pourquoi cela ?
— Parce que Picard n'a aucun intérêt à trouver cela bon.
— Picard est un homme de conscience.
— Vieil auteur dramatique et vieux comédien ; de plus, de l'Académie ; Picard un homme de conscience ? Allons donc !
— Vous vous trompez, Picard adore la jeunesse.
— Oh ! je les connais, vos bonshommes de l'Académie ; j'en vois deux ou trois comme celui-là chez M. Lethière, qui adorent la jeunesse et qui ne peuvent pas souffrir les jeunes gens.
— Vous avez tort.
— Mais enfin que décide-t-on à mon endroit ?
— Vous porterez votre manuscrit à Picard.
— Je ne le connais pas.
— Je vous conduirai chez lui.
— Vous le connaissez, vous ?
— J'ai été son pensionnaire.
— La décision est-elle irrévocable ?

— Non ; mais je vous conseille de vous y soumettre.
— Allons-y tout de suite, alors.
— Vous êtes décidé ?
— Ma foi, oui ! Je suis comme ce condamné à qui on venait annoncer qu'il allait être mis à la torture, et qui répondait : « Bon ! cela fait toujours passer un instant. » Allons chez Picard.
— Allons chez Picard, répéta Firmin.

IV

Où demeurait Picard ? Je n'en sais, ma foi, plus rien.

Je sais qu'il demeurait à un second étage et qu'on nous introduisit *dans son sanctuaire.*

C'est ainsi qu'on appelait à cette époque les cabinets des auteurs dramatiques.

Ce sanctuaire était une immense bibliothèque toute tapissée de livres magnifiquement reliés, — de ces livres qui sont là pour n'être jamais dérangés de leur place.

Sur le rebord de cette bibliothèque, et dans les angles, sur des colonnes, étaient les bustes d'Homère, de Sophocle, de Démosthènes, de Cicéron, de Racine, de Corneille et de Molière.

C'était, on en conviendra, un bien grand orgueil ou une bien grande humilité de la part de M. Picard que de vivre dans l'intimité de pareils hommes.

Picard était un petit bossu à l'œil fin, au nez et au

menton pointus, le Rigaudin de sa *Maison en loterie*.

On l'appelait, à cette époque-là, le descendant de Molière. Je ne lui conteste pas cette légitimité ; mais, en tout cas, c'était un descendant bien descendu.

Il remonta ses lunettes sur son front pour faire accueil à Firmin avec ses vrais yeux.

Firmin avait pour Picard un respect presque filial.

Il explique au descendant de Molière la cause de notre visite.

Picard me regarda à mon tour, mais avec ses lunettes.

— Ah ! voilà le jeune homme? dit-il.

— Oui, monsieur, le voilà.

— Et vous avez donc fait une tragédie, jeune homme ?

— A peu près.

— Sur quel sujet ?

— Sur Christine.

— Christine de Suède ?

— Oui.

— Qui fait assassiner son amant ?

— Oui.

— Notre confrère Alexandre Duval a déjà fait une tragédie là-dessus.

— Oui, mais pas bonne.

Picard releva ses lunettes.

— Oh ! oh ! fit-il.

— J'ai dit : pas bonne, répétai-je.

— Et qui vous dit, jeune homme, que ce ne soit pas le sujet qui n'était pas bon ?

— A mon avis, il n'y a pas de bons, il n'y a pas de mauvais sujets.

— Ah! ah!

— Le tout dépend de la façon dont l'auteur les présente à son public.

— Alors, vous avez vos idées arrêtées?

— Oui, monsieur.

Picard regarda Firmin d'un air qui voulait dire : « Tu l'entends, ce jeune homme a ses idées arrêtées! »

Et, s'il eût osé, il se fût mis à rire en se frottant les mains, — comme Rigaudin toujours.

— Alors, continua Picard, vous avez fait une *Christine ?*

— J'ai fait une *Christine*.

— Et la Comédie-Française s'en rapporte à mon avis sur l'ouvrage ?

— Je ne dis pas qu'elle s'en rapporte à votre avis ; je dis qu'elle désire avoir votre avis.

— C'est la même chose.

— Pas précisément.

— Donnez-moi cela.

J'allongeai mon manuscrit.

— Très-bien, dit Picard.

— Et quand aurez-vous lu? demanda timidement Firmin.

— Dans huit jours.

— Vous entendez, dit Firmin, dans huit jours. — N'abusons pas des moments de M. Picard.

Je me levai en répétant :

— Dans huit jours!

Quant à abuser des moments de M. Picard, je me promis bien que ce ne serait jamais moi qui lui ferais perdre son temps.

Nous sortîmes.

— Toisé, dis-je à Firmin en mettant le pied sur le palier.

— Vous avez eu tort aussi de lui parler comme vous avez fait.

— Pourquoi cela?

— Parce que c'est un patriarche.

— Je ne respecte pas tous les patriarches, Loth, par exemple.

— Vous êtes une mauvaise tête.

— Et votre Picard un mauvais esprit.

Nous nous séparâmes sans avoir échangé une parole. J'avais porté la main sur l'arche sainte; c'était un miracle que je ne fusse point frappé de mort.

Huit jours après, à l'heure fixe, nous nous présentions à nouveau chez Picard. L'auteur de *la Petite Ville* était dans son sanctuaire.

Mon premier regard découvrit *Christine* à sa droite; mais je vis, au pincement de ses lèvres, que ce n'était pas comme place d'honneur qu'il l'avait mise là.

— Je vous attendais, nous dit-il avec un mauvais sourire, qui montrait ses dents grises se projetant en avant dans la direction de son nez et de son menton.

— Eh bien? lui demanda Firmin.

— Eh bien? répétai-je.

Picard jouait avec mon malheureux manuscrit comme le tigre joue avec l'homme, ou plutôt — ne comparons pas les petites choses aux grandes, ce n'est permis qu'à Virgile, — ou plutôt comme le chat joue avec la souris.

— Mon cher monsieur, me dit-il de sa voix la plus

doucereuse, avez-vous quelque autre moyen d'existence que la carrière des lettres?

— Monsieur, j'ai chez M. le duc d'Orléans une place de quinze cents francs.

— Eh bien, dit Picard me poussant le rouleau entre les mains, allez à votre bureau, jeune homme, allez à votre bureau.

Je le saluai et je sortis le premier.

En me retournant, je vis qu'il parlait à Firmin en lui tenant les deux mains et en haussant les épaules : sa tête avait l'air de sortir de sa poitrine.

Firmin me rejoignit sur l'escalier.

— Quand je vous l'avais dit! lui fis-je.

— Diable! diable! diable! murmura-t-il.

Nous nous séparâmes à l'angle de la rue de Richelieu : lui, pour rentrer au Théâtre-Français ; moi, pour monter à mon bureau de la rue Saint-Honoré.

V

En rentrant, le garçon de bureau me dit :

— Vous êtes sorti!

— Oui, Féresse.

— Eh bien, en votre absence, il est venu un comédien.

— Quel comédien, Féresse?

— M. Lafon.

— M. Lafon de la Comédie-Française?

— Je ne sais pas de quelle comédie il est, mais c'est un comédien.

— Que lui avez-vous dit?

— Il paraissait contrarié de ne pas vous trouver; alors, je lui ai dit : « Oh ! il ne tardera pas à rentrer, les employés à quinze cents francs n'ont pas le droit de faire de longues absences. »

— Ah! que vous connaissez bien le code bureaucratique, mon cher Féresse! Et qu'a-t-il dit?

— Il a dit qu'il reviendrait.

— C'est bien, Féresse ; allez.

— Comment, que j'aille?

— Allez à vos affaires, et laissez-moi aux miennes.

— Ah! c'est-à-dire à celles de l'administration?

— Oui, Féresse, vous avez raison, et c'est moi qui ai tort.

Féresse sortit en grommelant.

— Que me voulait M. Lafon? Comment M. Lafon s'était-il dérangé pour moi? M. Lafon, un des gros bonnets de la Comédie-Française!

Lafon avait au théâtre un singulier emploi.

Il jouait les chevaliers français.

Qu'entendait-on par *chevaliers français?*

On entendait d'abord les chevaliers français, c'est-à-dire les rôles où l'on portait une toque noire, une plume blanche, une tunique jaune, un pantalon collant, des bottes de buffle et une épée en croix : les Bayard, les Duguesclin, les Raoul, les Tancrède, les Marigny.

Mais on entendait encore tout ce qui s'exprimait en chevalier français.

C'est-à-dire les Orosmane, les Zamore, les Cid, les orphelins de la Chine, les Hippolyte, les Pilade, les Britannicus, les Achille, etc., etc.

Or, une fois pour toutes, il était convenu que Talma était mieux, ou, pour parler plus correctement, avait été mieux dans les Hamlet, les Néron, les Macbeth, les Charles IX, les Richard III et les Othello, c'est-à-dire dans les hommes à remords, les tyrans, les oppresseurs de l'innocence; mais que Lafon, à son tour, avait le dessus dans les chevaliers francais.

C'est-à-dire non-seulement dans les Marigny, les Tancrède, les Raoul, les Duguesclin et les Bayard, mais encore dans les Achille, les Britannicus, les Pilade, les Hippolyte, les orphelins de la Chine, les Cid, les Zamore et les Orosmane, qui n'étaient pas des chevaliers français, il est vrai, mais qui étaient dignes de l'être.

Il va sans dire que c'étaient les sots qui étaient convenus de cela ; mais Casimir Delavigne venait de faire un vers qui avait eu un grand succès à cause de la vérité incontestable qu'il contenait :

Les sots, depuis Adam, sont en majorité.

M. Lafon, comme nous l'avons dit, était donc en possession des chevaliers français, c'est-à-dire de tout ce qui prenait le parti du faible contre le fort, et exprimait, par des sentences plus ou moins rebattues, des sentiments plus ou moins généreux.

C'était un drôle de corps que M. Lafon, et dont jamais personne n'a pu avoir le dernier mot.

Il était Gascon avant tout; seulement, il était impossible de dire si ses gasconnades étaient d'un homme d'esprit ou d'un sot.

Un artiste du Théâtre-Français, assez médiocre pour son propre compte, et qui, en termes de théâtre, était *égayé* un peu plus souvent qu'à son tour, avait une prodigieuse aptitude à imiter l'accent et la manière de dire de Lafon.

Un jour que X... se livrait dans le foyer des comédiens à son talent d'imitation, — et cela au milieu des rires frénétiques de la joyeuse assemblée, — Lafon entre.

L'acteur se tait, mais les rires continuent.

— Eh bien, demande Lafon avec son accent gascon, si pareil à celui de son imitateur, que c'était le sien qui semblait en être l'écho, que se passe-t-il donc ici?

— Rien, monsieur Lafon. Vous voyez, on riait, répondit X...

— Oui, mais il me semble que tu m'imitais, X...!

— Oh! monsieur Lafon...

— Je ne t'en veux pas, les grands modèles sont bons à suivre.

— Monsieur Lafon!...

— On dit que tu arrives à me contrefaire de façon miraculeuse.

— Dame, comme vous dites, monsieur Lafon, les grands modèles sont bons à suivre, et, à force de vous étudier...

— Voyons cela, mon ami, voyons cela.

— Oh! monsieur Lafon, devant vous?

— Cela me fera plaisir.

— Vraiment?

— Foi d'Orosmane.

Quand Lafon avait juré par Orosmane, il avait juré par ce qu'il y avait pour lui de plus sacré au monde.

— Puisque vous le voulez absolument, dit X...

— Je t'en prie.

Et X... recommença la tirade.

Lafon l'écouta avec l'attention la plus profonde et de nombreux gestes d'assentiment.

Puis, quand le bouffon eut fini :

— Eh bien, lui demanda Lafon, pourquoi ne joues-tu pas ainsi pour ton compte? On ne te sifflerait pas, mon ami.

Il faut le dire, les rieurs furent du côté de Lafon.

Autre chose :

Un soir, — c'était le soir de la première représentation de *Pierre de Portugal*, — j'étais dans les coulisses du Théâtre-Français, avec Adolphe de Leuven et Lucien Arnault. Entre le premier et le second acte, Lafon, qui jouait don Pierre, avait un changement à faire. Il devait quitter ses habits de prince, et aller visiter Inès déguisé en simple soldat.

Lucien Arnault, l'auteur de la pièce, le voit venir à lui avec un costume brodé sur toutes les coutures et un soleil sur la poitrine.

Lucien, désespéré, croit que Lafon s'est trompé de costume, et qu'il va retarder le second acte en rectifiant son erreur.

Il se précipite vers lui.

— Oh! mon cher Lafon ! lui dit-il, qu'avez-vous donc fait ?

— Comment, ce que j'ai fait ?

— Oui, quel costume avez-vous ?

— Vous n'êtes pas content de mon costume ? Vous êtes difficile, mon cher Lucien ; il est tout flambant neuf.

— Trop flambant, pardieu! c'est ce dont je me plains.
— Qu'y trouvez-vous donc à redire ?
— Mais je trouve que, pour un soldat, vraiment...
— Quoi ?
— Vous avez trop de broderies, de satin, de velours; ce soleil surtout...

Lafon interrompit Lucien en lui posant la main sur l'épaule.

— Mon cher Lucien, lui dit-il avec un sourire que je vois encore, apprenez une chose, c'est que j'aime mieux faire envie que pitié.

Et il lui tourna le dos, et il eut la satisfaction de jouer son second acte, non pas en soldat portugais, non pas en chevalier français, mais en troubadour, comme on disait à cette époque.

Lorsque Lafon parlait de Talma, il avait l'habitude de dire *l'autre.*

Un jour, M. de Lauraguais, impatienté, lui dit :

— Monsieur Lafon, permettez-moi de vous dire qu'il me semble que vous êtes trop souvent *l'un.*

C'était là l'homme qui était venu en mon absence et qui allait revenir.

Que pouvait me vouloir Tancrède ?

VI

Pendant que je m'interrogeais moi-même, la porte de mon cabinet s'ouvrit et Féresse annonça :

— M. Lafon!

— Faites entrer, répondis-je en me levant.

M. Lafon congédia Féresse d'un geste superbe, dans lequel il y avait à la fois des remercîments et de la supériorité.

Puis il resta dans l'encadrement de la porte.

— Pardon, dit-il, monsieur, si je me permets de me présenter sans être connu de vous.

— Sans être connu de moi, monsieur Lafon? répondis-je. Mais vous êtes connu du monde entier!

— Comme artiste, monsieur, c'est vrai. J'aurais donc dû dire, sans être personnellement connu de vous.

— Donnez-vous d'abord la peine d'entrer, monsieur.

M. Lafon fit un signe de remercîment, mais demeura à la même place.

— Monsieur, dit-il, vous avez fait une tragédie sur la reine Christine.

Toutes mes tribulations repassèrent devant mes yeux.

— Hélas! répondis-je, je ne puis le nier.

— Vous auriez tort de le nier, monsieur. Il paraît qu'il y a de grandes beautés dans cet ouvrage.

- Vous êtes trop bon.

— C'est l'avis de tout le monde.

— Excepté celui de M. Picard.

— Picard! qu'est-ce que c'est que cela?

— C'est Picard ; vous ne connaissez pas Picard, monsieur Lafon ?

— Ah! oui, l'auteur de *la Petite Ville*. Eh bien, mais que vous importe l'avis de M. Picard?

— Il ne m'importe pas à moi, mais il paraît qu'il importe au Théâtre-Français, qui le lui a demandé, et qui, à ce qu'il paraît, l'attend pour décider en dernier ressort de ma pièce.

— Votre pièce est reçue, monsieur.

— Je ne crois pas.

— Elle est reçue, et, la preuve, c'est que je viens vous dire : Monsieur Dumas, est-ce qu'il n'y a pas dans votre ouvrage un gaillard bien campé, qui, au moment où Christine veut faire assassiner le malheureux Monaldeschi, vient dire à cette drôlesse de reine : « Majesté, vous n'en avez pas le droit, non, non, non, vous n'en avez pas le droit. »

— Ah ! sapristi ! monsieur Lafon, vous m'y faites songer ; seulement, c'est trop tard. Non, ce rôle n'y est pas, je conviens que ce rôle manque, monsieur Lafon.

— Oh ! oh ! oh !

— Que voulez-vous ! je suis un apprenti.

— Et l'on ne peut pas l'y introduire ? Je vous réponds que l'ouvrage y gagnerait, monsieur.

— Je n'en doute pas, mais il n'a pas été fait à ce point de vue-là.

— Comment ! monsieur, il n'y a pas, dans toute la cour de Louis XIV, un chevalier français qui, comme le Talbot de *Jeanne d'Arc*, plaida la cause de ce malheureux étranger ?

— Non.

— C'est impossible, permettez-moi de vous le dire.

— D'abord, ce fut ainsi dans la réalité, monsieur Lafon. L'assassinat fut instantané ; la chose se passait à quinze lieues de Paris, à dix-neuf de Versailles : cette instantanéité est la seule excuse de la reine.

— Elle n'en a pas, monsieur, dit Lafon indigné.

— C'est vrai, monsieur, et je suis de votre avis en bonne moralité. Non, elle n'a pas d'excuse; mais, si elle en avait une, la seule qu'elle pourrait avoir, c'est la passion, l'emportement, la violence. Il est évident que, si elle réfléchit, Monaldeschi ne doit pas mourir. Mais enfin, vous comprenez, puisqu'il est mort, il faut en prendre notre parti.

— Mais il me semble, monsieur Dumas, que M. Mazarin lui-même a écrit à cette occasion une lettre.

— A laquelle Christine a répondu par une autre qui commençait ainsi : « Très-illustre faquin... » Vous ne voudriez pas jouer Mazarin dans de pareilles conditions, n'est pas ?

— Non, monsieur, non. Mais enfin quels sont les autres rôles ?

— Dame, il y a celui de Sentinelli.

— Sentinelli, Sentinelli... Que fait celui-là ?

— Il assassine impitoyablement son ancien ami.

— Oh ! le misérable !

— Cela ne vous convient pas.

— Non.

— Il y a celui de Monaldeschi.

— De la victime ?

— De la victime.

— Est-elle intéressante, la victime ?

— Moins qu'Iphigénie.

— Moins qu'Iphigénie ! et pourquoi cela ?

— Parce qu'Iphigénie marche à l'autel en véritable héroïne de tragédie qu'elle est, consolant son père et sa mère, tandis que Monaldeschi....

— Tandis que Monaldeschi...?

— Je dois l'avouer, meurt assez misérablement.

— Comment! il ne marche pas à l'autel la tête haute?

— D'abord, il n'y a pas d'autel.

— Non ; mais c'est une manière de parler. Comment donc meurt-il?

— La tête basse, monsieur Lafon, implorant la miséricorde de la reine, en se traînant à ses pieds, en appelant au secours.

— Mais c'est donc un lâche?

— Vous avez dit le grand mot. Eh bien, oui, monsieur Lafon, c'est un lâche.

— Et vous avez osé mettre en scène un pareil bélître?

— Je l'ai osé.

— Et vous croyez que votre Monaldeschi passera?

— Je l'espère.

Il secoua la tête.

— Que voulez-vous, monsieur Lafon ! nous sommes des réformateurs ; nous voulons ramener la nature sur la scène.

— La nature ? fit M. Lafon en haussant les épaules.

— La nature, eh ! mon Dieu, oui.

— Vous savez ce que M. de Voltaire disait à propos de la nature?

— Je le sais, monsieur Lafon ; mais n'importe, je voudrais entendre sortir cette belle maxime de votre bouche.

— Il disait : « Mon... aussi est dans la nature, et je ne le montre pas au public. »

— Il lui montrait quelque chose de bien plus laid que cela à mon avis, monsieur Lafon.

— Que lui montrait-il?

— Il lui montrait Othello déguisé en Orosmane, et lady Hamlet déguisée en Sémiramis.

— Comment, monsieur Dumas, vous n'admirez pas Orosmane ?

— Non, monsieur Lafon.

— Vous n'admirez pas Sémiramis ?

— Non, monsieur Lafon.

— Mais qu'admirez vous-donc ?

— Tout Eschyle, presque tout Sophocle, un peu d'Euripide chez les anciens ; tout Shakspeare, tout Molière, beaucoup de Corneille, beaucoup de Racine, le *Mariage de Figaro* et le *Barbier de Séville*.

— Et vous m'admirez pas Orosmane quand il dit à Nérestan :

> Te serais-tu flatté
> D'égaler Orosmane en générosité ?

— Non, monsieur Lafon.

— Vous n'admirez pas Tancrède quand il dit à Orbassan :

> Toi, superbe Orbassan, c'est toi que je défie ;
> Viens mourir de ma main ou m'arracher la vie.

— Non, monsieur Lafon.

— Vous n'admirez pas Fernand quand il dit à Zamore :

> Des dieux que nous servons, connais la différence :
> Les tiens t'ont commandé le meurtre et la vengeance,
> Et le mien, quand ton bras vient de m'assassiner,
> M'ordonne de te plaindre et de te pardonner.

— Non, monsieur Lafon.

— Alors, monsieur, je comprends que vous n'ayez pas mis dans votre *Christine* un gaillard bien posé qui dise à cette drôlesse de reine : « Votre Majesté n'a pas le droit d'assassiner ce pauvre homme. Non, non, non, elle n'en a pas le droit. »

— Et, du moment que je n'ai pas mis ce gaillard-là dans ma *Christine*...?

— Monsieur, ma visite n'a plus d'objet. Votre très-humble serviteur, monsieur Dumas ; bien du succès à votre *Christine !*

— Merci de votre bon souhait, monsieur Lafon, et, si jamais, dans un sujet qui le comportera, il se trouve un gaillard... bien posé...

— Vous songerez à moi.

— Je vous le promets, monsieur Lafon.

La porte se referma. Jamais depuis je n'ai revu Lafon.

Huit jours après, je relus *Christine*, laquelle fut reçue à l'unanimité.

VII

Six semaines ou deux mois après la réception de *Christine*, il fut question de sa mise en répétition. J'avais obtenu un tour de faveur ; je passais sur le corps à des malheureux qui attendaient depuis vingt-cinq ans.

Personne autour de moi ne voulait le croire.

Un jour, on m'annonça mademoiselle Mars, comme on m'avait annoncé M. Lafon.

L'annonce, je l'avoue, m'ébouriffa.

Mademoiselle Mars venant me trouver dans mon pauvre petit bureau!

— Mademoiselle Mars? demandai-je.

— Mademoiselle Mars, répéta Féresse.

— Quelle mademoiselle Mars?

— Est-ce qu'il y a deux mademoiselle Mars? dit de l'antichambre une voix dont je reconnus le timbre charmant.

— Comment! vous, vous en personne? m'écriai-je en me précipitant vers la porte.

— Sans doute. Puisque vous ne venez pas voir vos acteurs, il faut bien que les acteurs viennent voir leur auteur.

— Ah! madame, je n'eusse point osé me permettre de me présenter chez vous.

— Du moment que l'on est reçu à la Comédie-Française, on est reçu chez les comédiens français.

— Je l'ignorais, madame.

— Oh! il y a bien des choses que vous ignorez. Vous ignorez que je viens ici pour causer avec vous; que la causerie doit durer quelque temps, et que, par conséquent, il faut m'offrir une chaise.

Je me précipitai sur la première chaise venue.

— Voici, madame, voici.

— Et vous, où allez-vous vous mettre? Voyons, passez à votre place.

— Je passai à ma place.

— Asseyez-vous.

Je m'assis.

— Eh bien, voyons : comment distribuons-nous cet pièce-là?

— D'abord, vous, Christine.
— C'est convenu.
— Firmin, Monaldeschi.
— Il ne sera pas bien partout, mais il aura certains moments. Cela peut aller.
— Périer, Sentinelli.
— Oh! oh! oh! oh! oh!
— Pourquoi pas, madame?
— Est-ce que Périer joue de la tragédie? Allons donc.
— Ma tragédie est-elle véritablement une tragédie? Et vous-même...?
— Je ne dis pas ; mais, dans mon rôle, il y a beaucoup de comédie, tandis que, dans celui de Sentinelli, il n'y a pas le plus petit mot pour rire.
— Ça, c'est vrai, je l'avoue.
— Ce n'est pas vous qui, de vous-même, avez fait cette distribution-là.
— Je l'avoue encore.
— C'est Firmin qui vous l'a fait faire.
— Vous avez le don de seconde vue, madame.
— Non ; seulement, je connais les coulisses, mon cher monsieur. Mais ce n'était pas Perrier qu'il vous fallait là dedans.
— Que me fallait-il donc?
— C'était Ligier. Ligier, c'est Sentinelli tout craché ; ses défauts sont faits pour ce rôle-là. Comment n'avez-vous pas pensé à lui?
— Si fait, j'y ai pensé.
— C'est cela ; seulement, on vous a fait penser à un autre.

— Puisque je suis à confesse, je ne veux pas mentir : c'est vrai.

— Ah! mon petit Firmin, je te reconnais bien là! Croyez-moi, mon cher monsieur, quand vous ferez une comédie, donnez un rôle de comédie à Périer; mais, quand vous ferez une tragédie, donnez le rôle du tragédien à Ligier.

— Croyez, que je suis désespéré.

— Oh! ce n'est pas pour moi, comprenez bien, ce que j'en dis; c'est pour vous. Qu'est-ce que cela me fait à moi? Mes scènes ne sont pas avec Périer.

— Croyez, madame, que je suis parfaitement convaincu que mon intérêt seul vous fait parler.

— Alors, maintenant qu'il est bien entendu que, s'il est possible, vous rendez le rôle à Ligier, et que notre distribution principale est faite, ou à peu près, voulez-vous que je vous fasse quelques observations sur quelques-uns de vos vers?

— Comment donc, madame! mais je les recevrai à genoux.

— Oh! à genoux, à genoux; je connais cela.

— Quelles observations, madame?

— Eh bien, il y a d'abord dans ma scène du premier acte, entre moi, La Calprenède... A propos, qui joue La Calprenède?

— Samson.

— Pas mal. Eh bien, il y a dans cette scène-là une vingtaine de vers que je n'aime pas.

— Une vingtaine de vers? Diable!

— Oh! moi, vous savez, je suis saint Jean Bouche-d'or.

— Vous êtes mieux que cela, vous êtes sainte Jeanne Bouche-de-perle.

Elle me regarda.

— Ah ! c'est vrai, dit-elle, vous êtes du pays de Demoustier.

— Et quels sont ces vers?

— Attendez, attendez.

Et elle tira de sa poche un rouleau.

— Qu'est-ce que c'est que cela? demandai-je.

— Mon rôle.

— Déjà copié?

— Non-seulement déjà copié, mais déjà su.

— Je vous en fais mon compliment.

Mademoiselle Mars ouvrit son rôle juste à l'endroit où se trouvaient les vers qui lui déplaisaient, — au reste la page était cornée — et elle lut — il va sans dire que ce ne fut pas de manière à les faire valoir — les vers suivants :

Oh! lorsqu'il est écrit sur le livre du sort
Qu'un homme vient de naître au front large, au cœur fort,
Et que Dieu sur ce front, qu'il a pris pour victime,
A mis du bout du doigt une flamme sublime,
Au-dessous de ces mots, la même main écrit:
« Tu seras malheureux, si tu n'es pas proscrit; »
Car, à ses premiers pas sur la terre où nous sommes,
Son regard dédaigneux prend en mépris les hommes.
Comme il est plus grand qu'eux, il voit avec ennui
Qu'il faut vers eux descendre ou les hausser vers lui;
Alors, dans son sentier profond et solitaire,
Passant sans se mêler aux enfants de la terre,
Il dit aux vents, aux flots, aux étoiles, aux bois,
Les chants de sa grande âme avec sa forte voix.

La foule entend ces chants, elle crie au délire,
Et, ne comprenant point, elle se prend à rire;
Mais, à pas de géant, sur un pic élevé,
Après de longs efforts, lorsqu'il est arrivé,
Reconnaissant sa sphère en ces zones nouvelles
Et sentant assez d'air pour ses puissantes ailes,
Il part majestueux; et qui le voit d'en bas,
Qui tente de le suivre et qui ne le peut pas,
Le voyant à ses yeux échapper comme un rêve,
Pense qu'il diminue à cause qu'il s'élève,
Croit qu'il doit s'arrêter où le perd son adieu,
Le cherche dans la nuit : — il est aux pieds de Dieu.

Je relis aujourd'hui ces vers, après vingt-huit ou vingt-neuf ans; on en a fait de meilleurs, mais on en a fait beaucoup de pires.

A cette époque, je les regardais comme les plus beaux qui eussent jamais été faits. C'était une espèce de tribut d'admiration moitié à Corneille, moitié à Hugo. Cependant, j'étais loin de me douter, à cette époque, que ce vers serait un jour applicable, à Hugo, comme à Homère comme à Dante :

Tu seras malheureux, si tu n'es pas proscrit.

Je fus donc tout absourdi, je l'avoue, que ce fût sur ces vers-là que tombât la censure de mademoiselle Mars. Aussi les défendis-je avec acharnement.

Au bout de quelques minutes de discussion, mademoiselle Mars se leva, et, d'un air aussi pincé en sortant qu'il avait été gracieux en entrant :

— Eh bien, soit, fit-elle, puisque vous y tenez tant, on les dira, vos vers; mais vous verrez l'effet qu'ils feront.

Hélas! je n'eus pas la satisfaction de voir l'effet qu'ils faisaient, dans cette jolie bouche, du moins. Non-seulement mademoiselle Mars ne les dit jamais devant le public, puisque la pièce ne fut pas jouée, mais encore, quoique la pièce ait été répétée, elle ne les dit jamais devant moi.

A la première répétition, comme le souffleur lui envoyait ces vers, qu'il croyait oubliés par elle :

— Passez! passez! dit-elle; l'auteur compte les couper.

Après la répétition, j'allai à Garnier.

— Mais non, lui dis-je, je ne compte pas du tout couper ces vers-là. Je compte, au contraire, les laisser et désire qu'ils soient dits.

— Ah diable! fit Garnier.

— Quoi, « Ah diable? »

— Je dis : Ah diable!

— Je vous entends bien, et je demande ce que signifie *Ah diable!*

— Cela signifie que, si mademoiselle Mars ne veut pas dire vos vers, elle ne les dira pas.

— Comment, elle ne les dira pas?

— Non. Écoutez; je la connais...

— Je n'en doute pas.

— Je la souffle depuis trente ans; c'est comme si je l'habillais.

— Cependant, si l'on joue la pièce, il faudra bien qu'elle les dise.

— Oui, si elle joue la pièce, mais elle ne la jouera pas.

— Soit; une autre la jouera, alors. Ce n'est pas moi qui lui ai offert le rôle, c'est elle qui me l'a demandé!

— Ça n'y fait rien; elle ne la jouera pas, et une autre ne la jouera pas. Oh! je la sais par cœur, la sirène.

— Écoutez, monsieur Garnier.

— J'écoute.

— Il y a répétition demain.

— Oui.

— Je n'y viendrai pas.

— Vous avez tort.

— Pourquoi cela?

— Je suis un vieux rat de théâtre, moi.

— Eh bien?

— Qui quitte la partie la perd.

— Au contraire, je m'en vais pour échapper à la fascination.

— Après?

— Vous lui direz que je la prie de dire les vers en question, attendu que, moi, je ne les couperai pas.

— Je ferai votre commission; mais elle ne les dira pas.

— Elle ne les dira pas?

— Non, pas même à la répétition.

— Oh! oh! c'est un peu fort!

— Vous verrez.

— Ah çà! mais tout le monde est donc maître ici?

— Mon cher monsieur Dumas, écoutez bien ceci; c'est le résultat de trente ans de contemplation, d'étude et de réflexion : ici, tout le monde a des droits, personne n'a de devoirs.

— C'est profond, ce que vous me dites là, monsieur Garnier.

Il me posa la main sur l'épaule.

— Quand vous connaîtrez le Théâtre-Français, vous serez de mon avis.

— J'en suis déjà, monsieur Garnier.

— Et vous supprimez vos vers?

— Je les maintiens.

— Vous ne serez pas joué.

— Je ne serai pas joué, ou je le serai avec mes vers.

— Ainsi, vous ne venez pas à la répétition demain?

— Non.

— Et vous persistez à me charger de la commission en question?

— Je persiste.

— Adieu, monsieur Dumas.

— Au revoir, vous voulez dire?

— Adieu.

— Comment, adieu?

— Votre répétition de demain est la dernière.

— La dernière?

— Je sais ce que je dis.

— Allons donc!

— Vous verrez.

— Nous verrons.

— Il est encore temps.

— Monsieur Garnier, mademoiselle Mars dira les vers, ou ne jouera pas le rôle.

— Elle ne jouera pas le rôle, et la pièce ne sera pas jouée, au Théâtre-Français du moins.

— *Habent sua fata libelli.*

— Mon cher monsieur Dumas, je ne sais pas si vous

faites une faute de latin ; mais vous faites, à coup sûr, une faute d'arithmétique.

Et nous nous quittâmes ainsi.

VIII

Le lendemain, mademoiselle Mars vint à la répétition. Comme la veille, elle voulut passer les vers ; comme la veille, Garnier les lui souffla.

— Inutile, répéta comme la veille mademoiselle Mars ; l'auteur coupera ces vers.

— Je crois que vous vous trompez, mademoiselle Mars ; il ne les coupera point.

— Comment, il ne les coupera point ?

— Non.

— Vous en êtes sûr, Garnier ?

— J'en réponds.

— Bien ; alors, continuons.

Et mademoiselle Mars continua sans faire d'autre observation, mais en passant les vers.

Le soir, j'allai au Théâtre-Français.

— Y a-t-il répétition demain ? demandai-je au secrétaire.

— Certainement qu'il y a répétition. Pourquoi me demandez-vous cela ?

— Pour rien. Je voulais savoir.

— Oui, oui, oui, fit-il, il y a répétition.

Et il se remit à sa copie.

Le lendemain, j'arrivai à heure fixe.

— Eh bien, dis-je à Garnier, il y a répétition.

Il ne me répondit pas et se mit à fredonner le vaudeville du *Mariage de Figaro* :

— Jean Jeannot, jaloux risible...

— Vous n'entendez pas, lui dis-je, il y a répétition. Il continua :

— Veut avoir femme et repos...

— Non, c'est que vous avez dit qu'il n'y aurait pas de répétition.

— Il achète un chien terrible...

— Et il y a répétition.

— Et le lâche en son enclos...

— Allons, messieurs, en scène ! cria le garçon de théâtre.

— Allons, messieurs, en scène, répétai-je.
— Et mademoiselle Mars ? dit une voix.
Garnier s'entêtait :

— La nuit quel vacarme horrible...

— Mademoiselle Mars n'est pas de la première scène, dis-je, elle arrivera avant la seconde.

— Le chien court, tout est mordu...

— Allons, allons, Garnier, à votre trou.

— Hors l'amant, qui l'a vendu !

acheva Garnier en se glissant dans son trou.

La scène commença, eut son cours et s'acheva.
Puis il se fit un silence.
— Eh bien ? demandai-je.
— Mademoiselle Mars n'est pas arrivée.
— Attendons un instant.
— Une lettre de mademoiselle Mars, dit un second garçon de théâtre.
— Pour qui ?
— Pour le directeur.
— Il n'est pas là.
— Où est-il ?
— Dans son cabinet.
Le garçon de théâtre disparut.
Cinq minutes après, le directeur entra en scène.
— Monsieur Dumas, me dit-il, mademoiselle Mars vous fait ses excuses. Elle est un peu indisposée, et demande que l'on répète sans elle, ou qu'on mette la répétition à demain.
— Que l'on répète sans elle ? m'écriai-je. Impossible ! Elle a le principal rôle.
— Alors, dit le directeur, remettons la répétition à demain.
— Oui, à demain, répondis-je, cela vaut mieux.
Puis, me retournant vers Garnier :
— A demain, Garnier ; vous entendez, lui dis-je.
— Oui, j'entends.
Et, avec un signe de tête d'une inimitable expression, il fredonna :

A demain,
Demain, demain, demain,
Demain de bon matin,

Remettons la partie.
A demain,
Demain, demain, demain,
De votre tragédie
Nous verrons la fin!

Le lendemain, l'indisposition de mademoiselle Mars continuant, il n'y eut pas de répétition, ni le surlendemain, ni les jours suivants, ni jamais!

De sorte que *Christine* fut jouée à l'Odéon par mademoiselle Georges, au lieu d'être jouée au Théâtre-Français par mademoiselle Mars.

Il en résulta que Ligier, qui était sorti du Théâtre-Français parce qu'il ne jouait pas Sentinelli, joua Sentinelli à l'Odéon.

O grand prophète Garnier! toi qui avais du moins l'avantage sur tes prédécesseurs Ézéchiel, Daniel, Jérémie, Habacuc et saint Jean, d'être clair comme l'eau de roche, que tu avais bien raison de dire que tu connaissais mademoiselle Mars comme sa couturière!

IX

J'avais bien vu qu'il fallait me résigner.

D'ailleurs, M. Brault, poëte dramatique dont la carrière avait dévié, et qui avait été préfet, après avoir perdu sa préfecture, avait fait une tragédie de *Christine* et était venu la lire au Théâtre-Français.

C'était une pièce complétement jetée dans le moule

classique, et qui n'avait qu'un tort : c'était de venir vingt ans trop tard.

Mais ce qui serait un tort dans un autre théâtre est une recommandation au Théâtre-Français.

La pièce de M. Brault fut reçue en haine de ma pièce.

On voit que j'étais prédestiné ; j'avais déjà des haines avant d'avoir rien fait.

J'avais le droit pour moi, je pouvais chanter comme Roger :

> Dans mon bon droit j'ai confiance.

Mais trois choses m'empêchaient de chanter ce beau vers.

La première, l'opéra des *Huguenots* n'était pas fait;

La seconde, je n'ai jamais chanté, même le vaudeville final de *Figaro ;*

La troisième, je n'ai jamais eu confiance dans mon bon droit.

Il en résulta — il est vrai que l'expérience de mon ami Garnier me guidait dans ce dédale — il en résulta que je fis mon deuil de *Christine.*

Et j'eus bien raison.

Il y avait au Théâtre-Français une artiste nommée madame Valmonzey, qui n'a laissé aucun souvenir comme talent, mais qui a laissé quelques souvenirs comme beauté.

Le rôle avait été distribué à madame Valmonzey.

Madame Valmonzey était l'amie d'un homme de lettres nommé M. Évariste Dumoulin, lequel rendait compte du Théâtre-Français au *Constitutionnel.*

Le Constitutionnel m'a toujours été fatal.

L'influence de M. Évariste Dumoulin fit que la *Christine* de M. Brault fut mise en répétition.

Je pouvais me plaindre, faire un procès, le gagner même.

On me dépêcha le fils de M. Brault, charmant jeune homme qui, au nom de son père mourant, vint me prier de lui céder mon tour.

J'ai toujours un peu fait le grand seigneur, que je gagnasse quinze cents francs ou cent cinquante mille francs par an. Ma mère et moi attendions la représentation de *Christine* pour manger.

Je donnai à M. Brault mourant mon tour de *Christine*. Je crois, autant que je puis me le rappeler, qu'il eut la satisfaction de voir la représentation de sa pièce avant sa mort.

J'étais payé.

Mais ma pièce venait derrière une pièce de M. Fulchiron, reçue en 1806.

Elle reprenait son tour. C'était trop juste; j'avais cédé le mien.

Il est vrai que Garnier me soufflait tout bas :

— Faites-en une autre; donnez le rôle à mademoiselle Mars. Ne lui faites pas de vers de trente-six pieds au lieu de vers de douze. Ne la contrariez en rien, et votre pièce sera jouée.

— Mais, dis-je à mon protecteur, on fait les vers comme on peut, mon cher Garnier. J'ai envie de faire ma pièce en prose.

— Ce sera encore mieux.

— Je vais chercher un sujet.

— Vous n'en avez pas encore un dans la tête ?
— Ma foi, non.
— Cherchez.
— Je rentre pour cela.

Et je rentrai effectivement.

Mais, avant de me renfermer dans mon bureau, j'avais un confident auquel, par un reste de penchant pour la tragédie, j'aimais à raconter ce qui s'était passé.

Ce confident, c'était un bon ami à moi, nommé de la Ponce, lequel bon ami m'avait appris beaucoup d'italien et un peu d'allemand.

Je pris le premier prétexte venu et j'entrai aux bureaux de la comptabilité, situés au troisième étage.

Le mien était au second.

De la Ponce n'était point à son poste, mais sur son bureau était un volume d'Anquetil tout ouvert.

Je jetai machinalement les yeux sur le volume, et je lus à la page 95 les lignes suivantes :

« Quoique attaché au roi, et par état ennemi du duc de Guise, Saint-Mégrin n'en aimait pas moins la duchesse Catherine de Clèves, et l'on dit qu'il en était aimé. L'auteur de cette anecdote nous représente l'époux indifférent sur l'infidélité réelle ou prétendue de sa femme ; il résista aux instances que les parents lui faisaient de se venger, et ne punit l'indiscrétion ou le crime de la duchesse que par une plaisanterie.

» Il entra un jour de grand matin dans sa chambre tenant une potion d'une main et un poignard de l'autre. Après un réveil brusque, suivi de quelques reproches :

» — Déterminez-vous, lui dit-il d'un ton de fureur, à mourir par le poignard ou par le poison.

» En vain demande-t-elle grâce, il la force de choisir. Elle avale le breuvage et se met à genoux, se recommandant à Dieu et n'attendant plus que la mort. Une heure se passe dans ces alarmes. Le duc alors rentre avec un visage serein et lui apprend que ce qu'elle a pris pour du poison est un ecxellent consommé. Sans doute, la leçon la rendit plus circonspecte par la suite. »

Je ne sais pourquoi l'anecdote, comme l'appelle M. Anquetil, me frappa. J'empruntai le volume et j'eus recours à la *Biographie*, article Saint-Mégrin.

La *Biographie* me renvoya aux *Mémoires de l'Estoile*.

J'ignorais complétement ce que c'était que les *Mémoires de l'Estoile*.

Un vieux savant de mes amis non-seulement me renseigna, mais encore me prêta le livre.

Je rentrai. Je cherchai, et, tome premier, page 35, je trouvai le paragraphe suivant :

« Saint-Mégrin, jeune gentilhomme bourdelois, beau, riche et de bonne part, l'un des mignons fraisés du roi, sortant à onze heures du soir du Louvre, où le roi étoit, en la même rue du Louvre, vers la rue Saint-Honoré, fut chargé de coups de pistolets, d'épées et de coutelas par vingt ou trente hommes inconnus, qui le laissèrent sur le pavé pour mort, comme aussi mourut-il le jour ensuivant, et fut merveille comment il put tant vivre, étant atteint de trente-quatre ou trente-cinq coups mortels. Le roi fit porter son corps mort au logis de Boisy, près la Bastille, où étoit mort Quélus, son compagnon, et enterré à Saint-Paul avec même pompe et solennité qu'avoient été auparavant inhumés, dans ladite église, Quélus et Maugiron, ses compagnons.

» Et de cet assassinat ne fut fait aucune instance, Sa Majesté étant bien avertie que le duc de Guise l'avoit fait faire pour le bruit qu'avoit ce mignon d'entretenir sa femme, et que celui qui avoit fait le coup portoit la barbe et la contenance du duc de Mayenne, son frère.

» Les nouvelles venues au roi de Navarre, il dit :

» — Je sais bon gré au duc de Guise, mon cousin, de n'avoir pu souffrir qu'un mignon de couchette comme Saint-Mégrin le fît cocu; c'est ainsi qu'il faudroit accoutrer tous les autres petits galants de cour qui se mêlent d'approcher les princesses pour les muguetter et leur faire l'amour. »

— Diable ! me dis-je après avoir lu ce paragraphe, il me semble que, si le duc de Guise a plaisanté avec la maîtresse, il n'a pas plaisanté avec l'amant.

Puis, comme les *Mémoires de l'Estoile*, dans leur style naïf et coloré à la fois, m'inspiraient une grande curiosité, je continuai de lire.

Quelques pages plus loin, je trouvai l'*anecdote* suivante :

« Le mercredi 19 août, Bussy d'Amboise, premier gentilhomme de M. le Duc, gouverneur d'Anjou, abbé de Bourgueil, qui faisoit tant le grand et le hautain à cause de la faveur de son maître et qui avoit tant fait de maux et pilleries ès pays d'Anjou et du Mayne, fut tué par le seigneur de Monsoreau, ensemble avec lui le lieutenant criminel de Saumur, en une maison dudit seigneur de Monsoreau, où la nuit ledit lieutenant, qui étoit son messager d'amour, l'avoit conduit pour coucher cette nuit-là avec la femme dudit Monsoreau, à laquelle Bussy, dès longtemps, faisoit l'amour, et auquel ladite dame avoit donné exprès cette fausse assignation pour le faire surprendre par Monsoreau, son mari; à laquelle comparaissant vers le minuit, fut aussitôt investi et assailli par dix ou douze qui accompagnoient le seigneur de Monsoreau, lesquels de furie se ruèrent sur lui pour le massacrer. Ce gentilhomme, se voyant si pauvrement trahi et qu'il étoit seul (comme on ne s'accompagne guère pour de telles expéditions), ne laissa pourtant pas de se défendre jusqu'au bout, montrant que la peur, comme il disoit souvent, jamais n'avoit trouvé place en son cœur, car, tant qu'il lui demeura un morceau d'épée dans la main, il combattit toujours et jusques à la poignée, et après s'aida des tables, bancs, chaises et escabelles, avec lesquels il en blessa trois ou quatre de ses ennemis. Jusqu'à ce qu'étant vaincu par la multitude, et dénué de toute arme et instrument pour se défendre, fut assommé près d'une fenêtre par laquelle il se cuidoit sauver. Telle fut la fin du capitaine Bussy. »

Par quel mécanisme de l'intelligence la mort de Bussy se souda-t-elle à celle de Saint-Mégrin ? Ce me serait impossible à dire.

Ce que je sais, c'est qu'avec ces deux fragments des *Mémoires de l'Estoile* et une scène de *l'Abbé* de Walter Scott, où Murrey veut faire signer à Marie Stuart son abdication, je fis en deux mois mon drame de *Henri III*.

La création du petit page m'appartenait entièrement, de même que le développement des caractères de Saint-Mégrin et de la duchesse de Guise.

Plus, toute l'intrigue de la pièce.

Je lus *Henri III* chez Nestor Roqueplan.

La lecture eut le plus grand succès.

Firmin était présent, les applaudissements lui firent un grand effet.

Il organisa une lecture chez lui à laquelle devaient assister Taylor et Béranger.

De plus, Michelot, Samson, mademoiselle Mars, mademoiselle Leverd.

Cette deuxième lecture ne fit que confirmer le succès de la première.

On décida, séance tenante, que, le lendemain, jour de comité, les artistes présents demanderaient une lecture extraordinaire, et qu'en s'appuyant du premier tour de faveur qui m'avait été accordé pour *Christine* et que j'avais cédé à M. Brault, on en demanderait pour moi un second.

Le même soir, Firmin me prit à part.

— Écoutez, me dit-il ; je vous demande une grâce.

— Laquelle ?

— C'est de me donner le rôle du petit page.

— Pour vous ?

— Non, pour cette belle enfant-là.

Et il me montra Louise Despréaux, qui devint plus tard madame Allan.

— Je crois bien !

— C'est mon élève et je vous réponds d'elle.

— C'est convenu.

— Votre parole d'honneur ?

— Parole d'honneur.

Il appela la jeune fille.

— Louise ?

Louise, qui se doutait probablement de ce qui nous occupait, accourut.

— Tu l'as, dit Firmin.

— Oh ! que je suis contente ! s'écria-t-elle en sautant de joie.

— Embrasse-le.

— Volontiers.

Et, dans sa joie, elle me jeta les deux bras au cou.

— Mais, sérieusement, là, dit-elle, quelque chose que fasse mademoiselle Mars pour me le retirer ?

— Mademoiselle Mars ? Pourquoi mademoiselle Mars ferait-elle quelque chose pour vous retirer un rôle ?

— Quelque chose que fasse mademoiselle Mars pour me l'ôter ? répéta Louise.

Je regardai Firmin.

— Elle sait parfaitement ce qu'elle dit, ajouta Firmin.

Je fis un mouvement qui signifiait : « Puisqu'elle sait ce qu'elle dit, je n'ai pas besoin de le savoir, moi. »

— Quelque chose que fasse mademoiselle Mars pour vous l'ôter, répétai-je.

Et je fus embrassé une seconde fois.

Le lendemain, je recevais ma lettre d'avis.

Henri III fut lu le 1er septembre 1828 et reçu par acclamation.

Après la lecture, on m'appela dans le cabinet du directeur.

J'y trouvai mademoiselle Mars. Elle aborda la question avec cette sorte de brutalité qui lui était habituelle.

— Ah! c'est vous, dit-elle. Il s'agit ici de ne point faire les mêmes bêtises que pour *Christine*.

— Quelles bêtises, madame? lui répondis-je.

— Dans la distribution.

— Ah! c'est vrai; j'avais eu l'honneur de vous distribuer le rôle de Christine et vous ne l'avez pas joué.

— C'est possible : il y a bien des choses à dire là-dessus; mais je vous promets que je jouerai celui de la duchesse de Guise.

— Alors, vous vous le distribuez?

— Mais sans doute. Ne m'était-il pas destiné?

— Si fait, Madame.

— Eh bien, alors?

— Aussi je vous remercie bien sincèrement.

— Maintenant, le duc de Guise... A qui donnez-vous le duc de Guise?

— A Ligier.

— Il n'est plus ici.

— Où est-il?

— A l'Odéon. En son absence, vous n'avez que Michelot qui puisse vous jouer cela.

— Pardon, madame, Michelot est comme Périer, il ne joue que de la comédie.

— Il jouera très-bien le duc de Guise.

— Madame, il ne le jouera ni bien ni mal.

— Pourquoi cela?

— Mais pour une raison toute simple : c'est qu'il ne le jouera pas.

— Et que jouera-t-il?

— Il jouera Henri III.

— Henri III, le gros Michelot?

— Henri III, oui, madame.

— Allons donc! C'est à Armand que convient le rôle d'Henri.

— Il lui convient peut-être, madame; mais c'est Michelot qui le jouera.

— Mais qu'avez-vous donc contre Armand?

— Moi, madame? Absolument rien. Je n'ai pas l'honneur de le connaître...

— Eh bien, alors?

— Vous ne me laissez pas achever. Je n'ai pas l'honneur de le connaître autrement que de réputation.

— Vous croyez à ces calomnies, vous!

— A quelles calomnies?

— Vous savez bien ce que je veux dire.

— Non, madame, je n'y crois pas; mais j'ai peur que d'autres n'y croient.

— Je vous préviens que j'en ai déjà parlé à Armand.

— Vous avez eu tort, madame.

— Je me suis engagée.

— Vous vous dégagerez.

— Oh! mais vous êtes étrange, savez-vous?

— Non, madame; seulement, j'ai résolu qu'*Henri III* serait joué.

— Ah!... Eh bien, maintenant, voyons! Catherine; à qui faites-vous jouer Catherine? A madame Paradol?

— A mademoiselle Leverd.

— Leverd? Elle n'acceptera pas le rôle.

— Elle l'a accepté.

— Elle ne le jouera pas.

— Je le ferai apprendre en double.

— Bon. Reste le page.

— Reste le page.

— Je joue trois scènes avec lui. Je vous préviens que je désire pour ce rôle quelqu'un qui me convienne.

— Je tâcherai, madame.

— Nous avons madame Menjaud, qui le jouera à ravir.

— Madame Menjaud a beaucoup de talent, mais il lui manque le physique du rôle.

— Oh! c'est trop fort! Et sans doute ce rôle-là est distribué aussi?

— Oui, madame, il est distribué.

— Et à qui? Est-ce une indiscrétion?

— A mademoiselle Louise Despréaux.

— A mademoiselle Louise Despréaux?

— Oui, madame.

— Choisir mademoiselle Louise Despréaux pour un page!

— Pourquoi pas?

— Mais parce que...

— N'est-elle pas jolie?

— Si fait, mon Dieu! Mais il ne s'agit pas seulement d'être jolie.

— N'a-t-elle pas du talent?

— On dit qu'elle en aura.

— Eh! madame, un rôle peut aider ce talent à venir.

— Mais faire jouer un page à cette petite fille!

— J'attends encore que vous me donniez une bonne raison pour qu'elle ne le joue pas.

— Eh bien, dit mademoiselle Mars, vous la verrez en pantalon collant.

— Bon! que verrai-je?

— Vous verrez qu'elle est horriblement cagneuse.
— Le fait est, madame, que c'est un cas rédhibitoire.
— Tandis que madame Menjaud...
— N'est pas cagneuse... Je le sais; mais elle a d'autres défauts, que mademoiselle Despréaux n'a pas.
— Allons! je vois que vous tenez absolument à mademoiselle Despréaux.
— Oui, madame.
— Soit. Au fait, que m'importe, à moi? Que l'ouvrage aille comme il pourra! Je n'ai pas le rôle de la pièce. Du reste, je vois bien d'où vient l'entêtement.
— D'où vient-il?
— Il ne vient pas de vous.
— C'est possible.
— Il vient de Firmin.
— Vous m'avez dit un jour, madame, que vous étiez saint Jean Bouche-d'or... Moi, je suis son frère.
— Il veut pousser son élève.
— C'est d'un bon professeur.
— Vous mériteriez que je vous laissasse votre rôle.
— Madame Dorval le jouerait.
— Madame Dor...! madame Dorval! Qu'est-ce que c'est que cela?
— C'est une femme d'un grand talent, madame.
— Qui joue *les Deux Forçats* à la Porte-Saint-Martin. Ah! mon Dieu!
— La pièce est mauvaise, mais l'actrice est bonne.
— Pourquoi n'avez-vous point été lui porter votre pièce tout de suite, à madame Dorval?
— Parce que j'avais pris une espèce d'engagement avec le Théâtre-Français.

— Alors, vous ne tenez pas à être joué par nous?

— J'y tiens, au contraire, madame, puisque je reviens à la Comédie-Française après la façon dont on s'y est conduit envers moi.

— Mais ne dirait-on pas qu'on vous a mis à la porte!

— A peu près.

— Vous êtes un grand enfant. Allons! calmez-vous; votre place est ici, il faut y rester. Seulement, vous réfléchirez, n'est-ce pas?

— A quoi, madame?

— A votre distribution.

— Je ne réfléchis jamais à ce qui est fait.

— Ainsi, c'est fait?

— C'est fait.

— Vous ne changerez pas de sentiment?

— Il est possible que je change de sentiment, mais je ne changerai pas de distribution.

— Eh bien, allons! vous êtes le premier que je voie si entêté que cela.

Je saluai.

— Seulement, mon cher, demandez à voir les jambes de votre page.

— Quoique ce soit fort indiscret, madame, je vous promets de le demander.

Je saluai une seconde fois, et je sortis du bureau, laissant mademoiselle Mars stupéfaite.

C'était la première fois qu'un auteur lui tenait tête.

Cependant, je dois le dire, les jambes de mon page me trottaient par l'esprit; je courus chez Firmin.

— Vous savez ce qui se passe? lui dis-je.

— Non!

— Je viens d'avoir une scène avec mademoiselle Mars.

— Ah! vous pouvez être tranquille; ce ne sera pas la dernière.

— Diable! vous ne me présagez pas là un avenir couleur de rose.

— Et à quel propos?

— A propos de la distribution.

— Contez-moi cela.

— Elle voulait le rôle de Henri III.

— Pour son barbouilleur M. Armand, n'est-ce pas?

— Justement. Elle voulait le rôle du duc de Guise pour Michelot.

— Elle eût été sûre qu'il n'aurait pas été trop dramatique.

— Enfin elle voulait le rôle du page pour...

— Pour madame Menjaud

— Pour madame Menjaud.

— Elle aurait été sûre qu'elle n'eût pas été trop jeune et trop jolie. Tenez, on dit que Mazarin, mourant, dit à Louis XIV : « Je vous ai rétabli sur le trône, j'ai fait la paix dans le royaume, je vous ai marié à l'infante d'Espagne, je vous laisse tous mes biens par mon testament; eh bien, sire, je vais vous donner un conseil plus précieux que tout cela : ne prenez jamais de premier ministre. »

— Ce qui veut dire?

— Ne consultez jamais un comédien sur votre distribution.

— Pas même vous?

— Pas même moi. Je ne vaux pas mieux qu'un

autre; chacun de nous a ses intérêts,voyez-vous. Ainsi, mademoiselle Mars, qui a ses petits soixante ans, ne veut pas de la blonde et fraîche figure de Louise auprès d'elle. Elle aimerait mieux madame Menjaud.

— Mais, dites-moi donc, elle dit que Louise...
— Que dit-elle?
— Elle dit que Louise a les genoux cagneux.
— Ecoutez, mon cher, je ne connais pas les genoux de Louise, mais Louise mettra un maillot, et vous verrez ses genoux.
— Je ne vous cache pas que cela me fera plaisir.
— Je crois bien !

Trois jours après, je dînais chez Firmin, et, au dessert, Louise Despréaux entrait en page.

Louise Despréaux joua le rôle d'Arthur aux grands applaudissements du public.

Mais, avant d'en arriver là, bon Dieu ! que de rages, que de désespoirs, que de grincements de dents !

Oh! le Théâtre-Français, c'est un cercle de l'enfer oublié par Dante, où Dieu met les auteurs tragiques qui ont cette singulière idée de gagner la moitié moins d'argent qu'ailleurs, d'avoir vingt-cinq représentations au lieu d'en avoir cent, et d'être décorés sur leurs vieux jours de la croix de la Légion d'honneur, non pas pour les succès obtenus, mais pour les souffrances éprouvées.

X.

Vous connaissez, cher lecteur, les habitudes du lièvre, qui revient toujours à son lancer, de sorte que le chasseur n'a qu'à l'y attendre, il est toujours sûr de le tuer, ou du moins d'avoir la chance de tirer dessus.

Le Théâtre-Français, c'était mon lancer, et l'on avait beau y tirer sur moi, j'y revenais toujours.

Sur ces entrefaites, cédant à une espèce de malaise sourd qui était dans l'air et qui précède d'habitude les grandes crises politiques, j'avais fait *Antony*.

Dans quelles conditions personnelles avais-je fait cet ouvrage? C'est ce que l'on pourra voir dans mes *Mémoires*.

En somme, une fois fait, j'écrivis au Théâtre-Français que j'avais commis un nouveau drame, et que je désirais une lecture.

Henri III avait eu un succès immense; mademoiselle Mars, personnellement, y avait été fort applaudie. Je devais donc penser qu'ayant fait entrer trois cent mille francs dans la caisse de MM. les comédiens du roi, ma venue serait un triomphe.

Excusez-moi, cher lecteur, je n'avais que vingt-six ans.

J'arrivai donc au jour dit avec mon manuscrit, plein de confiance dans mon génie et convaincu que j'avais fait un chef-d'œuvre.

Êtes-vous nageur? avez-vous parfois plongé profondément dans une rivière et senti, à mesure que vous vous enfonciez, les couches d'eau se refroidir ?

Eh bien, voilà l'effet que me fit la lecture d'*Antony*.

Je fus reçu à la considération du succès d'*Henri III*, et surtout à celle-ci, que, la pièce ne nécessitant aucune dépense, le théâtre rentrerait facilement dans ses frais.

Les deux rôles principaux furent distribués à mademoiselle Mars et à Firmin, qui parurent médiocrement flattés du cadeau.

Le second rôle de femme, celui de la vicomtesse, fut distribué à une charmante femme, qui était alors au Théâtre-Français, et que l'on appelait Rose Dupuis.

C'est la mère de notre excellent artiste Dupuis, du Gymnase.

Menjaud jouait ou devait jouer le poëte.

J'ai dit que la pièce avait été reçue en considération de deux choses, j'eusse dû dire en considération de trois choses, et ajouter même que la troisième était la principale.

On s'était dit tout bas :

— Recevons, qu'importe ! la censure ne laissera jamais paraître une pareille énormité.

Mais MM. les comédiens français avaient compté sans la révolution de Juillet.

Arrivèrent ces trois jours qui, en renversant pas mal d'autres choses, renversèrent sans s'en apercevoir la censure.

Nous disons sans s'en apercevoir, parce qu'en effet, dès qu'on s'aperçut que la censure n'était plus là, on la rétablit.

Mais enfin, l'hydre engourdie resta deux ou trois ans cachée dans son antre du ministère de l'intérieur, de sorte que, pendant ce temps-là, *Antony, Richard Darlington, la Tour de Nesle, Marion Delorme, Angèle, Lucrèce Borgia, Marie Tudor*, firent leur apparition.

Il est probable que, sans cet interrègne, ces sept drames, qui produisirent de si grands ravages dans la société, seraient encore inédits.

Mais enfin la révolution de Juillet abolit la censure; de sorte que le Théâtre-Francais, qui se croyait bel et bien garanti contre moi, me vit apparaître un jour au seuil du comité et entendit retentir ces formidables paroles :

— Et *Antony?*

J'avais pour *Antony* un tour de faveur que l'on m'avait imprudemment accordé, toujours dans l'espérance de la censure, et voilà qu'il fallait faire droit à mon tour de faveur.

Il est vrai qu'on avait, comme on dit en termes de théâtre, la ressource de me dégoûter.

Il faut rendre justice à MM. les comédiens de la rue de Richelieu, ils firent tout ce qu'ils purent pour cela.

Pendant que les *grands* répétaient, les autres écoutaient, et, quoiqu'il n'y ait pas dans *Antony* le plus petit mot pour rire, c'était une hilarité dont la contagion s'étendait à tout le monde, excepté à un brave homme que, de suisse, on avait fait garçon d'accessoires, et que l'on nommait Marquet.

Consignons son nom ici, afin que la postérité soit de moitié dans la reconnaissance que je lui dois.

Puis prenons garde d'oublier un détail qui a eu une

grande influence sur l'intérieur des coulisses de la Comédie-Française.

La révolution qui avait emporté la branche aînée et la censure avait renvoyé en même temps les Suisses dans l'antique Helvétie, — comme disent encore de nos jours les poëtes de l'Académie.

C'était justice au point de vue révolutionnaire ; les Suisses avaient tiré sur le peuple.

Nous avons dit que Marquet était suisse au Théâtre-Français ; — mais, entendons-nous bien : — suisse comme celui des *Plaideurs*, de Racine, excepté qu'au lieu de le faire venir d'Amiens, on l'avait fait venir de Pontoise.

Marquet, comme de raison, n'avait tiré sur personne, et l'on n'avait aucun motif de renvoyer Marquet dans l'antique Pontoise.

Je sais bien qu'après les révolutions, il n'y a pas besoin de motifs pour renvoyer les gens. — Enfin, on n'avait pas renvoyé Marquet.

Seulement, de suisse, on l'avait fait garçon d'accessoires.

Ceci amena un grand changement dans l'étiquette du Théâtre-Français.

Du temps que la branche aînée régnait et que Marquet était suisse, il était défendu d'avoir le chapeau sur la tête dans les coulisses du Théâtre-Français.

Aussitôt que l'on oubliait cette défense et que l'on se couvrait, Marquet, avec son majestueux costume de suisse et avec sa politesse parfaite, venait vous dire :

— Monsieur, vous êtes dans un théâtre royal ; ayez la bonté de tenir votre chapeau à la main.

Et l'on ôtait son chapeau, et l'on parlait le chapeau à la main aux actrices, auxquelles il y a deux raisons, à mon avis, de parler le chapeau à la main : la première, parce que ce sont des femmes toujours ; la seconde, parce que ce sont des femmes de talent quelquefois.

Aujourd'hui, on parle aux femmes du Théâtre-Français le chapeau sur l'oreille et les mains dans les poches.

Si l'on n'avait pas peur du feu, et si les pompiers n'étaient pas là, on leur parlerait le cigare à la bouche.

Donc, du temps de *Christine* et d'*Henri III*, Marquet était suisse ; du temps d'*Antony*, il était garçon d'accessoires.

Mais, quoiqu'il fût descendu d'un cran et qu'il n'eût plus sa hallebarde, Marquet n'en était pas plus fier.

Il en résultait que Marquet était resté mon ami ; et je dois ajouter à sa louange que, dans tous les hauts et les bas que j'ai eus avec MM. les comédiens français, il est constamment resté le même pour moi.

Eh bien, dans tous les passages dramatiques, j'étais sûr de voir deux choses en dehors de ce que je devais y voir :

La tête de Marquet entr'ouvrant la porte du fond, et le casque du pompier passant par le manteau d'Arlequin.

Jeunes auteurs qui vous livrez au théâtre, n'oubliez pas les quelques lignes qui vont suivre, et qui ont rapport à ce casque de pompier.

Le casque du pompier, voyez-vous, c'est le symbole du succès de larmes.

Le casque du pompier, c'est l'équivalent du capucin-baromètre.

Si le temps doit être beau, le capucin sort et se montre.

Si le temps doit être nébuleux, le capucin reste chez lui.

Le pompier qui sort de la coulisse, comprenez-vous, c'est l'intérêt populaire.

Si vous intéressez le pompier au point que, oubliant son devoir, il sorte de la coulisse et en arrive à se mêler aux comparses, votre affaire est claire : vous avez un succès.

Plus il sort, plus le succès sera grand.

Voilà pourquoi je vous disais que le casque du pompier, c'était le symbole du succès de larmes.

Or, dans toutes les situations dramatiques d'*Antony*, je voyais la tête de Marquet qui entre-bâillait la porte du fond et le casque du pompier qui sortait de la coulisse.

XI

Et cependant, les répétitions d'*Antony* continuaient au milieu de la distraction des deux acteurs principaux, des airs ironiques des chuchoteurs de seconds rôles, et de l'attention soutenue du garçon d'accessoires et du pompier de service.

Elles durèrent ainsi trois mois; on avait pour les allonger le prétexte des émeutes.

Pendant ces trois mois, avec une persistance et une habileté dont elle était seule capable, mademoiselle Mars était parvenue à ramener le rôle d'Adèle aux proportions d'un rôle d'Alexandre Duval ou de Scribe, de *la Fille d'honneur* ou de *Valérie*.

De son côté, Firmin jouait de son mieux le rôle d'Antony, comme il avait fait, deux ans auparavant, de celui de Monaldeschi, et il en rabattait toutes les aspérités.

Il en résulta que, le trimestre écoulé, Adèle et Antony étaient deux charmants amoureux du Gymnase, qui pouvaient parfaitement s'appeler M. Arthur et mademoiselle Céleste.

Et encore la pièce paraissait-elle bien hasardée.

Mais, me direz-vous, mon cher lecteur, comment se fait-il que, vous qui résistiez si robustement à vos artistes lors de la distribution, qui vous étiez posé si carrément comme un bloc de granit vis-à-vis de mademoiselle Mars, lorsqu'elle avait voulu donner le rôle de mademoiselle Louise Despréaux à madame Menjaud, et celui de Michelot à M. Armand, comment se fait-il que vous ayez cédé aux observations de mademoiselle Mars et de Firmin, au point de dénaturer votre œuvre?

Ah! comment se fait-il!...

Comment se fait-il que la rouille ronge le fer, que la caresse des vagues use le rocher, que le regard de la lune dévore les monuments?

Vous savez l'histoire de la goutte d'eau qui tombe toutes les secondes à la même place, et qui finit par creuser le marbre au bout de mille ans.

En somme, tel était devenu *Antony*, si bien que les

artistes principaux paraissaient plus contents de leurs rôles, que les artistes secondaires riaient moins et chuchotaient moins, mais qu'en revanche Marquet n'entrouvrait plus avec sa tête la porte du fond, et que je ne voyais plus poindre la paillette d'or au casque du pompier.

Mes amis sortaient de la répétition, en disant :

— C'est une jolie pièce, un charmant ouvrage. Nous ne t'aurions jamais cru capable de travailler dans ce genre-là.

Ces éloges, je l'avoue, me blessaient profondément. Je soupirais et je répondais :

— Ni moi non plus, je ne me serais jamais cru capable de travailler dans ce genre-là.

Enfin, le jour de la représentation approcha, quelque chose que l'on fît pour le reculer.

L'affiche annonça :

*Après-demain, samedi, première représentation d'*ANTONY, *drame en cinq actes, en prose.*

Je m'étais arrêté comme s'arrête tout auteur devant l'affiche, et j'avais lu, avec ce serrement de cœur mêlé d'une certaine allégresse, l'annonce de ma prochaine représentation, lorsque j'entrai au théâtre pour faire ma dernière répétition.

Je trouvai à tout le monde un air étrange.

Il est vrai que j'étais de dix minutes en retard.

J'arrivai jusqu'à mademoiselle Mars.

— Vous savez, me dit-elle, que nous vous attendons depuis dix minutes?

— C'est vrai, mademoiselle, répondis-je; mais je me suis trouvé dans un embarras de voitures, et

MON ODYSSÉE A LA COMÉDIE-FRANÇAISE 247

mon cocher a été obligé de faire un énorme détour.
— Oh! du reste, cela ne fait rien.
— Vous êtes bien bonne.
— Je voulais vous dire que l'on vous a prévenu de ce qui arrive?
— Non.
— On ne vous a pas prévenu?
— Il arrive donc quelque chose?
— On nous éclaire au gaz.
— Tant mieux.
— On nous fait un nouveau lustre.
— Recevez mon compliment.
— Oui, mais ce n'est pas cela.
— Qu'est-ce, alors, mademoiselle?
— J'ai fait douze cents francs de dépenses pour votre pièce.
— Bravo!
— J'ai quatre toilettes différentes.
— Vous serez superbe.
— Et vous comprenez...
— Non, je ne comprends pas.
— Je désire qu'on les voie.
— C'est trop juste.
— Et puisque nous avons un lustre neuf...
— Dans combien de temps?
— Dans trois mois.
— Eh bien?
— Eh bien, nous jouerons *Antony* pour inaugurer le lustre neuf.
— Ah! ah
— Oui.

— C'est-à-dire dans trois mois?
— Dans trois mois.
— Au mois de mai?
— Au mois de mai, c'est un très-bon mois.
— Un très-beau mois, vous voulez dire?
— Très-bon aussi.
— Vous n'avez donc pas de congé au mois de mai, cette année?
— Si fait.
— A la fin de juin, alors?
— Non, le 1er juin.
— Alors, si nous arrivons le 20 mai, par exemple, j'aurai trois représentations.

Mademoiselle Mars compta :

— Quatre : le mois de mai a trente et un jours.
— C'est joli, quatre représentations.
— Je vous reprendrai à mon retour.
— Oui?
— Parole d'honneur!
— Merci; c'est très-gracieux de votre part

Je lui tournai le dos, en haussant les épaules, et me trouvai face à face avec Firmin.

— Tu as entendu? lui dis-je.
— Parfaitement.
— Quand je te disais qu'elle ne le jouerait pas, ton rôle.
— Mais, enfin, pourquoi ne le jouerait-elle pas?
— C'est un rôle de madame Dorval.
— A cela, j'y ai souvent pensé.
— Mais, du reste, ce n'est pas un mal, vois-tu, que la pièce soit remise?

— Pourquoi ?

— Parce que tu auras le temps d'y faire des corrections.

— Bénédiction ! je n'en ai déjà que trop fait.

— Ne t'en plains pas, la pièce y a joliment gagné.

— Oui ! *joliment*, comme tu dis.

Firmin était lancé.

— Écoute, me dit-il, puisque nous en sommes là-dessus, je vais te dire mon avis sur la pièce.

— Ah ! je le sais, va. Tu l'as jouée par complaisance.

— Tu comprends bien. Je ne pouvais pas dire à l'homme qui m'a fait le rôle de Saint-Mégrin : « Je ne veux pas jouer Antony. »

— Tu aurais mieux fait de me le dire.

— Non, on ne dit pas ces choses-là.

— Voyons, que dit-on ?

— Tu veux mon opinion bien franche ?

— Parbleu !

— Eh bien, ton Antony, vois-tu, c'est un fou

— Je le sais bien.

— Un monomane.

— C'est sa seule excuse. Quand on le jugera devant la cour d'assises, son avocat n'aura que cette chance-là de le sauver.

— Ah ! oui ; mais, pour moi, vois-tu...

— Non, je ne vois pas.

— Eh bien, cela jette de la monotonie dans mon rôle ; je rabâche toujours la même chose.

— C'est avec intention que je l'ai fait ainsi.

— Avec intention, avec intention... C'est comme la pièce...

— Bon! la pièce?

— Oui, l'ensemble, le plan de la pièce.

— J'entends bien.

— Ce n'est pas fait comme tu fais ordinairement; ce n'est pas fait comme *Henri III*, comme *Christine*.

— Ah! pauvre *Christine!* Ne parlons pas d'elle ici.

— Et à ta place...

— Eh bien, à ma place?

— Puisqu'on te donne un peu de loisir...

— Puisqu'on me donne un peu de loisir?

— Tu vas sauter aux frises.

— Oh! non! sois tranquille; depuis que je suis au Théâtre-Français, j'en ai tant entendu...

— Eh bien, je porterais ma pièce à Scribe.

Je reçus le coup en pleine poitrine sans broncher.

J'étais, on le voit, comme ces Écossais de Waterloo, qu'il fallait non-seulement tuer, mais pousser pour qu'ils tombassent.

Cependant, la parole me revint.

— Ce conseil de porter la pièce à quelqu'un est bon.

— Oh! tu vois! dit Firmin tout joyeux.

— Oui; seulement, je ne la porterai pas à Scribe.

— A qui la porteras-tu?

— A Crosnier. En effet, je commence à être de ton avis. Je crois que le rôle d'Adèle est une Dorval, et j'ajouterai que le rôle d'Antony est un...

— Un?...

— Un Bocage.

Firmin poussa un éclat de rire homérique.

Pendant qu'il riait, j'allai au souffleur, resté dans son trou.

— Mon cher Garnier, lui dis-je, faites-moi le plaisir de me prêter mon manuscrit.

— Le voilà, dit Garnier, qui n'y entendait pas malice.

— Merci, Garnier.

Je le roulai et le mis sous mon bras.

— Adieu, Firmin! — Adieu, mademoiselle Mars!

Puis, donnant une poignée de main à Marquet :

— Adieu, mon cher Marquet! si cela peut vous être agréable, sachez une chose.

— Laquelle?

— C'est que vous êtes le seul que je regrette ici.

— Vous vous en allez donc, monsieur Dumas?

— Oui, Marquet, je m'en vais.

— Eh bien, je puis dire que c'est bien malheureux pour la Comédie-Française.

— Merci, Marquet!

Cinq secondes après, j'étais dans la rue ; dix minutes après, chez Dorval.

Le lendemain, la pièce fut lue à Dorval et à Bocage.

Six semaines après, elle fut jouée au théâtre de la Porte-Saint-Martin.

Voir, pour les détails, les *Mémoires* de l'auteur d'*Antony*.

XII

Un jour, Anicet Bourgeois entra chez moi.

— Mon cher ami, me dit-il, je viens vous proposer une grande affaire pour le Cirque.

— Laquelle?

— Je quitte Franconi.

— Adolphe?

— Adolphe. Il a un cheval merveilleux auquel, avec un morceau de sucre, il fait faire tout ce qu'il veut.

— Eh bien?

— Eh bien, j'ai eu une idée ; je lui en ai parlé, et il l'approuve.

— Voyons l'idée.

— C'est de faire une grande pièce de *Caligula* dans laquelle le cheval jouera le principal rôle.

— Le cheval Incitatus?

— Oui, enfin, le cheval que Caligula nomme premier consul.

— En effet, cher ami, il y a une idée.

— Voulez-vous que nous fassions la pièce ensemble?

— Volontiers.

— Quand nous y mettrons-nous?

— Diable! cher ami, comme vous y allez! il faut que j'étudie toute cette époque-là.

— Combien de jours demandez-vous?

— Quinze jours; est-ce trop?

— Quinze jours, soit.

— Alors, dans quinze jours...

— Vous me renvoyez?

— Je n'ai pas de temps à perdre; étudiez de votre côté, j'étudierai du mien ; ce que l'un ne saura point, l'autre le saura.

Au bout de dix jours, je vis reparaître Anicet.

— Eh! lui dis-je, nous n'y sommes pas, cher ami!

— Oui, me dit-il, notre pièce est flambée, et je venais vous en prévenir.

— Comment cela?

— Incitatus a reçu d'un de ses camarades un coup de pied qui lui a cassé la cuisse; il a fallu l'abattre.

— Ah diable!

— Ainsi, mon cher ami, votre travail est perdu.

— Non pas; cette étude de l'histoire romaine m'a profondément intéressé. Je ferai mon drame sans cheval.

— Voulez-vous que nous le fassions ensemble?

— Merci; je veux le faire en vers.

— Alors, n'en parlons plus.

— Si fait, parlons-en. Comme l'idée m'a été apportée par vous, il est juste que vous y participiez.

— Vous arrangerez cela comme vous l'entendrez.

— Vous vous en rapportez à moi?

— Oui.

— Alors, vous l'avez dit; n'en parlons plus.

Nous nous serrâmes la main et tout fut dit. — Je me mis au travail.

Il y avait camp à Compiègne.

M. le duc d'Orléans m'avait invité à venir à Compiègne pour tout le temps qu'il y passerait lui-même.

Je le remerciai et lui dis quelle était l'œuvre que j'avais à faire. Je serais au château un hôte gênant et gêné.

Il insista.

Je le priai de me laisser ma liberté, tout en lui promettant d'aller à Compiègne.

J'y allai, en effet, et m'informai s'il n'y avait pas,

dans les alentours quelque retrait bien discret où je pusse faire tranquillement mon œuvre.

J'attachais une grande importance à *Caligula*.

On m'indiqua une maison de garde à Saint-Corneille.

C'était un bon saint pour la neuvaine que j'exécutais.

Je me rendis à Saint-Corneille. Je traitai avec la femme du garde qui occupait la maison, perdue dans un site aussi désert que je pouvais le désirer. Elle me céda deux chambres et se chargea de ma nourriture, le tout moyennant trois cents francs par mois.

Il ne faut pas se livrer à une trop grande dépense quand on ne peut compter pour la payer que sur une tragédie.

Le lendemain de mon installation, je me mis à l'œuvre.

Au bout de trente-six jours, ma tragédie était faite.

Le Théâtre-Français avait eu vent de la chose.

J'avais eu dans l'intervalle un petit bout de relation avec lui.

Ne l'oublions pas.

M. Thiers, étant ministre, m'avait fait prier de passer au ministère.

Je m'étais rendu à l'invitation de M. Thiers.

Il m'avait demandé pourquoi je travaillais pour *des théâtres de boulevard,* au lieu de travailler pour le Théâtre-Français.

Je lui avais répondu que le genre de littérature que je faisais était mieux joué au boulevard qu'au Théâtre-Français.

Il m'avait fait valoir les avantages précuniaires qu'il y avait à travailler pour le Théâtre-Français.

Sur quoi, je lui avais prouvé, la plume à la main, que le Théâtre-Français était le théâtre où l'on gagnait le moins d'argent.

Et, comme M. Thiers est un homme d'une intelligence parfaite, il avait compris tout d'abord ce que je vais vous faire comprendre, à vous.

Le Théâtre-Français, dans ses grands succès, peut faire, pendant trente ou quarante représentations, une moyenne de quatre mille francs.

Cotons, au plus haut, quarante représentations à quatre mille francs, cent soixante mille francs..

Le Théâtre-Français paye neuf pour cent de la recette.

Mais le Théâtre-Français fait presque toujours, sur les neuf pour cent, un petit bénéfice.

Il joue une pièce d'auteur mort, en un ou deux actes; l'auteur vivant n'a plus que sept.

Sept du cent sur quatre mille francs donnent deux cent quatre-vingts francs.

Sept du cent sur cent soixante mille francs donnent onze mille deux cents francs.

Donc, une pièce au Théâtre-Français, au bout de quarante représentations, c'est-à-dire au bout de trois mois et dix-huit jours a donné onze mille francs de bénéfice.

— Pourquoi trois mois et dix-huit jours demanderez-vous.

C'est bien simple, les autres théâtres jouent tous les jours la pièce nouvelle, dimanche compris.

Le Théâtre-Français la joue tous les deux jours et ne la joue pas le dimanche.

Il en résulte que les autres théâtres donnent à l'auteur trente représentations par mois.

Tandis que le Théâtre-Français n'en donne que douze.

Or, une pièce vieillit non point par le nombre de représentations qu'elle a, mais par sa date sur l'affiche.

Il en résulte qu'au bout de trois mois et dix-huit jours, quand une pièce a eu quarante représentations, elle est aussi vieille que si, à un autre théâtre, jouée tous les jours, elle avait eu cent-huit représentations.

Maintenant, aux théâtres des boulevards, l'auteur a dix du cent.

Mettons que les cent dix représentations aient fait une moyenne de deux mille francs.

C'est juste moitié moins que la moyenne du Théâtre-Français. Le théâtre aura fait deux cent seize mille francs qui, à dix du cent, font vingt et un mille six cents francs. Dix mille quatre cents francs de plus qu'au Théâtre-Français, c'est-à-dire près du double.

Je disais donc que M. Thiers, qui était un homme de chiffres, avait compris cela tout de suite. Seulement, il avait compris aussi que, nous autres gens de lettres, ce n'est point avec des chiffres qu'on nous a, mais avec des concessions à notre amour-propre, des flatteries à notre orgueil.

En conséquence, il m'avait dit :

— Quels acteurs voulez-vous qu'on engage ? Quelle pièce de vous désirez-vous qu'on reprenne ?

J'avais répondu :

— Je veux qu'on engage madame Dorval; je veux qu'on reprenne *Antony*.

Je savais que c'était la chose qui serait le plus désagréable à mademoiselle Mars, que cet engagement de madame Dorval. Eh! ma foi! elle m'avait tant fait souffrir, que je n'étais pas fâché de lui rendre un peu la monnaie de cette pièce de bronze qu'on appelle la douleur.

M. Thiers me tint parole : je traitai pour deux pièces nouvelles, une tragédie et une comédie, à la condition qu'*Antony* serait repris et que madame Dorval jouerait le rôle d'Adèle. On remit *Antony* en répétition.

Cette fois, la fine fleur de la Comédie-Française avait des rôles dans la pièce; on eût dit que messieurs les comédiens ordinaires devinaient ce qui allait arriver.

L'affiche porta de nouveau : « Incessamment, *Antony*. » Puis : « Samedi prochain, *Antony*. » Puis : « Aujourd'hui, première représentation de la reprise d'*Antony*. »

Cette fois, malgré mes doutes à l'endroit de la Comédie-Française, j'avais la presque conviction qu'*Antony* serait joué. — A deux heures de l'après-midi, Jouslin de Lasalle m'arriva tout effaré : il tenait à la main une lettre signée Thiers, écrite sur du papier de la Chambre des députés. Elle contenait cette courte dépêche :

« Il est défendu à la Comédie-Française de jouer *Antony*.

» THIERS. »

— Eh bien, après? demandai-je à Jouslin de Lasalle.
— Eh bien, vous voyez!
— Comment donc cela s'est-il passé?
— Dame! ce matin, il y avait, dans *le Constitutionnel*, un article qui dénonçait *Antony* à M. Thiers.
— Oui, comme ayant tué Adèle. Mais M. Thiers savait déjà cela.
— Ce n'est pas le tout.
— Je m'en doute bien.
— Il parait que vingt députés ont été dire à M. Thiers qu'ils ne voteraient pas la subvention de la Comédie-Française, si l'on y jouait *Antony*.
— Ceci est plus grave, et c'est de là que part le coup. Heureusement que j'ai traité directement avec le ministre, et que j'ai gardé ses lettres.
— Eh bien, que ferez-vous?
— Pardieu! la belle demande! Je ferai un procès.
— Au ministre?
— Pourquoi pas?
— A quel tribunal?
— Au tribunal de commerce.
— Le tribunal de commerce se déclarera incompétent.
— Nous le verrons bien.

Je fis mon procès : le tribunal se déclara compétent. M. Thiers fut condamné à dix mille francs de dommages-intérêts. Le Théâtre-Français paya les dix mille francs. Voilà le petit bout de relation qui avait eu lieu entre moi et le Théâtre-Français.

Le Théâtre-Français, sachant que je faisais une tragédie, me dépêcha Perrier. Perrier était un bon garçon, avec lequel j'avais eu des relations du temps de Christine. Il venait me demander mes conditions pour donner Caligula au Théâtre-Français.

Cinq mille francs de prime et l'engagement d'une actrice à laquelle je portais de l'intérêt.

Il retourna à Paris chargé de cet ultimatum. Trois jours après, il était de retour avec le traité signé par le comité d'administration. J'apposai ma signature à la suite de celle de ces messieurs, et je pris jour pour la lecture.

Je revins à Paris la veille du jour convenu. Je lus avec un assez grand succès, et ma pièce fut mise en répétition.

Dès le premier jour, j'eus un accroc.

— Que cherchez-vous, monsieur Dumas? me demanda le machiniste voyant que je regardais de tous les côtés.

— Je cherche par où entreront les chevaux.

— Comment, les chevaux?

— Oui, les chevaux.

— Quels chevaux?

— Ceux qui traînent le char de Caligula.

Le machiniste pirouetta sur ses talons et me laissa continuer mes recherches. Cinq minutes après, le directeur arriva.

— Que parlez-vous donc de chevaux? demanda-t-il.

— Je l'ai déjà dit au machiniste; je parle des chevaux qui traînent le char de Caligula.

— La Comédie-Française n'a jamais entendu que le char serait traîné par des chevaux.

— Et par quoi a-t-elle entendu que le char fût traîné? Par des ânes?

— Oh! ne demandez pas cela, voyez-vous; vous n'obtiendrez jamais cela de la Comédie-Française.

— Comment, je ne l'obtiendrai pas?

— Non.

— Mais c'est indispensable à ma mise en scène.

— La Comédie-Française n'est pas un théâtre de mise en scène.

— C'est son tort.

— Le Théâtre-Français est institué pour jouer les maîtres, et les maîtres n'avaient pas besoin de chevaux dans leurs tragédies.

— Oui, mais les maîtres des maîtres en avaient besoin.

— Qu'est-ce que vous entendez par les maîtres des maîtres?

— Dame! Eschyle, Sophoche, Euripide.

— Jamais, voyez-vous, jamais! Vous ferez ce que vous voudrez, vous direz ce que vous voudrez, jamais des chevaux ne mettront le pied sur la scène de la Comédie-Française.

— Nous aurons un procès, monsieur Vedel, et la Comédie-Française, vous le savez, n'est pas très-heureuse dans ses procès avec moi.

— Nous aurons un procès. Des chevaux sur la scène Française! mais, si un pareil scandale se produisait, il n'y a pas un sociétaire qui ne donnât sa démission.

— Prenez garde, vous allez redoubler mon entêtement.

— Au reste, je porterai votre demande au comité.

— Portez-la-lui.

Le samedi suivant, la demande fut portée au comité

qui déclara, à l'unanimité, que j'étais non recevable dans ma demande de faire traîner mon char par des chevaux. On m'offrait des femmes. J'inventai le chant des Heures, et le char de Caligula fut traîné par des femmes : ce qui était bien autrement moral.

XIII

Il y a dans chaque théâtre bien organisé un homme avec lequel l'auteur est invité à se mettre en relations, du moment que le jour de la représentation approche. Cet homme, c'est l'entrepreneur de succès, autrement dit le chef de claque. Au Théâtre-Français, le chef de claque se nomme Vacher.

Je me mis donc en rapport avec Vacher. C'était la première fois au Théâtre-Français. Du temps de *Henri III*, la claque n'était point organisée comme aujourd'hui.

Cette institution, inventée par Néron et si fort en honneur à Rome, n'était point en grand honneur en 1828.

En 1828, j'avais pu disposer d'une partie du parterre en faveur de mes camarades des bureaux du duc d'Orléans.

En 1837, c'est-à-dire neuf ans après, — j'avais été neuf ans absent du Théâtre-Français, hors les courtes rentrées que j'ai indiquées, — en 1837, le parterre appartenait en entier au chef de claque. En termes de coulisses, il en répondait.

Je ne connais pas de plus terrible abus que celui que

je signale ici. On donne le parterre au chef de claque, afin qu'il ne s'introduise pas de malveillants dans le parterre. Sur trois cents places, le chef de claque en vend deux cent cinquante, et, comme, en général, il les vend plus cher qu'au bureau, au lieu de malveillants, il y a des malveillants et demi.

On prend certains arrangements avec les chefs de claque. On leur donne, en général, cent francs de gratification ; ce qui, avec les billets vendus par eux, leur fait trois ou quatre cents francs de prime pour la première représentation. Puis on leur recommande telle ou telle actrice. La moindre recommandation ne coûte pas moins de cinquante francs.

On leur dit : « Vous rappellerez après tel acte madame une telle ou monsieur un tel. » Ils rappellent, et monsieur ou madame une telle dit :

— Voyez-vous, comme j'ai été rappelée !

Cela fait que monsieur un tel ou madame une telle n'interrompt pas le spectacle.

Je n'avais donc pas manqué de remplir devant Vacher cette petite formalité. Vacher m'avait promis son appui, — sans restriction. Vacher paraissait enchanté de *Caligula*. Je comptais donc sur Vacher.

La première représentation arriva. Ce fut une chose curieuse que la première représentation de *Caligula*. Après un prologue vif, animé, plein de curiosités, trop vif, trop animé, trop plein de curiosités, puisque évidemment il nuisit au reste de l'ouvrage, venait la pièce avec son allure simple, calme, antique.

Il faut d'abord vous dire, cher lecteur vous qui peut-être n'étiez pas là, que le public habituel du Théâtre-

Français, public qui n'a jamais vu manger ses héros et qui ne les a vus boire que pour s'empoisonner. Il faut d'abord vous dire que ce public avait été fort scandalisé de voir, au prologue, un Romain ivre, trébuchant et ayant la langue un peu pâteuse. Si ce Romain n'eût pas été joué d'une façon adorable par Menjaud, il eût été sifflé. Il ne fut pas sifflé. Mais je ne perdis pas pour attendre.

C'était en 1837, époque de la recrudescence des jésuites, époque à laquelle *le Constitutionnel* faisait tous les matins un premier Paris contre les hommes noirs.

J'avais, au quatrième acte, une scène entre Stella, chrétienne, et Aquila, païen ; ils croient qu'ils vont marcher ensemble au supplice. La scène était peut-être la meilleure de l'ouvrage.

A ce vers :

Je te baptise au nom de la Trinité sainte,

un monsieur bien mis cria d'une loge :

— Jésuite, va !

Ce fut l'avis du parterre, car deux autres sifflets saisirent l'occasion au vol et répondirent à l'apostrophe du monsieur bien mis.

Je n'avais rien à dire au monsieur bien mis; il était dans une loge, il pouvait avoir payé cette loge, quoique je n'en croie rien; en général, les gens qui payent tiennent à laisser finir la pièce afin d'en avoir pour leur argent. Je n'avais rien à dire au monsieur bien mis, mais j'avais à débattre cette affaire-là avec maître Vacher, à qui l'on avait donné tout le parterre et qui en répondait.

Je descendis et trouvai une espèce d'attroupement au contrôle.

Jadin, à qui je n'avais pu donner d'autre place qu'un billet de corridor, avait trouvé moyen de se glisser au parterre; il était assis près d'un des siffleurs, et, comme il trouvait bon ce que le siffleur trouvait mauvais, il l'avait pris au collet et l'avait conduit au contrôle, d'où il voulait absolument le faire conduire au corps de garde comme troublant la tranquillité publique. L'homme se démenait comme un diable; mais Jadin en avait pris son parti, il voulait que l'homme fût conduit en lieu sûr.

Les sergents de ville arrivèrent et voulurent contraindre l'homme à sortir avec eux. Alors, forcé dans ses derniers retranchements, celui-ci avoua qu'il appartenait à la troupe de M. Vacher.

J'arrivais sur ces entrefaites et j'entendis la déclaration.

— Oh! oh! fis-je, que veut dire cela?

L'homme m'expliqua catégoriquement ce qu'il venait d'expliquer aux sergents de ville. J'adjurai deux personnes présentes de me rendre, au besoin, témoignage.

Pendant ce temps, *Caligula* allait cahin-caha; madame Paradol se faisait siffler, et, en se faisant siffler, elle faisait siffler l'ouvrage. La toile tomba sur un grand tumulte. Y avait-il succès? y avait-il chute? personne n'en savait rien; moi, pas plus que les autres.

En attendant, j'écrivis au comité pour demander une explication. L'audience me fut accordée. Je me présentai à l'heure dite, j'exposai mes griefs; le comité déclara que je me trompais. Je demandai la comparution de Vacher; on obtempéra à ma demande. Vacher fut introduit.

— Monsieur Vacher, lui dis-je, on a, le soir de la première représentation de *Caligula*, arrêté un de vos hommes qui sifflait?

— Vous croyez? dit Vacher.

— Comment, je crois! Je ne crois pas, morbleu! j'en suis sûr.

Vacher secoua la tête en signe de dénégation.

— Vous voyez bien, s'écrièrent les membres du comité, Vacher dit que ce n'est pas vrai. — Allez, Vacher, allez.

— Non pas. M. Vacher dit non; mais je dis oui, moi. Et je veux prouver que je dis la vérité.

J'allai à la porte, j'introduisis mes témoins. Mes témoins déposèrent. Vacher courba la tête. Il se fit dans le comité un murmure improbateur. Vacher releva la tête.

— Mais enfin, messieurs, dit-il en se révoltant, il faudrait cependant s'entendre.

— Comment, s'entendre?

— Sans doute. Suis-je au service de l'administration du Théâtre-Français ?

— Mais oui, il nous semble.

— Le comité est-il l'administration?

— Parbleu!

— Dois-je obéir à MM. les membres du comité quand ils me donnent un ordre?

— C'est incontestable.

— Eh bien, la moitié de vous, ceux qui jouent dans la pièce m'ont donné l'ordre d'applaudir; l'autre moitié, ceux qui n'y jouent pas m'ont donné l'ordre de siffler. j'ai obéi à tout le monde.

Historique. Les gens vivent encore ; seulement, *Caligula* ne vit plus !

XIV

En 1833 ou 1834, Brunswick entra un jour chez moi. Il sortait du théâtre de la Porte-Saint-Martin, et venait de lire un vaudeville en deux actes qui avait été refusé. Il était naturellement furieux comme un auteur refusé.

— Tenez, me dit-il en jetant son manuscrit sur mon bureau, lisez donc cela. Ils ont beau dire, il y a un sujet de pièce là dedans.

Je lus le vaudeville. En effet, il y avait la situation d'une jeune fille qui découche pour aller voir son père prisonnier, et qui, ne pouvant pas avouer le lendemain où elle a été, est compromise. — Seulement, la situation était prise au comique.

Brunswick vint me revoir au bout de quelques jours.

— Eh bien, me dit-il, avez vous lu la chose ?

— Je l'ai lue.

— Qu'en dites vous ?

— Qu'en effet, en la retournant, il y a quelque chose à faire de l'idée.

— Voulez-vous que nous en causions ?

— Non. Vous savez comment je travaille : quand une idée me plaît, je n'aime point à la répandre au dehors ;

je la renferme en moi, au contraire, et elle germe dans ma tête jusqu'à ce quelle frappe à la voûte du cerveau pour en sortir.

— Alors...?

— Alors, mon cher Brunswick, je vous promets de m'occuper de la chose. Quand elle viendra, elle viendra. La pièce lue et reçue, je vous préviendrai, afin que vous vous fassiez inscrire chez le receveur dramatique pour un tiers.

— Mais je n'aurai rien fait!

— Vous aurez fait beaucoup, vous m'aurez apporté l'idée.

— L'idée, l'idée...

— C'est le gland du chêne. Demeurez donc parfaitement tranquille, je vous tiens comme ayant fait votre part.

— C'est bien.

Et Brunswick s'en alla.

Un an, deux ans, trois ans se passèrent.

De temps en temps, Brunswick venait.

— Eh bien, l'idée germe-t-elle? demandait-il.

— Vous ne vous doutez pas, répondais-je, combien elle est difficile à mettre sur ses pieds, votre maudite pièce.

— Avouez que vous n'y pensez pas?

— Si fait, j'y pense. Tenez, voyez plutôt.

Et je lui racontais où j'en étais; je lui montrais des parties de l'ouvrage, qui se développait peu à peu, et il disait en s'en allant :

— Si vous vouliez vous mettre quinze jours à cela, voyez-vous, ce serait une pièce faite.

— Je ne travaille pas ainsi, mon cher Brunswick; je ne fais pas de pièces, les pièces se font en moi. Comment? Je n'en sais rien. Demandez à un prunier comment il fait des prunes, et à un pêcher comment il fait des pêches, vous verrez si l'un ou l'autre vous donne la solution du problème.

Et un an, deux ans se passèrent encore, et Brunswick venait toujours. Un soir qu'il sortait de chez moi sans emporter autre chose que ma réponse ordinaire, il rencontra mon éditeur de pièces de théâtre. Cet éditeur était un de mes bons amis, nommé Charlieu.

— Dites donc, Charlieu, lui dit Brunswick en s'en allant, j'ai un tiers dans une pièce que Dumas fait; voulez-vous m'acheter ce tiers-là cent écus?

— La fera-t-il, la pièce?

— Dame! il me l'a promis; seulement, voilà tantôt quatre à cinq ans que la promesse m'a été faite.

— Eh bien, venez me voir demain, il est probable que nous ferons affaire.

— Alors, à demain.

— A demain.

Ils se séparèrent. Charlieu entra chez moi; nous parlâmes de nos affaires.

— A propos, fit-il, quand nous eûmes fini, vous avez une pièce avec Brunswick?

— Oui.

— La ferez-vous?

— Sans doute.

— Quand?

— Un jour ou l'autre.

— Dans un mois, six mois, un an?

— Il m'est impossible de vous fixer un terme; mais ce que je puis vous dire, c'est que je la ferai.

— C'est tout ce que je voulais savoir.

Le lendemain, mon domestique m'annonça Charlieu.

— Qu'il entre! qu'il entre! m'écriai-je.

J'étais tout joyeux, je venais de trouver la seule chose qui me manquât encore dans *Mademoiselle de Belle-Isle*, — la scène du sequin.

— Tenez, me dit Charlieu en entrant et en me remettant un bout de papier, vous me devez cent écus.

— Cent écus! il est probable que je vous dois plus que cela.

— Vous me devez cent écus de plus, alors.

— Comment cela?

— Lisez.

— J'ouvris le papier et je lus.

« Reçu de M. Charlieu la somme de trois cents francs pour la vente à forfait du tiers que j'ai dans la pièce que Dumas doit faire et probablement ne fera jamais.

» 5 février 1839.

» BRUNSWICK. »

— Eh bien? demandai-je.

— Eh bien, j'ai racheté ce tiers-là pour vous; c'est cent écus que vous me devez, voilà tout.

— Gardez-le, cher ami, puisque vous l'avez acheté.

— Bon! est-ce que je fais de ces affaires-là?

— Vous avez tort de ne pas en faire.

— Vous me donnerez deux billets pour la première, et nous serons quittes.

— Laissez-moi vous écrire un petit mot sur ce bout de papier ; vous l'ouvrirez le lendemain de la première représentation.. J'écrivis :.

« Bon pour la somme de trois mille francs, que je prie M. Dulong, mon receveur dramatique, de payer à M. Charlieu sur les droits d'auteur de *Mademoiselle de Belle-Isle.*

» Paris, ce 5 février 1839.

» ALEX. DUMAS. »

Je pliai et cachetai la lettre et la remis à Charlieu, qui l'emporta sans savoir ce qu'il emportait.

Cette maudite scène du sequin était celle qui arrêtait la pièce depuis si longtemps ; je ne voulais pas commencer par une scène banale, et j'étais resté cinq ou six ans à attendre celle qui venait de me passer par l'esprit.

Quinze jours après, la pièce était faite, scène par scène, dans ma tête, et les mots les plus saillants étaient trouvés. Quand ma pièce en est là, j'ai l'habitude de l'écrire en cinq ou six jours.

Depuis un an, on me faisait de grandes avances au Théâtre-Français. De Mornay, mon ami depuis vingt ans, m'avait raccommodé avec mademoiselle Mars, qui vieillissait et dont les auteurs commençaient à s'écarter. Enfin, j'étais décidé à courir les risques d'un nouveau naufrage contre les écueils de la rue de Richelieu. Je choisis un samedi, jour de comité, pour aller au théâtre. On poussa de grands cris en m'apercevant : il y avait deux ans qu'on ne m'avait vu. Ce fut bien pis quand j'eus annoncé à Vedel — Vedel était directeur à cette époque — que je venais demander lecture. Il me poussa tout vif dans la salle du comité.

Je n'y étais pas entré depuis mon explication avec Vacher.

— Messieurs, bonne nouvelle ! dit-il ; voilà Dumas qui nous apporte une pièce.

— Comédie ou tragédie? demandèrent trois ou quatre voix.

— Merci ! j'en ai assez, des tragédies ! Une comédie.

— Ah ! bravo ! vous faites la comédie à merveille.

— Est-ce parce que j'ai toujours fait du drame ou de la tragédie que vous me dites cela?

— Non ; mais parce qu'il y a de la comédie dans tout ce que vous faites. Ah ! le prologue de *Caligula!*

— Connu. C'est lui qui a fait tomber la tragédie.

— Mais qu'est-ce que *la Tour de Nesle?* Une comédie.

— Pourquoi pas un vaudeville?

— Donc, vous apportez une comédie?

— Oui.

— Et elle est faite?

— Ce qu'il y a de plus fait.

— Oui ; mais nous, nous entendons *écrite.*

— Ecrite? Non. Il n'y a pas un mot d'écrit.

— Eh bien, mais, alors, vous ne venez pas demander lecture?

— Si fait.

— Pour quand?

— Pour samedi prochain.

— Pour samedi prochain ! Et pas un mot de votre comédie n'est écrit?

— Pas un.
— Vous ne serez pas prêt pour samedi, alors.
— Pourquoi cela?
— Vous n'aurez pas le temps.
— C'est mon affaire.
— Quel bon blagueur vous êtes?
— Pourquoi cela?
— Vous nous dites que votre comédie est faite, quand il n'y a pas un mot d'écrit.
— Pour moi, la pièce est faite quand elle est composée.
— Et elle est composée?
— Entièrement.
On se mit à rire de nouveau.
— Tenez, dis-je, voulez-vous une chose?
— Laquelle?
— Les membres du comité d'administration sont les mêmes que les membres du comité de lecture?
— A peu près.
— Voulez-vous que je vous la lise aujourd'hui?
— Sans manuscrit?
— Oui.
— Ah! ce serait curieux.
— A une condition, cependant : la chose me comptera pour une lecture, et l'on votera tout de suite.
— Pour la rareté du fait, messieurs..., dit Vedel.
— Cela va.
— Est-ce dit? demandai-je.
— C'est dit. — Messieurs, en séance! — Voulez-vous un verre d'eau?
— Pardieu!

Je me mis le dos à la cheminée ; ou fit cercle autour de moi, et je commençai à raconter *Mademoiselle de Belle-Isle*. J'étais en verve ; je racontai à merveille. Après chaque acte, j'étais salué d'une salve d'applaudissements. Après le cinquième, il y eut deux salves.

— Eh bien, messieurs, dit Vedel, votons-nous ?

— Sans doute, répondirent les membres du comité.

On vota et *Mademoiselle de Belle-Isle* fut reçue à l'unanimité. Si j'étais mort en sortant du comité, le Théâtre-Français n'eût jamais eu la pièce qu'il venait de recevoir.

XV

Le bruit ne tarda pas à se répandre de ce qui venait d'arriver. Je reçus un petit billet de mademoiselle Mars qui m'invitait à dîner.

— Ah ! vous voilà, vous ! me dit-elle en m'apercevant.

— Sans doute, me voilà. Est-ce que je me serais trompé de jour, par hasard ?

— Non. Vous avez donc fait une comédie ?

— Ah ! ne me grondez pas, chère amie. Il n'y en a encore qu'un acte d'écrit, et je ne demanderais pas mieux que de ne pas aller plus loin.

— Bon ! vous voilà déjà aimable comme d'habitude. Est-ce que je joue dans votre comédie ?

— Pardieu ! qui voulez-vous qui y joue ?

— Le sais-je ! Les auteurs sont si charmants avec moi !

— C'est qu'à en juger d'après moi, chère grande, vous leur avez fait passer de rudes quarts d'heure.

— Allons donc! Et quel rôle ai-je dans votre pièce?

— Celui qu'il vous plaira de choisir.

— Comme si c'était une réponse!

— Dame! je n'aurais qu'à vous donner celui qui ne vous conviendrait pas.

— Vous avez donc deux rôles de femme?

— Eh! mon Dieu, j'ai ce malheur, oui, mademoiselle.

— Qu'est-ce que c'est que le rôle de madame de Prie?

— Bon! je vois qu'on vous a déjà dit que c'était le rôle que vous deviez prendre.

— Justement.

— Tant pis alors, attendu que c'est celui que vous ne prendrez pas.

— Alors, vous me destinez donc celui de mademoiselle de Belle-Isle?

— Peste! chère amie, comme vous êtes renseignée.

— Belle malice! Vous devez savoir que c'est un miracle de vous voir au Théâtre-Français, de sorte que, quand vous y venez, on en parle. Enfin, à votre avis, dites-moi quel est le rôle qui me convient?

— Vous venez toujours me demander quel est le rôle que vous jouerez, n'est-ce pas?

— Oui.

— Eh bien, vous jouerez mademoiselle de Belle-Isle.

— Vous avez une manière de répondre qui me fait damner.

— Écoutez, chère amie, lui dis-je, je lis lundi aux acteurs; on m'a forcé d'accepter deux jours de plus que je ne demandais. Voulez vous dîner entre nous dimanche prochain?

— Cela va.

— Dimanche soir, je vous lirai *Mademoiselle de Belle-Isle*, et vous choisirez; mais je dois vous dire d'avance que vous jouerez mademoiselle de Belle-Isle.

— Vous le voulez donc absolument?

— Oui, je le veux, attendu qu'ainsi la pièce sera admirablement montée; vous, mademoiselle de Belle-Isle; mademoiselle Mante, madame de Prie; Richelieu, Firmin, etc., etc., tandis que, si vous jouez madame de Prie, je n'aurai plus personne pour jouer mademoiselle de Belle-Isle.

— Dame! vous aurez mademoiselle Plessis.

— M'en donnez vous le conseil?

— Je ne connais pas la pièce.

— Eh bien, chère amie, dimanche, vous ferez sa connaissance.

Le dimanche suivant, j'arrivai chez mademoiselle Mars avec le manuscrit.

A mon entrée dans le salon, je fus circonvenu par tout le monde; je n'entendais que ces mots chuchotés à mon oreille :

— Dites-lui de jouer madame de Prie!.... Dites-lui de jouer madame de Prie!....Dites-lui de jouer madame de Prie!

Seule, Julienne, une vieille comédienne qui était dame de compagnie de mademoiselle Mars, me dit tout bas :

— Je vous préviens que, si vous lui donnez madame de Prie, elle ne jouera pas.

— Je le sais bien, répondis-je. Aussi, soyez tranquille.

— A la bonne heure! dit Julienne.

Je lus. Madame de Prie ne pouvait pas ouvrir la bouche sans qu'on s'extasiât à chacun de ses mots. Tout au contraire, mademoiselle de Belle-Isle était accueillie avec une froideur visible.

Je suivais du regard mademoiselle Mars, et il ne m'était pas difficile de reconnaître la vérité de ce que m'avait dit Julienne. Mademoiselle Mars, au contraire, n'avait d'yeux et d'oreilles que pour Gabrielle.

La pièce finie, tout le monde l'entoura; chacun se récriait sur le rôle de madame de Prie.

— Oui! oui! disait mademoiselle Mars, charmant. C'est malheureux qu'elle ne revienne pas au cinquième acte!... — Dumas.

— Mademoiselle?

— Est-ce qu'il n'y aurait pas moyen de faire revenir madame de Prie au cinquième acte?

— Non, mademoiselle.

— Pourquoi cela?

— Parce que cela nuirait au rôle de mademoiselle de Belle-Isle,

— Vous croyez?

— Supposez que vous jouiez mademoiselle de Belle-Isle, seriez-vous contente que je partageasse, au cinquième acte, l'intérêt entre madame de Prie et vous?

— Non certainement, si je jouais mademoiselle de Belle-Isle; il est certain qu'au point de vue du rôle...

— Eh bien, vous jouez mademoiselle de Belle-Isle.

— Ainsi, dit mademoiselle Mars, vous le voulez absolument?

— Certainement que je le veux.

— Vous l'entendez, l'auteur est maître de sa distribution.

— Et elle est faite d'avance.

— Comment! ils savent là-bas...?

— Non; mais la voilà toute signée, et je n'attendais que votre approbation.

Mademoiselle Mars jeta un coup d'œil de côté sur la distribution, et vit son nom en regard du nom de mademoiselle de Belle-Isle.

— Et vous ne vous laisserez pas influencer? dit-elle.

— Est-ce que je me laisse facilement influencer à l'égard des distributions? lui demandai-je.

— Oh! pas par moi, je le sais bien.

— Mademoiselle de Belle-Isle est à vous, madame, et vous jouerez mademoiselle de Belle-Isle, ou *Mademoiselle de Belle-Isle* ne sera pas jouée.

Mademoiselle de Belle-Isle fut jouée six semaines après, et vous savez avec quel sucès. Si j'avais cédé aux avis de ceux qui s'intitulaient les amis de mademoiselle Mars et que j'eusse donné le rôle de mademoiselle de Belle-Isle à mademoiselle Plessis, et celui de madame de Prie à mademoiselle Mars, *Mademoiselle de Belle-Isle* aurait été jouée à l'Odéon comme *Christine*, ou à la Porte Saint Martin comme *Antony*. Seulement, mon insistance me brouilla, ou à peu près, avec les membres les plus influents du comité de la Comédie-Française, qui voulaient pousser mademoiselle Mars hors du théâtre, et qui lui faisaient jeter des couronnes d'immortelles des tombeaux.

XVI

On se garda bien, malgré le succès, peut être même à cause du succès de *Mademoiselle de Belle-Isle*, de me demander une autre comédie. On était devenu si injuste pour mademoiselle Mars, que je m'étais profondément attaché à elle, et que je résolus, autant qu'il était en moi, de la soutenir jusqu'au bout. Mais, du moment qu'après le succès de *Mademoiselle de Belle-Isle*, la Comédie ne me demandait pas un autre ouvrage, ce n'était point à moi de le lui porter. D'ailleurs, sur ces entrefaites, j'avais résolu d'aller passer deux ou trois ans en Italie.

Quelques jours avant mon départ, je rencontrai Mérimée chez Cavé.

— Ah! vous voilà, me dit Mérimée; je ne vous ai pas vu depuis longtemps, mais j'ai vu *Mademoiselle de Belle-Isle;* je vous en fais mon compliment, cher ami.

— Merci! un compliment de l'auteur de *Colomba* et de *Matteo Falcone*, c'est quelque chose.

— Pourquoi donc ne faites-vous pas une autre comédie?

— Mais parce qu'on ne me la demande pas.

— Comment, on ne vous la demande pas?

— Non.

— Voulez-vous qu'on vous la demande?

— Que voulez vous dire?

— Voulez vous qu'on vous la demande?

— Volontiers.

— Et, si on vous la demande, vous la ferez?

— Oh! mon cher, vous connaissez le proverbe : « Qui a bu boira; qui a joué jouera. »

— C'est bien! Je me charge de vous la faire demander, moi.

Trois jours après, je reçus une invitation à diner de M. de Rémusat. M. de Rémusat était alors ministre de l'intérieur, Je me doutai qu'il y avait du Mérimée là-dessous. Je me rendis à l'invitation.

Après le dîner, le ministre me prit à part.

— On dit que vous partez pour l'Italie?

— Dans huit ou dix jours, oui.

— Vous auriez bien le temps de nous faire une comédie pour le Théâtre-Français, d'ici là. Mais je ne veux pas vous encombrer au moment du départ; vous avez votre passe-port à prendre et vos malles à faire. Vous nous l'enverrez d'Italie, n'est-ce-pas?

— Volontiers! mais à une condition.

— Si c'est une condition d'argent, elle est accordée d'avance.

— Non pas; c'est une condition d'amour-propre.

— Ah! diable! Laquelle?

— C'est que la lecture devant la comité sera une simple formalité; que la pièce est reçue d'avance et sera mise en répétition huit jours après la lecture.

— Convenu.

— Et vous me ferez écrire par Cavé une lettre qui constatera mon droit.

— Je vous l'écrirai moi-même.

— Tout va bien, alors.

Le lendemain, je reçus une lettre de M. de Rémusat, dictée dans le sens arrêté entre nous. Je partis avec ma lettre.

Arrivé à Florence, installé via Rondinelle, je songeai, au milieu de mon salon plein de camellias, de ma chambre à coucher pleine de jasmin, à tenir ma promesse, non point au Théâtre-Français, mais à M. de Rémusat. J'avais au fond de l'esprit un sujet de mariage sous Louis XV, sujet peu neuf, mais qui pouvait être rajeuni par des détails spirituels; je me mis au travail, et, au bout d'un mois, j'écrivis à Lockroy pour le charger de lire ma comédie au Théâtre-Français.

Lockroy non-seulement fait des pièces charmantes, témoin *la Marraine, un Duel sous Richelieu* et *le Chevalier du guet*, mais encore Lockroy lit admirablement. C'est un *empoigneur*, comme on dit en termes d'argot de théâtre. Lockroy déploya toutes ses ressources, lut de son mieux, et fut refusé à l'unanimité.

Il n'y avait pas encore de télégraphe électrique à cette époque. Je fus huit jours à apprendre la nouvelle. Le jour où je l'appris, je fis mon portemanteau, pris la lettre de M. de Rémusat dans ma poche et partis. Cinq jours après, j'étais à Paris. Mon bain pris, mon habit de voyage au clou, ma première visite fut pour le Théâtre-Français.

J'étais arrivé à cinq heures, à huit heures et demie j'étais au théâtre.

Je rencontrai mademoiselle Mars dans le corridor.

— Vous voilà à Paris, vous?

— J'arrive.

— Venez, venez, il faut que je vous parle avant que vous parliez à personne.

— Bravo ! Vous me renseignerez.

— Oh ! j'ai de belles choses à vous dire !

— Je n'en doute pas.

Et je suivis mademoiselle Mars. Mademoiselle Mars n'avait pas de changement à faire entre le premier et le second acte, elle était donc tout à moi.

— Eh bien, ils vous ont refusé? dit-elle.

— Eh bien, oui, ils m'ont refusé.

— Sans vous dire pourquoi ?

— Je présume qu'ils ont trouvé la pièce mauvaise, dis-je faisant tout ce que je pouvais pour prendre un air naïf.

— Bonne pièce... Va !

— Dame ! que voulez-vous que je pense ?

— Ils vous ont refusé, mon cher, parce que vous avez dit que le rôle de la comtesse était pour moi... Bavard !...

— Eh bien, après ?

— Eh bien, comme ils me portent sur les épaules, ils ont dit : « Bon! si elle a un rôle nouveau, c'est un an de plus à la garder. »

— Les niais !... Quand ils ne vous auront plus, qu'auront-ils?

— Ce qu'ils ont eu après Talma... Je vous avais dit de ne pas parler de moi, mais vous n'avez pas pu taire votre chienne de langue... Là! nous voilà bien avancés maintenant...

— Bon! ne nous désespérons pas.

— Avec cela que l'on dit que la pièce est charmante.

— Oh ! ce n'est pas moi qui dis cela...
— Non, ce sont eux ; voilà ce qu'il y a d'enrageant.
— Eh bien, alors ?
— Eh bien, alors, c'est malheureux, de perdre une pièce en cinq actes, voilà ce que je dis.
— Nous ne la perdrons peut-être pas. Qui sait ?
— Je vous trouve admirable, vous, ma parole d'honneur !
— Dame ! vous savez, je suis comme Béranger : j'ai la plus grande confiance dans le Dieu des bonnes gens.
— Avec cela que vous êtes un bon homme, vous... La peste !
— Mademoiselle Mars, vous ne me rendez pas justice ; si j'étais la peste, il ne resterait pas un des membres du comité de la Comédie-Française.

Je saluai mademoiselle Mars et je passai au foyer.

— Personne n'eut l'air de me connaître. J'allai au secrétariat. Verteuil y était. Verteuil est le secrétaire de la Comédie-Française.

— Verteuil, lui dis-je, le comité se tient-il toujours le samedi ?
— Oui ; mais, par hasard, demain mercredi, il y a un comité extraordinaire..
— Quelle chance ! Voulez-vous prévenir ces messieurs que j'aurai l'honneur de leur faire une visite ?
— Vous voilà donc à Paris ?
— Comme vous voyez, cher ami.
— Vous avez fait un bon voyage ?
— Excellent !
— Alors, à demain.
— A demain.

Le lendemain, à deux heures, je me faisais annoncer à MM. de l'administration. J'entrai. Je trouvai de ces figures comme on n'en trouve que dans les maisons mortuaires, avant le départ du corps.

— Eh bien, mes enfants, demandai-je tout souriant, me voilà !

— Nous le voyons bien, que vous voilà.

— Vous vous doutez de ce qui m'amène ?

— Non !... Ma foi, non !

— Je viens vous demander quand nous mettons notre pièce en répétition.

— Quelle pièce ?

— *Un Mariage sous Louis XV.*

— Mais vous ne savez donc pas ce qui est arrivé ?

— Non !... Il est arrivé quelque chose ?

Les membres du comité se regardèrent.

— Un malheur ? insistai-je.

— Vous avez été refusé...

— Ah bah !...

— Comment, on ne vous l'a pas écrit ?

— Si fait.

— Eh bien, alors ?

— Je ne l'ai pas cru !

— Comment, vous ne l'avez pas cru ?

— Non !...

— Pourquoi ne l'avez-vous pas cru ?

— Pour deux raisons : c'est que je n'admets pas que vous refusiez l'homme qui vous a donné *Henri III* et *Mademoiselle de Belle-Isle*, c'est-à-dire deux des plus grands succès que vous ayez eus.

— La seconde ?

— Oui, la seconde, n'est-ce pas? la première vous paraît insuffisante. Eh bien, la seconde, c'est que j'ai traité, non pas avec vous, messieurs, mais avec le ministre, et que voilà mon traité, signé Rémusat. Les huit jours qui doivent suivre ma lecture sont écoulés. J'attends mon billet de répétition. — Au revoir, messieurs.

Le lendemain, j'avais mon billet de répétition pour le lundi suivant.

XVII

Maintenant, comment fut-ce mademoiselle Plessis, et non mademoiselle Mars, qui joua le rôle?

Je vais vous le dire en deux mots.

J'avais, pour faire le côté matériel de mes affaires, un excellent ami, mais qui n'avait aucune idée du monde de théâtre; il trouvait mademoiselle Plessis charmante, et il avait raison; on lui disait que mademoiselle Mars était vieille, il le croyait, et il avait tort : on n'est jamais vieux quand on a le talent de mademoiselle Mars. Mademoiselle Plessis avait la poitrine délicate, et mon ami, qui habitait la campagne et qui avait des chèvres, lui envoyait, tous les matins, du lait de chèvre; puis, tous les soirs, il allait au foyer, où chacun l'entourait, lui disant :

— Comprenez-vous cette vieille Mars qui, à soixante-cinq ans, joue un rôle de jeune fille de dix-sept? En vérité, quelqu'un devrait bien lui dire en face qu'elle a quarante ans de trop pour le rôle.

Cela lui montait la tête. Un soir, il répondit :
— Mais, si quelqu'un devait le lui dire, que ne le lui dites-vous?
— Oh! nous, elle dirait ce qu'elle dit : que c'est par jalousie qu'on veut la pousser hors du théâtre.
— Eh bien, fit mon ami, je le lui dirai, moi.
— Vous?
— Oui, moi.
— Vous n'oserez pas.
— J'oserai.
— Quand cela?
— Pas plus tard que demain.
— Pourquoi pas ce soir?
— Ce soir?
— Oui... Justement, elle joue. Tenez, la voilà qui rentre dans sa loge.
— Ce soir?
— Ah! vous reculez.
— Moi?
— Vous reculez.
— Moi?
— Oui, vous.
— J'y vais!

Et mon ami enfonça son chapeau sur sa tête, et se précipita dans la loge de mademoiselle Mars, qui changeait de costume.

— Eh! qu'est-ce que cela? dit mademoiselle Mars en prenant sa chemise entre ses dents.
— C'est moi, mademoiselle?
— Qui vous?

Mon ami se nomma.

— Eh bien, que me voulez-vous? Entrer ainsi chez moi sans être annoncé!

— Je veux vous dire, mademoiselle, ce qu'aucun de vos amis n'ose vous dire.

— Quoi?

— C'est que vous êtes trop vieille pour jouer le rôle de la comtesse et que ce serait sage à vous de le renvoyer à mademoiselle Plessis.

— Mademoiselle Plessis aura le rôle demain, monsieur. Maintenant, sortez de ma loge, je vous prie; il faut que je change de chemise.

Le lendemain, mademoiselle Mars renvoyait son rôle et annonçait qu'elle ne renouvellerait pas avec la Comédie-Française.

Voilà comment ce fut mademoiselle Plessis, et non mademoiselle Mars, qui joua le rôle de la comtesse dans *un Mariage sous Louis XV.*

XVIII

Le *Mariage sous Louis XV* fut joué le 1er juin 1841. Le succès honnête qu'il obtint, et qui eût été, selon toute probabilité, plus fructueux, si mademoiselle Mars en eût fait sa pièce de sortie, ne blessa personne, et, par conséquent, me laissa dans de bonnes relations avec la Comédie-Française.

Je désire que l'on ne donne pas à la phrase que je viens d'écrire un autre sens que celui que je lui donne moi-même.

Ce succès eût été plus fructueux, ai-je dit, avec mademoiselle Mars qu'avec mademoiselle Plessis, non point que mademoiselle Plessis ait mal joué la comtesse, au contraire, elle y fut charmante, mais parce que l'on eût été curieux de voir mademoiselle Mars dans son dernier rôle, et plus le rôle était jeune, plus la curiosité eût été grande.

J'avais eu, du reste, d'excellentes relations avec les cinq ou six artistes qui jouaient dans le *Mariage sous Louis XV*, et ils me demandèrent de leur faire une seconde pièce.

Un beau jour, je vais leur annoncer que la pièce était faite, et qu'elle s'appelait *les Demoiselles de Saint-Cyr.*

Elle était faite pour les mêmes personnes, excepté ce grand et excellent artiste que l'on appelait Menjaud, qui, dans l'intervalle, s'était retiré du théâtre. Les autres étaient Firmin, Plessis, Anaïs. Les nouveaux introduits étaient Brindeau et Régnier.

La pièce alla comme sur des roulettes; c'était la première fois qu'une pareille chose m'arrivait. J'en étais consterné; je m'étais fait une habitude de discussion avec le Théâtre-Français. La discussion me manquait; j'avais l'air d'être bien avec tout le monde. Hélas! j'étais donc descendu bien bas dans l'esprit des sociétaires. Il est vrai que je ne tardai pas à remonter sur ce point à une hauteur que je n'avais pas encore atteinte. *Le Testament de César* arriva.

Soit mauvaise volonté, soit ignorance de mise en scène, une pièce que j'eusse répétée pendant un mois à peine au Théâtre-Historique m'absorba pendant soixante et dix répétitions.

Ah! cher lecteur, vous ne serez pas si cruel que Didon, vous n'exigerez pas que je renouvelle mes douleurs!

C'était M. Seveste qui était alors directeur. Il est mort depuis; Dieu veuille avoir son âme! il a failli damner la mienne.

Je sortis tellement furieux, que je fis serment, en sortant, de n'y jamais rentrer. Je me tins parole pendant cinq ans.

Un jour, je rencontrai Régnier. Régnier me dit :

— Lisez donc tel roman d'Auguste Lafontaine; il y a dans ce roman-là un drame terrible pour votre Théâtre-Historique.

J'ai grande foi dans les indications de Régnier à l'endroit des bonnes choses. Je courus trois ou quatre cabinets de lecture : les romans d'Auguste Lafontaine, qui ont fait les délices du commencement du xixe siècle, sont à peu près oubliés aujourd'hui. Je trouvai enfin le roman désigné par Régnier; j'ai complétement oublié son nom.

Je me mis à lire le premier volume, mais je n'allai même pas jusqu'au bout. Au lieu du drame terrible que je devais trouver dans le troisième ou le quatrième volume, j'avais trouvé une charmante petite comédie dans le premier.

J'étais trop occupé à cette époque au Théâtre-Historique pour faire une petite comédie en un acte. J'appelai à moi mes deux jeunes amis Paul Bocage et Octave Feuillet; je leur en fis le plan et je leur dis :

— A l'œuvre, mes enfants! et exécutez-moi cela.

Leur acte fini, ils l'apportèrent au Théâtre Historique, et, ne me trouvant point, ils le donnèrent à Doligny. Le théâtre ferma huit jours après; le manuscrit de *Romulus* fut perdu dans le naufrage qui engloutit la seule grande tentative d'art qui eût été faite depuis vingt-cinq ans.

Un an s'écoula. J'avais, à quinze lieues de Paris, une chasse en partage avec mon bon et cher ami le comte d'Orsay; cette chasse était située à quatre ou cinq lieues de Melun.

Un jour, ou plutôt un soir, je repartis trop tard de Mormans, c'était le nom de notre chasse. Il en résulta que je n'arrivai pas pour le dernier convoi du chemin de fer. Force me fut de rester à Melun.

Que faire à Melun de dix heures du soir à huit heures du matin, quand on ne dort, comme moi, que trois ou quatre heures dans son propre lit, et pas du tout dans un lit étranger? *Romulus* me revint à l'esprit.

— Tiens, me dis-je, me voilà avec cinq ou six heures devant moi; si j'en profitais pour faire *Romulus*.

Sitôt pris, sitôt pendu, comme dit la parodie de *la Vestale*. Je descendis; j'allai chez un épicier, j'achetai du papier et des plumes. Je suis très-maniaque sur ce point : je ne puis travailler que sur certain papier, je ne puis écrire qu'avec certaines plumes, et encore j'ai mon papier et mes plumes de roman, mon papier et mes plumes de théâtre.

Je trouvai à peu près ce qu'il me fallait; j'achetai, en outre, une petite bouteille d'encre. Si je n'écris pas sur tous les papiers, si je n'écris pas avec toutes les plumes, je n'écris pas non plus avec toutes les encres; par exemple, il me serait impossible de rien écrire avec de l'encre bleue, pas même mon adresse.

Je me mis au travail vers onze heures; j'entassai du bois dans le coin de ma cheminée, je me fis donner des bougies de rechange, et, à sept heures du matin, j'écrivais le mot *Fin*, mot bienheureux, qui n'est pour moi cependant que le commencement du volume suivant.

Je partis pour Paris par le convoi de huit heures; à neuf, mon copiste était chez moi. Je n'avais pas relu *Romulus*. On relit et l'on corrige mal, surtout sur son écriture, moi surtout. Je lui demandai ma copie pour le lendemain à la même heure. Il fit la grimace; il n'avait que vingt-quatre heures pour copier ce que j'avais écrit en neuf. Cependant, il fut prêt.

Je lus, je corrigeai; je fis recopier une deuxième, puis une troisième fois. Alors, j'envoyai chercher Régnier.

— Mon cher ami, lui dis-je, vous rappelez-vous m'avoir donné le conseil de faire un drame bien noir avec tel roman d'Auguste Lafontaine?

— Oui.

— Eh bien, je l'ai lu.

— Ah!

— Et j'en ai fait une petite comédie en un acte que je crois très-gaie.

— Bravo! Pourvu que vous en ayez fait quelque chose, c'est tout ce qu'il me faut. Où est-elle?

— La voilà.

— Quand voulez-vous lecture?

— Oh! cher ami, je ne lis plus à la Comédie-Française. J'ai fait cette pièce pour vous et non pour MM. les comédiens ordinaires de la République, — nous étions en république alors ; — si vous voulez jouer le rôle, lisez-la et faites-la recevoir comme l'œuvre d'un jeune homme qui n'a encore rien fait.

— Vous y tenez?

— Je vous en prie.

— Soit; mais vous avez des préjugés contre la Comédie-Française.

— Moi? Non. Je trouve qu'elle joue des vaudevilles, voilà tout, au lieu de jouer des comédies, des tragédies et des drames, et je lui en veux de supprimer les couplets.

— Alors, me dit Régnier pour détourner la conversation, vous me donnez carte blanche?

— Oui, pourvu que mon nom ne soit pas prononcé.

— Je vous en donne ma parole d'honneur.

— Tout va bien, alors.

Régnier partit et je ne pensai plus à *Romulus*. Quinze jours après, je reçus un petit mot de Régnier, qui ne contenait que ces deux lignes :

« Le jeune homme qui n'a encore rien fait a été reçu par acclamation. Nous mettrons sa pièce en répétition jeudi.

» Tout à vous.

» Régnier. »

Effectivement, la pièce fut mise au tableau; mais une indiscrétion fut commise : par qui? je n'en sais rien; si elle eût été d'un jeune homme qui n'eût encore rien fait, elle eût paru tout de suite. Elle était d'un homme qui a fait soixante drames, tragédies ou comédies. Elle resta trois ans dans les cartons.

Elle avait été écrite en une nuit, au mois d'octobre 1851. Elle fut jouée le 15 janvier 1854.

Dans l'intervalle, j'avais fait deux comédies : *la Jeunesse de Louis XIV* et *la Jeunesse de Louis XV*, qui toutes deux avaient été arrêtées par la censure.

Pour cette fois, je donnai ma démission d'auteur au théâtre de la rue de Richelieu, et j'abandonnai la scène française aux vaudevilles en cinq actes de M. Scribe et aux tragédies en un acte de M. Latour Saint-Ybars.

Ainsi finit mon voyage. Ulysse n'avait erré que dix ans; j'ai erré quinze ans de plus qu'Ulysse; il est vrai que j'ai eu sur lui l'avantage de ne pas trouver de Pénélope.

LES TROIS PHÈDRE

Il y a longtemps que le désir m'a pris, pour la première fois, de faire une étude raisonnée sur les trois *Phèdre* qui ont survécu à ce grand naufrage du temps, qui engloutit tant de choses :

La *Phèdre* d'Euripide, représentée à Athènes 428 ans avant Jésus-Christ ;

La *Phèdre* de Sénèque, composée environ vers l'an 50 de notre ère ;

La *Phèdre* de Racine, jouée à l'hôtel de Bourgogne en 1677.

Je vais parler non-seulement des trois tragédies, mais encore de leurs auteurs, et de l'époque à laquelle ils vivaient.

Euripide est l'auteur de la *Phèdre* antique ; il naquit le jour même de la bataille de Salamine, dans le magasin d'une pauvre marchande de légumes.

Sophocle était né à Colone, dans l'atelier d'un forgeron ; Eschyle, à Éleusis.

On ignore ce qu'étaient le père et la mère d'Eschyle,

mais ce que l'on sait, c'est qu'il eut deux frères illustres, Cynégis et Aminias.

Une coïncidence étrange rattache les trois poëtes grecs à cette grande journée de Salamine, qui correspond au 20 octobre, 480 ans avant Jésus-Christ.

Eschyle combattait à Salamine.

Sophocle conduisait le chœur des adolescents qui célébrait la victoire.

Euripide naissait pendant la bataille.

On éleva Euripide pour en faire un athlète.

Il remporta même une fois, dit-on, le prix de la lutte; mais il avait, s'il faut en croire ce qu'il dit de ses anciens compagnons dans l'*Autolycus*, peu de sympathie pour le métier et pour ceux qui l'exerçaient; aussi le quitta-t-il afin d'essayer de la peinture ; puis il étudia la rhétorique sous Prodius, la philosophie sous Anaxagoras ; se lia avec Socrate, malgré la différence d'âge — Socrate était plus jeune que lui de dix ans — et enfin, la première année de la 81e olympiade, il fit son début par *les Péléades*.

Hippolyte — car la tragédie d'Euripide s'appelle *Hippolyte* et non *Phèdre* — fut représenté, une première fois, sous le nom d'*Hippolyte voilé*. Deux vers grecs lui font donner ce titre. Ils appartiennent à la dernière scène.

Hippolyte mourant dit à son père :

— Mes forces m'abandonnent... O mon père, je meurs!
Voile au plus tôt mon visage.

Mais, la tragénie n'ayant eu qu'un médiocre succès, le poëte la fit représenter une seconde fois, sous le titre d'*Hippolyte porte-couronne*, parce que, en entrant en scène, Hippolyte tient à la main une couronne qu'il offre à Diane en lui disant :

— Salut, ô Diane, la plus belle des vierges qui habitent l'Olympe ! O ma souveraine, *je t'offre cette couronne !*

Nous avons la date de cette seconde représentation seulement : c'est la quatrième année de la 87e olympiade, sous l'archonte Aminias, quelque temps après la mort de Périclès.

Les derniers vers de la tragédie font allusion à cette mort, arrivée l'an 429 avant Jésus-Christ.

Thésée dit, à propos du trépas d'Hippolyte, ce vers que l'on a cru être une allusion à la perte récente qu'Athènes venait de faire du grand citoyen qui se glorifiait, en expirant, de n'avoir jamais fait prendre le deuil à personne.

— O terre illustre d'Athènes et de Pallas, quel homme vous perdez !

Et le chœur continue la plainte du père, ou plutôt celle du citoyen en disant :

— Cette douleur, commune à tous les citoyens, est venue les affliger inopinément ; elle fera couler bien des larmes, car les regrets que laisse la mémoire des grands hommes vont toujours croissant.

Faisons l'analyse de la tragédie d'Euripide ; nous passerons ensuite à l'*Hippolyte* de Sénèque, et nous arriverons enfin à la *Phèdre* de Racine.

La scène est aux portes du palais de Thésée, à

Trézène; le portique du palais est orné de deux statues : l'une de Diane, l'autre de Vénus.

C'est Vénus qui fait l'exposition; elle descend dans un nuage et dit elle-même :

— Je suis Vénus, renommée entre les déesses et souvent invoquée par les mortels; je règne, dans les cieux, sur tous les êtres qui voient la clarté du soleil ou qui habitent entre le Pont-Euxin et les bornes atlantiques. *Ceux qui respectent ma puissance, je les favorise; mais je renverse les orgueilleux qui me bravent.*

Toute la tragédie est dans ces deux vers. L'orgueilleux Hippolyte sera renversé pour avoir bravé Vénus.

D'ailleurs, la déesse le dit dans les vers suivants :

— Le fils de Thésée, Hippolyte, né d'une Amazone, élève du vertueux Pitthée, seul ici, entre tous les citoyens de Trézène, m'appelle la plus malfaisante des déesses. Il dédaigne l'amour et fuit le mariage. La sœur de Phébus, Diane, fille de Jupiter, est l'objet de son culte. Il la regarde comme la plus grande des déesses. Accompagnant sans cesse la vierge divine à travers les vertes forêts, il détruit les animaux sauvages avec les chiens agiles et entretient avec une déesse un commerce plus élevé qu'il n'appartient à un simple mortel. Je n'envie pas ces plaisirs; eh! que m'importe? mais les outrages d'Hippolyte envers moi, je les punirai aujourd'hui même. J'ai dès longtemps préparé ma vengeance, et il m'en coûtera peu pour l'accomplir.

Vient ensuite l'exposition de l'amour adultère de Phèdre pour Hippolyte et le programme entier de la pièce, communiqué par la vindicative déesse aux spectateurs. Après quoi, l'exposition faite, le nuage se referme sur Vénus, et elle remonte aux cieux.

Hippolyte entre immédiatement après la disparition.

Il tient à la main une couronne et est suivi d'une troupe de jeunes chasseurs.

Tous chantent les louanges de Diane.

Le chœur se tait : Hippolyte adresse sa prière à la déesse. Le chœur s'éloigne pendant la prière d'Hippolyte.

La prière est pure, chaste, poétique; aussi harmonieuse en grec que peuvent l'être en français les plus beaux vers de Racine; elle conserve jusque dans la traduction un parfum d'antiquité suave à respirer.

La voici :

— Salut, ô Diane, la plus belle des vierges qui habitent l'Olympe! O ma souveraine! je t'offre cette couronne tressée par mes mains dans une fraîche prairie que jamais le pied des troupeaux ni le tranchant du fer n'ont osé violer. Seule, l'abeille y voltige au printemps; la Pudeur l'arrose d'une eau pure et n'en permet l'entrée qu'à ceux à qui la nature dicte la sagesse. Seuls, ceux-là ont droit d'en cueillir les fleurs interdites aux méchants. O ma reine chérie! reçois donc de ma main pure cette couronne pour ta chevelure dorée! Seul, en effet, parmi les mortels, je jouis de ce céleste privilége d'être admis dans ta familiarité; je converse avec toi; j'entends ta voix, mais sans voir ton visage radieux. Puisse, ô déesse! la fin de ma vie répondre à son commencement!

Hippolyte dépose sa couronne sur le socle de la statue et va s'éloigner, quand un vieillard l'arrête.

Ce vieillard, représentant de la sagesse, prévient Hippolyte du danger qu'il court en rendant un culte exclusif à Diane. Vénus sera jalouse : tous les dieux ont droit au culte des mortels.

— Je n'aime pas, répond Hippolyte, les divinités dont le culte a besoin des ombres de la nuit.

Puis, se retournant vers ses compagnons :

— Allez, amis, dit-il, dans le palais, et préparez le repas. Au retour de la chasse, on aime des tables richement servies : il faut aussi étriller mes coursiers, afin qu'après avoir mangé, je les attelle à mon char et les exerce à mon loisir.

Puis, se retournant du côté du vieillard :

— Quant à ta Vénus, ajoute-t-il, pour elle bien des fois adieu !

Et il rentre au palais.

Alors, le vieillard, s'agenouillant vers la statue :

— Pour moi qui ne dois pas imiter la jeunesse, dit-il, j'adore ton image, toute-puissante Vénus. Maintenant, pardonne à l'emportement de la jeunesse des paroles téméraires; oublie-les, et feins de ne pas les avoir entendues. Les dieux doivent être plus sages que les mortels.

Un chœur de jeunes filles s'approche et chante :

— Une roche est renommée, d'où, source abondante, jaillit l'eau de l'Océan. On peut y puiser avec des urnes. Là, j'avais une amie mouillant à l'onde fluviale des vêtements de pourpre, qu'elle étendait ensuite sur le dos de la roche tiède et exposée au soleil. Elle est venue à moi, et m'a appris la première nouvelle de ma souveraine consumée sur sa couche fiévreuse. Elle restait enfermée dans son palais. Des tissus légers voilaient sa tête blonde, et j'appris aussi d'elle que, depuis trois jours, sa bouche d'ambroisie n'avait point touché aux dons de Cérès, la malheureuse voulant, par une douleur cachée, se hâter d'arriver au terme de la vie.

O jeune femme ! assurément, tu es en délire, agitée par un dieu, soit par Pan, soit par Hécate, ou par les vénérables corybantes, ou par Cybèle, qui vit sur les montagnes; peut-être aussi es-tu tourmentée pour quelque oubli à l'égard de Diane Chasseresse ? Peut-être as-tu oublié de sacrifier des gâteaux à la puissante divinité qui erre sur la terre et les eaux, et qui étend sa puissance au delà de la terre ferme, jusque sur les flots salés de l'Océan.

Ou bien quelque rivale ne charmerait-elle pas ton époux, le chef des descendants d'Érechthée, le noble de naissance, dans son palais, dans quelque couche secrète, de ton lit nuptial ; ou bien quelque homme de mer parti de Crète a-t-il abordé au port d'Athènes hospitalier aux matelots, apportant à la reine quelque nouvelle dont elle est saisie en son âme et dont la douleur la retient enchaînée à son lit.

Mais voici la vieille nourrice de Phèdre, amenant celle-ci devant les portes, hors de l'appartement, et le nuage sombre de ses sourcils s'est augmenté. Mon âme désire apprendre ce qui peut avoir ainsi ravagé le corps pâli de la reine.

Entrent la nourrice et Phèdre.

— O maux des mortels, dit la nourrice, ô triste maladie !

Puis, se tournant vers Phèdre :

— Que ferai-je, ou que ne ferai-je pas ? Voici cette lumière brillante que tu désirais ; voici ce grand air que tu voulais respirer, et maintenant ta couche de douleur est hors du palais, car toutes tes paroles étaient pour venir ici. Mais bientôt tu auras hâte de rentrer dans ta chambre ; car tu changes promptement de désirs et tu ne te plais à rien. Tu détestes ce qui est présent, et, pour toi, la chose absente est toujours la chose préférable. Oh ! mieux vaut souffrir soi-même que soigner ceux qui souffrent. Souffrir est tout simple ; soigner ceux qui souffrent réunit le chagrin d'esprit à la fatigue des mains. Or, la vie des hommes est toute remplie de douleurs : il n'y a point de relâche à leurs peines. S'il est un autre bien plus désirable que la vie, les ténèbres l'environnent et le cachent sous leurs nuages. Un fol amour nous attache donc à cette lueur qui brille sur la terre, à cause de notre ignorance d'une autre vie et de l'ignorance des choses qui sont dans la tombe, et nous nous laissons effrayer au hasard par les fables qui nous abusent[1].

---

[1] Shakspeare, sans connaître Eschyle, dit aussi poétiquement que lui, dans *Hamlet* :

« Mourir, dormir, — dormir ! rêver, peut-être ! Voilà l'obs-

C'est alors que Phèdre fait entendre sa première plainte.

— Soulevez mon corps, redressez ma tête, amies, je suis brisée dans l'articulation de mes membres. Esclaves, pressez mes belles mains. Il est lourd pour moi de porter ce voile sur ma tête. Otez-le et étendez sur mes épaules les boucles de mes cheveux.

— Prends courage, mon enfant, répond la nourrice. Ne tourmente pas ton corps d'une manière chagrine, et tu supporteras ton mal plus aisément, avec plus de tranquillité, et avec un plus noble courage. Or, c'est une nécessité pour les mortels que de souffrir.

— Hélas! que ne puis-je, au bord d'une fontaine limpide, puiser une eau pure! que ne puis-je reposer dans une prairie touffue, couchée à l'ombre des peupliers!

— Que dis-tu? Ne parle pas ainsi devant la foule, jetant un discours inspiré par la folie.

— Conduis-moi sur la montagne : j'irai vers la forêt, à travers les pins où court la meute altérée du sang des cerfs tachetés. Oh! je voudrais, grands dieux! encourager, en criant, les chiens, et, tenant à la main un dard acéré, rapprocher, en le lançant, le trait thessalien, de ma chevelure blonde.

— Pourquoi donc, ô mon enfant, avoir de pareils désirs? Quel intérêt prends-tu donc à la chasse? Quelle soif as-tu des eaux de la fontaine éloignée? N'as-tu pas, près des tours du palais, une colline arrosée, d'où un frais breuvage peut venir jusqu'à toi?

— Diane, souveraine de Limné, qui s'élève au bord de la mer, et des gymnases retentissant du bruit des chevaux, que ne suis-je dans tes plaines, domptant tes coursiers?

— Encore des paroles insensées! tantôt le désir de la

tacle! Quels rêves surviendront dans ce sommeil où nous aurons dépouillé notre enveloppe mortelle? Voilà ce qui m'arrête; voilà la pensée qui fait que les souffrances ont si longue durée! »

chasse t'emporte sur la montagne; tantôt tu aspires à dompter de jeunes coursiers sur le sable du rivage. O ma fille! il faudrait la science des destins pour savoir lequel des dieux t'agite et égare tes esprits.

— Malheureuse que je suis! qu'ai-je dit? où me suis-je égarée hors de la saine raison? J'ai été en délire : j'y suis tombée par le châtiment d'un dieu. Hélas! hélas! malheureuse! rejette mon voile sur ma tête, car j'ai honte des choses que je viens de dire. Voile mon front, car des larmes coulent de mes yeux, et mon regard s'est tourné vers la honte. Mais être ramenée à la raison, c'est être ramenée à la douleur. Le délire est sans doute un mal; mais ne vaut-il pas mieux mourir n'ayant pas connaissance de son mal?

— Je te voile la tête, ô mon enfant! mais quand donc la mort m'emportera-t-elle? Ma longue vie m'apprend bien des choses, et, entre autres, qu'il est sage aux mortels de ne contracter que de tièdes amitiés, et non point de ces tendresses qui pénètrent jusqu'à la moelle intime de l'âme. Livrons notre cœur à ces amours faciles à dissoudre, que l'on peut écarter et resserrer à son gré, facilement et sans douleur. Mais qu'une seule âme souffre pour deux, ainsi que je souffre, moi, pour celle-ci, c'est là un poids insupportable. C'est avec raison que l'on dit que les passions extrêmes nuisent plus qu'elles ne réjouissent et qu'elles sont plutôt hostiles que bienfaisantes à la santé de l'âme. Rien de trop, plutôt que trop, et les sages seront d'accord avec moi.

Voilà le *mot à mot* d'Euripide, dans toute sa simplicité, mais aussi avec tout son parfum, tout ce qu'en peut conserver du moins la pensée en passant d'une langue dans une autre.

C'est, à notre avis, une fort belle chose, que Sénèque a été loin d'atteindre, que Racine à égalée à peine.

Continuant ainsi jusqu'à la fin du premier acte, ce que nous en mettrons sous les yeux du lecteur suffira pour notre appréciation et probablement pour la sienne.

Le chœur intervient et s'inquiète auprès de la nourrice du mal de Phèdre. Elle l'ignore comme tout le monde, mais elle va s'informer.

Elle revient en conséquence à Phèdre. Cette scène est un chef-d'œuvre ; aussi Racine l'a-t-il imitée presque mot à mot.

Sénèque l'a complétement gâtée.

— Eh bien, chère enfant, oublions toutes deux les discours que nous venons de tenir, et, toi, adoucis ton cœur; ne fronce plus ton sourcil; sors de l'état d'esprit où tu étais, et moi aussi. Laissons de côté la route où je te suivais et passons à des paroles meilleures. Es-tu malade de quelque mal secret? Tiens, voici ces femmes qui te soigneront avec moi. Mais, si ta souffrance est de celles que l'on peut révéler aux hommes, dis-la, afin que nous la fassions connaître aux médecins. Allons, voilà que tu te tais encore. Il ne faut pas te taire, mon enfant. Il faut, ou me prouver que j'ai tort, ou céder à mes raisonnements. Voyons, parle. Regarde ici de mon côté, vers moi. O malheureuse que je suis! — Femmes, vous le voyez! nous nous fatiguons vainement à vouloir soulager ses peines, et nous sommes aussi éloignées de les connaître qu'auparavant. — Tout à l'heure, pas plus que maintenant, mes paroles n'ont pu te toucher; mais, sache-le bien, dusses-tu te montrer plus impitoyable que la mer, si tu meurs, tu trahis tes enfants, qui cesseront d'avoir part à la maison paternelle ; j'en atteste la reine des Amazones, habile à monter à cheval, laquelle a donné pour maître à tes fils un bâtard ayant les pensées d'un enfant légitime. D'ailleurs, tu le connais bien, cet Hippolyte.

— Malheur à moi!

— Cela te touche-t-il, enfin?

— Tu me fais mourir, nourrice; au nom des dieux, je t'en conjure, tais-toi, à l'avenir, sur cet homme.

— Ah! tu le vois! tu rentres dans ton bon sens, et cependant, tu ne veux pas et servir tes enfants et sauver ta vie.

— J'aime mes enfants; mais je suis tourmentée d'une autre infortune.

— Tes mains, ô ma fille! sont pures de sang, n'est-ce pas?

— Mes mains sont pures, mais mon cœur est souillé!

— Est-ce un mal jeté par quelque ennemi?

— Non; c'est un ami qui me perd, sans le vouloir.

— Thésée t'a-t-il offensée?

— Oh! que je reste toujours innocente envers lui!

— Mais enfin, quelle est donc cette chose terrible qui te pousse à mourir?

— Laisse-moi mes fautes, nourrice, je ne suis pas coupable envers toi.

— Non, tu n'es pas coupable envers moi, mais je ne te survivrai pas si tu meurs.

— Que fais-tu? laisse mes mains, tu me violentes!

— Ni tes mains, ni tes genoux, je ne les quitterai.

— Mais ces choses-là sont des maux pour toi, si tu les apprends. Des maux, entends-tu, malheureuse?

— Est-il pour moi un malheur plus grand que celui de te perdre?

— Mais tu mourras en apprenant la cause de mon mal, et cependant cela me rapporterait de l'honneur.

— Et, moi te suppliant, tu caches une chose honorable?

— Oui, car, des choses honteuses, je voudrais faire sortir des choses honorables.

— Ces choses, il faut les dire, alors!

— Retire-toi, au nom des dieux! et lâche ma main droite!

— Non, puisque tu te tais.

— Eh bien, je parlerai donc, puisqu'il faut que je cède à tes supplications.

— Je me tais. Maintenant, c'est à toi de parler.

— Oh! malheureuse mère! de quel amour as-tu aimé?

— Parles-tu de cet amour qu'elle ressentit pour un taureau? Pourquoi dis-tu cela, mon enfant?

— Oh! malheureuse sœur, épouse de Bacchus!

— Ma fille, que fais-tu? tu outrages tes parents.

— Et moi, la troisième, misérable! je meurs à mon tour.

— Je suis stupéfaite! où tend ton discours?

— C'est de cette époque et non d'hier que nous sommes malheureuses?

— Je ne sais encore rien, mon enfant, de ce que je voulais apprendre!

— Hélas! que ne peux-tu me dicter les choses qu'il faut que je dise!

— Je ne suis point un devin, pour pénétrer les mystères obscurs.

— Quelle est donc, grands dieux! cette chose que les hommes appellent aimer?

— La chose la plus douce, ô ma fille! et la plus amère qui existe au monde.

— Je n'ai, hélas! éprouvé que la dernière.

— Que dis-tu, ô mon enfant? Aimerais-tu quelqu'un parmi les hommes?

— Tu connais ce fils de l'Amazone?

— Hippolyte! dis-tu?

— C'est de toi et non de moi que son nom est sorti.

— Hélas! que vas-tu dire, mon enfant? tu me fais mourir. Ces choses ne sont point supportables; tu me tues. Le jour m'est ennemi, la lumière ennemie. Oh! je précipiterai, j'abandonnerai mon corps; je me délivrerai de la vie. Adieu! regarde-moi comme morte. Les sages peuvent donc, malgré eux, être emportés par les choses honteuses. Vénus n'est donc pas une déesse, ou plutôt elle est plus qu'une déesse, elle qui a perdu Phèdre, la maison de Phèdre, et moi avec elle!

Alors, le chœur s'écrie :

— Tu as entendu, hélas! la reine révélant des maux déplorables qui ne sont point faits pour des oreilles humaines. Que nous périssions toutes, ô amies, avant d'arriver à ce que nos cœurs soient en délire comme le sien! Malheur à nous! Hélas! hélas!

Phèdre répond :

— Femmes de Trézène, qui habitez cette extrémité du pays de Pélops, souvent, en d'autres circonstances, j'ai réfléchi pour tâcher de comprendre par quelle fatale influence est corrompue la vie des mortels, et il m'a semblé que ce n'était point par la nature de leur esprit qu'ils tombaient dans le crime, car la sagesse est innée en eux, mais parce que, voyant et connaissant le bien, nous négligeons de le pratiquer, les uns par paresse, les autres parce qu'ils préfèrent le plaisir à ce qui est honnête.

Nous nous arrêtons là de notre traduction littérale pour nous borner à l'analyse.

Tous nos lecteurs ont assez dans la mémoire les vers de Racine pour avoir souligné, en les lisant, les endroits imités par lui; d'ailleurs, arrivé à Racine, nous citerons.

Phèdre continue ses aveux : elle dit ce qu'elle a souffert, les combats qu'elle s'est livrés à elle-même; comment, vaincue par Vénus, elle a voulu mourir.

C'est au récit de ces douleurs que la nourrice, au lieu de continuer à combattre l'amour de Phèdre, cherche un moyen de satisfaire cet amour.

— Tu aimes! dit-elle. Qu'y a-t-il d'étonnant à cela? Tu aimes avec beaucoup de mortels, et tu mourrais à cause de cet amour? Ah! malheur à ceux qui aiment ou qui aimeront désormais, s'il faut qu'ils meurent pour avoir aimé!

Et, alors, elle cite à Phèdre l'exemple tantôt incestueux, tantôt adultère des dieux.

— Renonce donc, continue-t-elle, à ton funeste dessein, et cesse d'outrager les dieux en voulant leur être supérieure.

Et le chœur applaudit aux conseils de la nourrice.

Phèdre résiste d'abord.

— Ah! s'écrie-t-elle, voilà ce qui perd la famille et les États, ce sont les discours trop flatteurs, car il faut dire non ce qui flatte les oreilles, mais ce qui conduit à la gloire.

— Pourquoi parler fièrement ainsi? Ce ne sont point de beaux discours qu'il te faut, c'est l'homme que tu aimes. Éclairons-nous donc au plus vite sur l'état de son cœur. Fais-lui donc au plus vite l'aveu de ton amour. Ah! si ta vie n'était pas si cruellement menacée; si tu étais, au lieu d'être insensée, une femme jouissant de son bon sens; s'il ne s'agissait que de ton plaisir, je ne te donnerais jamais un pareil conseil; mais, maintenant, c'est une tâche pressante que de sauver ta vie et tout, plutôt que de te voir mourir.

— Oh! tu dis des choses horribles! ne fermeras-tu donc pas la bouche! ne cesseras-tu pas de prononcer des discours honteux!

— Oui, mes paroles sont honteuses, mais meilleures pour toi que de plus belles, et la chose honteuse qui te sauvera vaut mieux, crois-moi, que la chose glorieuse qui causera ta mort.

— Arrête! je te dis d'arrêter. Oui, tes paroles sont douces, mais elles sont infâmes. J'ai soumis mon âme à l'amour, mais en lui imposant les bornes de la pudeur. Si tu me pousses vers la honte, oh! je sens que je tomberai dans l'abîme que j'évite maintenant.

— Alors, il ne fallait pas aimer; mais, puisque tu aimes, obéis-moi, c'est la seule grâce que j'implore. Écoute : j'ai dans le palais des philtres qui inspirent l'amour. J'y songe à cette heure seulement. Ils te délivreront de ton mal, et tu n'auras rien à craindre, ni pour ton honneur, ni pour ton esprit; seulement, il faut me procurer un signe de celui qui est aimé de toi : quelques paroles ou quelque morceau de ses vêtements, et j'unirai vos deux cœurs dans un seul amour.

— Ce philtre est-il un breuvage ou un parfum?

— Je ne sais, laisse-toi aider, et ne cherche pas à t'instruire.

— Oh! je tremble que tu ne sois trop habile.
— Que crains-tu? que redoutes-tu?
— Que tu ne révèles quelque chose de cela au fils de Thésée.
— O ma fille, laisse-moi faire; et j'arrangerai tout au mieux. Vénus, déesse de la mer, sois-moi seulement en aide, et il suffira de faire part des autres choses à nos amis qui sont dans le palais.

La nourrice rentre. Phèdre reste avec le chœur qui chante un hymne à l'amour.

Tout à coup, Phèdre l'arrête :

— Faites silence, femmes, dit-elle, je suis perdue.

Elle écoute et entend Hyppolyte, qui hausse la voix.

— C'est le fils de la belliqueuse Amazone, dit-elle, c'est Hippolyte qui profère des menaces contre ma nourrice.

Et Phèdre, n'osant affronter la colère d'Hippolyte, s'enfuit.

Le chœur reste.

La nourrice entre, suppliant Hippolyte.

Mais l'Hippolyte d'Euripide n'est pas celui de Racine. Le fils de l'Amazone non-seulement n'aime pas Phèdre, mais, de toutes les femmes, aucune aussi *n'a trouvé et ne trouvera le chemin de son cœur.*

— O Jupiter, s'écrie-t-il, pourquoi donc as-tu mis des femmes sous la lumière du soleil? Les femmes, engeance de mauvais aloi, fléau des hommes! Si tu voulais propager la race mortelle, ne pouvais-tu donc le faire sans le secours des femmes? N'eût-il pas mieux valu que les hommes, consacrant dans son temple, soit l'airain, soit le fer, soit l'or même, obtinssent des enfants au prix que chacun aurait payé, et que, sans femmes, ils habitassent dans leurs libres maisons? Maintenant, au contraire, que nous devons les introduire dans nos demeures, il faut épuiser nos richesses à acheter ce fléau.

Et l'imprécation continue violente et implacable, jusqu'à ce que sorte Hippolyte.

— Triste destinée des femmes! dit le chœur. Que nous reste-t-il à faire maintenant, et comment délier le nœud de ce drame?

Phèdre alors reparaît, écrasée sous sa honte. En vain la nourrice veut-elle la consoler et la soutenir. Cette fois, sa résolution est prise : elle mourra; mais, en mourant, elle se vengera du moins de celui qui l'a dédaignée.

Elle accuse Hippolyte de lui avoir fait violence, consigne cette accusation dans ses tablettes, et, au moment où l'on annonce l'arrivée de Thésée, elle se pend en tenant ses tablettes dans sa main.

Thésée, au milieu du désespoir que lui cause la perte de Phèdre, trouve ces tablettes accusatrices.

Alors a lieu entre lui et Hippolyte la scène imitée par Racine. Quand nous en serons à l'appréciation de la *Phèdre* moderne, nous mettrons en face l'original et l'imitation.

Dans l'une comme dans l'autre, elle se termine par l'exil d'Hippolyte. Thésée chasse son fils et trouve qu'il ne se hâte pas assez de sortir.

— Ne l'entraînerez-vous pas, esclaves, dit-il, et n'entendez-vous pas que depuis longtemps j'ordonne l'exil de cet homme?

— Oh! ce serait certes pour son malheur que l'un d'eux mettrait la main sur moi! Si tu en as le courage, chasse-moi toi-même de cette contrée.

— Oui, je le ferai si tu ne m'obéis pas, car aucune pitié de ton exil ne me touche.

— Ainsi, c'est résolu, et mon arrêt est prononcé. O malheureux que je suis! Je sais, et je ne puis pas dire ce que je sais! O fille de Latone, la plus chère des déesses, près de laquelle je vivais et qui chassais avec moi, nous allons donc fuir l'illustre Athènes. Adieu, ville et terre d'Érechthée! O sol de Trézène, qui as eu tant de charmes pour ma jeunesse, adieu! car, te voyant pour la dernière fois, pour la dernière fois je t'adresse la parole. Allons, ô mes jeunes compagnons, nés comme moi sur cette terre, venez me faire vos adieux et accompagnez-moi hors du pays; et, quoique cela ne semble pas ainsi à mon père, jamais vous ne verrez un homme plus chaste que moi.

Hippolyte sort. Le chœur déplore l'exil d'Hippolyte dans de très-beaux vers :

— O sables du rivage de la patrie, ô bois de la montagne que tu gravissais en poursuivant les bêtes sauvages avec tes chiens aux pieds agiles, en compagnie de l'auguste Diane! On ne te verra plus, ô Hippolyte, monté sur un char attelé de coursiers, gouvernant du pied, dans la lice autour de Limné, les chevaux dressés par toi. Tu ne chanteras plus, en t'accompagnant de la lyre, dans le palais de ton père. Les retraites que la fille de Latone te choisissait sous la profonde verdure ne seront plus ornées de tes couronnes, et la lutte nuptiale que livrait la jeune fille à ses compagnes pour devenir ton épouse est terminée par ton exil. O mère infortunée! c'est donc inutilement que tu as donné le jour à un fils. En vérité, je suis irrité contre les dieux. O Grâces, déesses unies en chœur, pourquoi chassez-vous le malheureux qui n'est coupable d'aucun crime? Mais je vois un compagnon d'Hippolyte, qui, l'air sombre et triste, accourt vers ce palais.

C'est le messager qui vient raconter à Thésée l'événement arrivé à son fils.

Que l'on nous permette de nous étendre un peu sur le récit de la mort d'Hippolyte, tant admiré et tant critiqué, lorsque nous en serons là de la tragédie de Racine.

Nous mettrons le mot à mot grec en face de la version française ; puis nous dirons à qui Euripide a emprunté ce récit, et quelle erreur il nous semble avoir commise en l'appliquant à Thésée.

Et cependant, il prend toute sorte de moyens pour se le faire pardonner. D'abord, au moment où arrive le messager, Thésée ne doute pas de la culpabilité de son fils.

A la nouvelle de la catastrophe d'Hippolyte, il répond d'abord :

— Par quel main a-t-il péri ? Est-ce par la main vengeresse de quelque ennemi dont il a par violence déshonoré l'épouse, comme il a déshonoré celle de son père ?

Or, on comprend que, tout entier à sa fureur, Thésée entende le récit détaillé que vient faire le messager.

Ce récit terminé, Thésée est désarmé à peine.

— Par haine de l'homme qui a souffert cela, dit-il, je m'étais réjoui de ce que tu viens de me raconter ; mais, maintenant, respectant les dieux et lui qui est né de moi, je ne me réjouis ni ne m'afflige de son malheur.

D'ailleurs, dans le drame d'Euripide, Hippolyte vit encore et peut lire au fond du cœur de son père cet espoir qu'on peut le sauver.

Aussi, quand le messager demande à Thésée ce qu'il faut faire du blessé :

— Apportez-le ici, dit-il, afin qu'ayant devant mes yeux

celui qui a nié avoir souillé ma couche, je le convainque par mes paroles et par les malheurs venus des dieux.

Alors, Diane apparaît.

Il ne faut rien de moins que la parole d'une déesse pour combattre l'accusation d'une morte.

Elle s'adresse à Thésée.

— Noble fils d'Égée, prête l'oreille à mes discours, dit-elle : c'est Diane, la fille de Latone, qui t'adresse la parole. Connais toute l'étendue de tes maux ; quoique ce soit sans profit, je veux du moins te laisser des regrets, et je suis venue pour montrer à tes yeux le cœur juste de ton fils, afin qu'il meure justifié et que tu connaisses et les fureurs de ton épouse et aussi son noble courage, car elle a été blessée par les traits de la plus odieuse des déesses, odieuse à toutes celles qui comme moi, chérissent la virginité.

Puis elle raconte tout à Thésée, et c'est alors seulement que, ne pouvant plus douter, Thésée retrouve des larmes pour son fils.

En ce moment, on apporte Hippolyte mourant.

A peine le jeune homme peut-il parler ; chaque mouvement du brancard sur lequel il est couché lui fait pousser un cri de douleur ; chaque souffle qui sort de sa bouche semble être le dernier qui s'échappera sa poitrine. Cependant, il trouve la force de se disculper devant son père ; alors, il demande une épée pour achever une existence qui n'est plus pour lui qu'une douleur insupportable.

Mais Diane lui adresse la parole.

— Malheureux ! dit-elle, à quelle infortune es-tu enchaîné ! C'est la noblesse de ton cœur qui t'a perdu.

A peine Diane a-t-elle parlé, que sa présence divine se révèle par la douleur qui s'endort.

— Oh! s'écrie Hippolyte, souffle divin, parfum suave! quoique en proie à la souffrance, je te sens, ô déesse Diane! et je me sens soulagé dans mon corps. Tu es là?

— Oui, malheureux! elle y est, celle qui pour toi était la plus chère des déesses.

— O ma souveraine! Tu vois, malheureux, en quel état je me trouve.

— Je le vois, mais il n'est pas permis à mes yeux divins de verser des larmes.

— Il n'est plus, ton chasseur; ton serviteur n'est plus.

— Non, mais tu meurs bien cher à mon âme.

— Ni ton écuyer, ni le gardien de tes statues.

— C'est Vénus, la perfide! qui a tramé tout cela.

— Hélas! je reconnais, à présent, la déesse qui m'a perdu.

— Elle se plaignait que tu ne lui rendisses pas hommage, et s'indignait de ta chasteté.

— C'est elle seule qui nous perdit tous trois, je le vois bien.

— Ton père, toi et la femme de ton père.

— J'ai déploré son infortune.

— Les artifices d'une déesse t'ont trompé.

— O père malheureux à cause de mon malheur!

— Oh! moi aussi, je suis mort, mon fils, dit Thésée, et la vie n'a plus de bonheur pour moi.

— Je te plains plus que je ne me plains moi-même, à cause de ton erreur.

— Si je pouvais mourir à ta place, mon enfant!

— O dons amers de ton père Neptune!

— Pourquoi ma bouche les a-t-elle réclamés!

— Qu'importe! tu m'eusses tué, tant tu étais courroucé contre moi.

— J'étais égaré par les dieux, et hors de raison.

— Pourquoi donc est-il défendu aux mortels de maudire les dieux!

Alors, Diane, qui s'est tue pour laisser le père et le

fils exhaler leur douleur, reprend la parole pour promettre la vengeance à Hippolyte.

Cette vengeance sera la mort d'Adonis, que Diane fera tuer par un sanglier.

Puis elle console le jeune homme par le tableau du culte qui sera rendu à son tombeau.

— En récompense des maux que tu as soufferts, je te donnerai les suprêmes honneurs dans la ville de Trézène, car les jeunes vierges, avant de subir le joug de l'hymen, couperont leurs cheveux en ton honneur et te payeront un long tribut de larmes ; c'est toi qu'elles célèbreront dans leurs luttes musicales, et jamais l'amour incestueux que Phèdre conçut pour toi ne tombera dans l'oubli. Et toi, ô fils de l'antique Égée, prends ton enfant entre tes bras, attire-le sur ton cœur, car tu l'as fait périr malgré toi. Or, les hommes peuvent se tromper ; c'est dans leur nature, surtout quand les dieux les poussent à l'erreur. Toi, Hippolyte, pardonne à ton père, car ce n'est pas lui, c'est ta destinée qui t'a perdu. Et adieu, maintenant, je te quitte, car il n'est pas permis à mon regard de contempler un mort, et je te vois déjà toucher au tombeau.

— Adieu, vierge bienheureuse ; retire-toi souriante ; puisses-tu perdre sans regret mon culte et ma société, si, lorsque, sur ta demande, je pardonne à mon père, aujourd'hui comme toujours j'obéis à tes ordres. Hélas ! déjà l'obscurité s'empare de moi par les yeux. O mon père, soutiens et relève mon corps.

— O mon enfant ! à qui t'adresses-tu ? A moi ! misérable !

— Je meurs et je vois déjà les portes des enfers.

— Meurs-tu laissant mon cœur souillé ?

— Non, mon père, et je t'absous du meurtre de ton fils.

— Oh ! tu me laisses donc libre et pur de sang ?

— Je t'en prends à témoin, Diane ! Diane, qui domptes tout par tes flèches !

— O très-cher enfant! que tu te montres généreux pour ton père !

— Adieu, adieu, mon père, mille fois adieu !

— Hélas ! hélas ! à cause de ton cœur pieux et bon.

— Souhaite d'obtenir des enfants légitimes qui me ressemblent.

— Ne me quitte pas, mon enfant ; reprends tes forces.

— Mes forces m'abandonnent... ô mon père ! Je meurs, voile-moi promptement le visage.

— O terre d'Athènes et de Minerve ! de quel homme es-tu privée !...

L'antiquité n'a certes rien de plus touchant que la mort de ce héros consolé par une déesse et, sur la prière de cette déesse, pardonnant à son père.

Ce dénoûment, à notre avis, est bien supérieur à celui de Sénèque et, par conséquent, à celui de Racine, qui a calqué son dénoûment sur celui du tragique latin.

Au reste, quoique à notre avis, Euripide soit le plus faible des trois grands tragiques grecs, c'est celui qui eut, de son vivant et même pendant le siècle qui suivit sa mort, la plus haute renommée dans la Grèce proprement dite et dans ce qu'on appelait la grande Grèce, c'est-à-dire en Calabre et en Sicile.

Et cependant, comme toujours, les triomphes du poëte furent mêlés d'assez de dégoûts pour qu'il quittât Athènes et se retirât près d'Achélaüs, roi de Macédoine.

Eschyle en avait déjà fait autant pour se retirer à Géla près d'Hyéron.

Valère Maxime raconte qu'Eschyle mourut tué par la chute d'une tortue qu'un aigle laissa tomber sur sa tête chauve, la prenant pour un rocher.

Euripide, se promenant dans un endroit désert, fut déchiré par des chiens.

Passons à Sénèque, dont la mort ne fut pas moins tragique que celle d'Eschyle et d'Euripide.

*
* *

Sénèque, comme Lucain, était un Romain d'Espagne; comme Lucain, il était né à Cordoue. Corneille, qu'on appelle un vieux Romain, est, comme eux, bien moins Romain qu'Espagnol et semble avoir fait du poëte tragique, et encore plus du poëte épique, une étude toute particulière.

Sénèque était né vers la deuxième ou troisième année du Christ. Il vint tout jeune à Rome, y étudia la rhétorique et la philosophie, et, presque enfant, se fit remarquer par son éloquence.

Il porta sous ce rapport ombrage à Caligula, qui avait la prétention d'être le premier des orateurs de son temps. Le fou couronné l'entendit plaider devant le Sénat, et pâlit de jalousie. Une courtisane, qui était près de l'empereur, comprit que cette pâleur était l'arrêt de mort du jeune rhéteur.

— Oh! dit-elle en se penchant à l'oreille de Caligula, vois, il n'a que le souffle ; il mourra bien tout seul et sans qu'on l'aide à mourir.

Sénèque vécut et ce fut Caligula qui fut tué.

Seulement, au commencement du règne de Claude, Messaline le fit exiler, comme coupable d'adultère.

Plus faible encore de caractère que de tempérament, Sénèque ne put supporter son exil ; il s'abaissa dans ses prières jusqu'à faire, pour un misérable affranchi de Claude, qui venait de perdre son frère, un *Traité de la Consolation*. Il n'en resta pas moins huit ans en exil, et y fût resté plus longtemps encore, si la chute de Messaline n'eût amené son rappel. Mais, lorsque Agrippine eût épousé l'empereur, elle rappela Sénèque pour faire l'éducation de son fils Néron.

Non-seulement on ne sait pas précisément à quelle époque l'*Hippolyte* de Sénèque a été composé, mais encore n'est-on pas bien sûr que cette tragédie soit de Sénèque, ou, du moins, de celui dont nous parlons.

En effet, on dit Sénèque *le tragique* et Sénèque *le philosophe*.

On a tort, car rien n'est moins tragique que Sénèque le tragique. Il est vrai que les dix pièces qu'on lui attribue étaient destinées, non point à être représentées, mais seulement à être lues.

Sénèque commence par supprimer dans sa tragédie d'*Hippolyte* l'intervention des dieux. La scène s'ouvre donc, non point par Vénus, mais par Hippolyte.

L'entrée du héros chasseur est assez belle.

Hippolyte s'adresse à ses compagnons :

— Allez, dit-il, et répandez-vous autour de cette forêt ombreuse ; d'un pied rapide, parcourez les sommets du mont Cécrops, la plaine qui s'étend au pied du Parnes rocheux et les bords du fleuve dont les ondes rapides traversent la vallée de Thréa ; franchissez ces monts toujours blancs de neige. —Vous, pénétrez sous l'ombrage des aunes entrelacés, dans ces vastes prairies où l'haleine pleine de rosée du zéphir tire de terre l'herbe du printemps ; vous, dans ces lieux où, d'un cours égal et paisible, l'Ilissus, semblable au Méandre, promène ses eaux languissantes et mouille à peine un sable aride. — Vous, prenez par ce sentier à gauche, qui à travers les bois conduit à Marathon : c'est là que les biches vont paître pendant la nuit, à la suite de leurs faons. —Vous, tournez de ce côté, où l'acarne laborieux, soumis à la douce influence du Midi, ne sent pas la rigueur des frimas. Que l'un se rende sur l'Hymette fleuri, l'autre vers le bourg chétif d'Aphidna. Il y a longtemps que nous n'avons visité ces parages où le cap Sunium s'allonge dans la mer. — Vous, qui aimez une chasse glorieuse, courez à Phyes ; là, se tient un sanglier, la terreur des environs, et dont plus d'un chasseur a déjà senti la redoutable défense. Laissez flotter la laisse des chiens paisibles au gosier silencieux, mais tenez fortement en mains ces ardents molosses, et que le limier impatient de Crète use le poil de son cou en luttant contre la forte courroie qui arrête ses élans. Quant aux dogues de Laconie, race courageuse et avide de sang, il est bon qu'ils soient tenus de plus court encore ; le moment viendra où l'écho des rochers retentira de leurs aboiements. Et, maintenant, que, d'un nez subtil, ils aspirent les pistes ; que, la tête basse, ils suivent les traces, tandis que la clarté est douteuse et que la terre humide garde encore les fumées. Que l'un de vous se charge de ces toiles à larges mailles ; un autre de ces filets plus serrés ; déposez en ligne ces plumes rouges, afin d'effrayer, par leur vue, les animaux sauvages... — Toi, tu lanceras le javelot rapide ; toi, tu saisiras à deux mains le pesant épieu garni de fer ; toi, placé en embuscade, tu redoubleras par tes cris l'effroi des animaux lancés, et toi, avec le couteau recourbé, tu détacheras leurs entrailles, lorsqu'ils seront abattus.

Puis vient le tour de Diane.

En comparant la prière de l'Hippolyte grec à celle de l'Hippolyte latin, on appréciera le génie, non-seulement des deux poëtes, mais des deux langues.

Euripide est un poëte de taille ordinaire, comparé à Eschyle; mais c'est un géant, comparé à Sénèque.

— Soyez en aide à un mortel qui vous honore, déesse intrépide; vous qui régnez dans les solitudes des bois; qui percez de vos traits inévitables les monstres qui s'abreuvent dans les froides eaux de l'Araxe et ceux qui bondissent sur la glace de l'Isler. Votre bras atteint le lion de Gelule et la biche de Crète, ou renverse d'un coup plus léger le daim rapide. Vous frappez en face le tigre à la peau mouchetée; vous atteignez dans leur fuite le bison à l'épaisse crinière et l'auroch farouche aux larges ramures. Tous les hôtes des déserts qui peuplent, ou le sol infécond de la Numidie, ou les riches forêts de l'Arabie, ou les cimes sauvages des Pyrénées. Ceux que nourrissent les bois épais de l'Hyrcanie ou les vastes plaines du Sarmate vagabond, tous, ô Diane, redoutent vos flèches. L'heureux chasseur que vous protégez voit le gibier tomber dans ses toiles. Nulle proie ne rompt le filet qui l'enferme; le chariot qui la rapporte gémit sous une charge pesante; les chiens reviennent la gueule rouge de sang, et le cortége rustique regagne le hameau dans tout l'appareil d'un triomphe. Allons, la déesse est avec nous; j'entends des aboiements de bon augure. La forêt m'appelle, j'y vole. Ce sentier m'abrégera le chemin.

Il y a loin de là au *Salut, ô déesse, la plus belle des vierges qui habitent l'Olympe;* mais, nous l'avons dit, Euripide est un poëte, et Sénèque n'est qu'un rhéteur.

Chez Sénèque, la belle scène du vieillard donnant ses conseils est supprimée. Derrière Hippolyte paraît Phèdre; non pas faible, languissante, près de mourir, mais bavarde et raisonneuse, comme vient de l'être Hippolyte, comme le sera Thésée, comme le sont tous les personnages de Sénèque, comme l'est Sénèque enfin. D'une première haleine, elle dit quarante-quatre vers, et sa nourrice quarante-neuf.

Dans Sénèque, c'est Phèdre qui parle la première de son amour ; c'est Phèdre qui croit, comme dans Racine, à la mort de son mari, et qui espère qu'Hippolyte l'aimera ; c'est Phèdre qui dit :

— J'irai ; je le suivrai sur ces monts couverts de neige où il se plaît ; à travers les roches aiguës, qu'il franchit d'un pied léger ; à travers les montagnes, au fond des bois.

Et c'est la nourrice qui lui répond :

— Lui, s'arrêter ! lui, se laisser attendrir ! Chaste jusqu'à ce jour, il partagerait une flamme adultère ! il cesserait de vous haïr, vous, la cause peut-être de son aversion pour toutes les femmes !

Quand la nourrice lui dit : « Il vous fuira ! » c'est Phèdre qui répond :

— Je le suivrai, s'il le faut, au delà des mers.
— Songez quel est votre père.
— Je songe qu'elle fut ma mère.

Dans Sénèque, c'est sur la scène qu'a lieu l'entrevue d'Hippolyte et de la nourrice.

Comme dans Euripide, elle échoue, et le dernier mot d'Hippolyte est celui-ci :

— Ce qui me console de la perte de ma mère, c'est que, depuis sa mort, je puis haïr toutes les femmes.

Alors arrive Phèdre. A son tour, elle attaque Hippolyte, auquel la nourrice n'a fait qu'un aveu incomplet.

Alors se déroule cette scène fort belle, même dans Sénèque, à laquelle Racine a emprunté la sienne.

Qu'on en juge : nous mettons en regard les vers de Racine avec le texte traduit littéralement du latin

SÉNÈQUE.

PHÈDRE.

Je voudrais vous parler quelques instants sans témoin; faites, je vous prie, sortir votre suite.

HIPPOLYTE.

Parlez, madame, nous sommes seuls.

PHÈDRE.

Je le voudrais, mais la voix expire sur mes lèvres; un puissant intérêt me force à parler, un plus puissant me retient. Dieux! je vous prends à témoin que ce que je vous demande, je l'ai en horreur!

HIPPOLYTE.

Se peut-il que la langue se refuse à exprimer ce que nous voulons dire!

PHÈDRE.

Les peines légères sont éloquentes ; les grandes douleurs sont muettes.

HIPPOLYTE.

O ma mère! confiez-moi vos chagrins.

PHÈDRE.

Ce titre de mère est trop sérieux, trop imposant. Un nom plus modeste conviendrait mieux à ce que j'éprouve. Hippolyte, appelez-moi votre sœur ou votre esclave ; oui, votre esclave, car je recevrais vos ordres avec joie. Commandez, et je cours à travers les neiges épaisses, je franchis les sommets glacés du Pinde ; je braverais pour vous le fer et les flammes et je présenterais mon sein aux épées menaçantes. Recevez ce sceptre qui m'a été confié ; comptez-moi au nombre de vos sujets : c'est à vous de commander, à moi d'obéir. Gouverner un État est un soin trop pesant pour une femme. C'est à vous, qui êtes dans la force de la jeunesse, de diriger d'une main ferme le royaume paternel. Je ne vous demande que de protéger une infortunée, une suppliante qui se jette entre vos bras, qui n'a plus d'époux

RACINE.

PHÈDRE.
Le voici. Vers mon cœur tout mon sang se retire;
J'oublie en le voyant ce que je viens lui dire.
ŒNONE.
Souvenez-vous d'un fils qui n'espère qu'en vous !
PHÈDRE.
On dit qu'un prompt départ vous éloigne de nous,
Seigneur. A vos douleurs je viens joindre mes larmes.
Je vous viens pour un fils expliquer mes alarmes.
Mon fils n'a plus de père, et le jour n'est pas loin
Qui de ma mort enfin doit le rendre témoin ;
Déjà mille ennemis attaquent son enfance,
Vous seul pouvez contre eux embrasser sa défense,
Mais un secret remords agite mes esprits :
Je crains d'avoir fermé votre oreille à ses cris,
Je tremble que sur lui votre juste colère
Ne poursuive bientôt une odieuse mère.
HIPPOLYTE.
Madame, je n'ai point de sentiments si bas
PHÈDRE.
Quand vous me haïriez, je ne m'en plaindrais pas,
Seigneur. Vous m'avez vue attachée à vous nuire :
Dans le fond de mon cœur vous ne pouviez pas lire.
A votre inimitié j'ai pris soin de m'offrir.
Aux bords que j'habitais, je n'ai pu vous souffrir
En public, en secret, contre vous déclarée,
J'ai voulu par des mers en être séparée ;
J'ai même défendu, par une expresse loi,
Qu'on osât prononcer votre nom devant moi.
Si pourtant à l'offense on mesure la peine,
Si la haine peut seule attirer votre haine,
Jamais femme ne fut plus digne de pitié,
Et moins digne, seigneur, de votre inimitié.

SÉNÈQUE.

HIPPOLYTE.

Puisse le maître des dieux éloigner ce présage ! Mon père sera bientôt de retour.

PHÈDRE.

Le roi du sombre empire, l'avare Pluton ne lâche point sa proie, et c'est sans retour que l'on franchit le Styx : et vous pensez qu'il laisserait échapper le ravisseur de son épouse? Pluton indulgent à ce point pour les fautes que l'amour fait commettre !

HIPPOLYTE.

Les divinités propices du ciel le rendront à notre amour; mais, en attendant que nos vœux soient accomplis, j'aurai pour vos fils la tendresse que je dois à mes frères. Mes soins vous convaincront que vous n'êtes pas veuve. Enfin, je tiendrai près de vous la place de mon père.

PHÈDRE.

O crédules amants ! ô trompeur amour ! En a-t-il dit assez? l'ai-je bien entendu? Achevons de le toucher par mes prières, ayez pitié de mon embarras : comprenez mes vœux secrets, mon silence. Je veux parler et je n'ose.

HIPPOLYTE.

Quel mal étrange vous agite ?

PHÈDRE.

Un mal que les marâtres ne connaissent guère.

HIPPOLYTE.

Le sens de vos paroles m'échappe ; parlez plus clairement.

PHÈDRE.

Le feu dévorant de l'amour bouillonne dans mon sein; mon cœur est en proie à toute sa violence; cette ardeur cruelle a pénétré jusqu'au fond de mon cœur, elle consume mes entrailles, elle se répand dans mes veines comme une flamme rapide se répand dans un édifice et en dévore toutes les parties.

HIPPOLYTE.

C'est l'effet du chaste amour dont vous brûlez pour Thésée.

RACINE.

HIPPOLYTE.
Des droits de ses enfants une mère jalouse
Pardonne rarement au fils d'une autre épouse.
Madame, je le sais, les soupçons importuns
Sont, d'un second hymen, les fruits les plus communs.
Tout autre aurait, pour moi, pris les mêmes ombrages,
Et j'en aurais peut-être essuyé plus d'outrages.

PHÈDRE.
Ah ! seigneur, que le ciel, j'ose ici l'attester,
De cette loi commune a voulu m'excepter !
Qu'un soin bien différent me trouble et me dévore !

HIPPOLYTE.
Madame, il n'est pas temps de vous troubler encore ;
Peut-être votre époux voit encore le jour,
Le ciel peut, à nos pleurs, accorder son retour,
Neptune le protége, et ce dieu tutélaire
Ne sera pas en vain imploré par mon père.

PHÈDRE.
On ne voit pas deux fois le rivage des morts,
Seigneur. Puisque Thésée a vu les sombres bords,
En vain vous espérez qu'un dieu vous le renvoie,
Et l'avare Achéron ne lâche point sa proie.
Que dis-je ? Il n'est point mort, puisqu'il respire en vous ;
Toujours devant mes yeux je crois voir mon époux :
Je le vois, je lui parle, et mon cœur... Je m'égare,
Seigneur ! ma folle ardeur malgré moi se déclare.

HIPPOLYTE.
Je vois, de votre amour, l'effet prodigieux :
Tout mort qu'il est, Thésée est présent à vos yeux,
Toujours de son amour votre âme est embrasée.

PHÈDRE.
Oui, prince, je languis, je brûle pour Thésée.
Je l'aime, non point tel que l'ont vu les enfers,
Volage adorateur de mille objets divers,
Qui va du dieu des morts déshonorer la couche ;

SÉNÈQUE.

PHÈDRE.

Oui, Hippolyte, je brûle pour Thésée; j'aime sa beauté, cette beauté dont brillait sa première jeunesse lorsqu'un léger duvet couvrait à peine ses joues; lorsqu'il osa porter ses pas dans le labyrinthe du monstre de Crète, et qu'à l'aide d'un fil, il en sortit vainqueur. Quelle grâce dans ses cheveux serrés d'une simple bandelette ! Un vif incarnat colorait son aimable visage; son jeune bras annonçait déjà la vigueur d'un héros. Il était semblable à Diane, votre divinité; à Phébus, mon aïeul, ou plutôt à vous-même. Oui, tel il parut lorsqu'il sut plaire à son ennemi. Il avait votre noble maintien; mais ce costume plus simple relève encore votre beauté. A tout ce qui charmait dans votre père, vous joignez les grâces un peu sauvages de votre mère. C'est la beauté du jeune Grec relevée par la beauté un peu farouche de l'Amazone. Ah! si vous eussiez suivi votre père sur les mers de la Crète, c'est à vous que ma sœur eût remis le fil sauveur.

O ma sœur ! en quelque partie du ciel que tu brilles, favorise une ardeur semblable à la tienne. Nous avons trouvé notre vainqueur dans la même famille. Le fils m'inspire l'amour que tu ressentis pour le père. Vous voyez aujourd'hui à vos pieds la fille d'un roi puissant, jusqu'aujourd'hui innocente et pure. C'est pour vous seul que je trahis mes devoirs. C'en est fait, ma résolution est prise. Vous avez entendu ma prière. Ce jour terminera ou ma peine, ou ma vie. Oh! prenez pitié d'une infortunée qui vous aime!

HIPPOLYTE.

O puissant roi des dieux ! tu peux entendre et voir sans horreur de pareils forfaits ! Pour qui donc réserves-tu tes foudres, s'ils reposent aujourd'hui ? Tonne de toutes les parties du ciel. Que de sombres nuages nous dérobent le jour ! que les astres reculent d'épouvante ! Et toi, astre éclatant de la lumière, seras-tu témoin du crime de ta famille ? Cache-nous ton flambeau, et plonge-toi dans les ténèbres. Eh quoi ! souverain des dieux et des hommes ! ta main reste oisive ! la

RACINE.

Mais fidèle, mais fier, et même un peu farouche ;
Charmant, jeune, traînant tous les cœurs après soi ;
Tel qu'on dépeint nos dieux, ou tel que je vous voi.
Il avait votre port, vos yeux, votre langage ;
Cette noble pudeur colorait son visage,
Lorsque de notre Crète il traversa les flots,
Digne sujet des vœux des filles de Minos.
Que faisiez-vous, alors ? Pourquoi, sans Hippolyte,
Des héros de la Grèce assembla-t-il l'élite ?
Pourquoi, trop jeune encor, ne pûtes-vous alors
Entrer dans le vaisseau qui le mit sur nos bords ?
Par vous aurait péri le monstre de la Crète,
Malgré tous les détours de sa vaste retraite :
Pour en développer l'embarras incertain,
Ma sœur, du fil fatal, eût armé votre main.
Mais non ; dans ce dessein je l'aurais devancée ;
L'amour m'en eût d'abord inspiré la pensée.
C'est moi, prince, c'est moi dont l'utile secours
Vous eût du labyrinthe enseigné les détours.
Que de soins m'eût coûté cette tête charmante !
Un fil n'eût point assez rassuré votre amante ;
Compagne du péril qu'il vous fallait chercher,
Moi-même, devant vous, j'aurais voulu marcher ;
Et Phèdre au labyrinthe, avec vous descendue,
Se serait avec vous retrouvée ou perdue !

HIPPOLYTE.

Dieux ! qu'est-ce que j'entends ? Madame, oubliez-vous
Que Thésée est mon père, et qu'il est votre époux ?

PHÈDRE.

Eh ! sur quoi jugez-vous que j'en perds la mémoire,
Prince ? Aurais-je perdu tout le soin de ma gloire ?

HIPPOLYTE.

Madame, pardonnez. J'avoue en rougissant
Que j'accusais à tort un discours innocent ;
Ma honte ne peut plus soutenir votre vue,

SÉNÈQUE.

foudre n'a pas sillonné les airs. Fais tomber sur moi ton tonnerre! que je sois percé, consumé par tes traits rapides. Je suis coupable, je mérite la mort; j'ai inspiré de l'amour à la femme de mon père! Elle m'a cru capable de partager sa flamme impure! Quoi! c'est moi que vous vous êtes flattée de séduire! Est-ce mon aversion pour votre sexe qui m'a valu cette préférence? O la plus criminelle de toutes les femmes! votre perversité surpasse celle de votre mère.

Et votre crime est plus grand que le sien. Elle a donné la vie à un monstre. Elle s'est souillée par un adultère, mais sa faute, longtemps ignorée, ne fut découverte que lorsqu'elle eut mis au monde le fruit monstrueux de ses amours. La naissance de ce fils mugissant révéla seul les égarements de sa mère. Oh! voilà bien le sein que devait porter une telle fille! Oh! mille fois heureux ceux qui ont péri victimes de l'amour et de la perfidie! O mon père! j'envie votre sort. Votre marâtre de Colchide fut moins barbare que la mienne; elle n'en voulut qu'à vos jours.

PHÈDRE.

Je sais la fatalité attachée à notre race : aimer ce que nous devons fuir; mais je ne suis plus maîtresse de moi. Je te suivrai partout : à travers les flammes, la mer furieuse, les rochers et les torrents impétueux. C'en est fait : je m'attache à tes pas, homme superbe! je tombe de nouveau à tes pieds.

HIPPOLYTE.

Arrêtez! gardez-vous de porter sur moi vos mains impures! Mais, que vois-je! elle veut me saisir dans ses bras! Tirons mon épée : punissons, comme elle le mérite, cette femme audacieuse. C'en est fait, ma main gauche a saisi ses cheveux et renversé sa tête en arrière. O chaste Diane! jamais sang ne fut plus justement répandu sur tes autels.

PHÈDRE.

Hippolyte, tu combles tous mes vœux! Tu calmes ma fureur. Mourir de ta main sans avoir trahi mes devoirs, c'est plus que je n'osais espérer.

RACINE.

Et je vais...
PHÈDRE.
Ah! cruel, tu m'as trop entendue;
Je t'en ai dit assez pour te tirer d'erreur.
Eh bien, connais donc Phèdre et toute sa fureur.
J'aime! Ne pense pas qu'au moment que je t'aime,
Innocente à mes yeux, je m'approuve moi-même,
Ni que du fol amour qui trouble ma raison,
Ma lâche complaisance ait nourri le poison.
Objet infortuné des vengeances célestes,
Je m'abhorre encor plus que tu ne me détestes.
Les dieux m'en sont témoins, ces dieux qui, dans mon flanc,
Ont allumé le feu fatal à tout mon sang;
Ces dieux, qui se sont fait une gloire cruelle
De séduire le cœur d'une faible mortelle.
Toi-même, en ton esprit rappelle le passé:
C'est peu de t'avoir fui, cruel! je t'ai chassé.
J'ai voulu te paraître odieuse, inhumaine;
Pour mieux te résister, j'ai recherché ta haine ;
De quoi m'ont profité mes inutiles soins?
Tu me haïssais plus, je ne t'aimais pas moins.
Tes malheurs te prêtaient encor de nouveaux charmes;
J'ai langui, j'ai séché dans les feux, dans les larmes.
Il suffit de tes yeux pour t'en persuader,
Si tes yeux un instant pouvaient me regarder.
Que dis-je! cet aveu que je te viens faire,
Cet aveu si honteux, le crois-tu volontaire?
Tremblante pour un fils que je n'osais trahir,
Je venais te prier de ne le point haïr.
Faibles projets d'un cœur trop plein de ce qu'il aime,
Hélas! je ne t'ai pu parler que de toi-même.
Venge-toi; punis-moi d'un odieux amour!
Digne fils du héros qui te donna le jour,
Délivre l'univers d'un monstre qui l'irrite.
La veuve de Thésée ose aimer Hippolyte!

SÉNÈQUE.

HIPPOLYTE.

Non, retirez-vous, vivez. Vous n'obtiendrez rien de moi, et ce fer même que vous avez touché me souillerait si je le portais encore. Que ne puis-je le plonger dans les eaux du Tanaïs ou dans celles du Méotide, qui se décharge dans la mer de Béthinie! L'Océan tout entier ne pourrait effacer une telle souillure. O forêts! ô monstre des bois.

(Hippolyte fuit, laissant son épée aux mains de Phèdre.)

RACINE.

Crois-moi, ce monstre affreux ne doit point t'échapper :
Voilà mon cœur... C'est là que ta main doit frapper.
Impatient déjà d'expier son offense,
Au-devant de ton bras, je le sens qui s'avance.
Frappe : ou, si tu le crois indigne de tes coups,
Si ta haine m'envie un supplice si doux,
Ou si d'un sang trop vil ta main serait trempée,
Au défaut de ton bras, prête-moi ton épée.
Donne.

ŒNONE.

Que faites-vous, madame, justes dieux!
Mais on vient! évitez des témoins odieux.
Venez, rentrez, fuyez une honte certaine!

(Phèdre fuit, emportant l'épée d'Hippolyte.)

Vous le voyez, à part les déclamations de Sénèque, la scène est la même, et, sans contredit, ici le rhéteur latin a inspiré le poëte français.

Vous allez voir l'imitation se confirmer.

Dans Sénèque, comme dans Racine, Thésée, que l'on croit mort, n'est pas mort, et l'on apprend son retour.

C'est alors, dans l'une comme dans l'autre, que, sur les instances de la nourrice, Phèdre se décide à accuser Hippolyte.

Entre Thésée et son fils accusé.

Thésée, furieux, supplie Neptune de le venger de son fils.

Dans Sénèque, comme dans Racine, l'imprécation est à peu près la même.

SÉNÈQUE.

THÉSÉE.

Le souverain des mers a juré, par l'onde inviolable du Styx, d'exaucer mes vœux. Eh bien, Neptune, j'implore aujourd'hui de toi cette triste faveur que ce jour soit le dernier d'Hippolyte. Envoie ce fils coupable chez les mânes que son père a bravés. O mon père! rends à ton fils ce service affreux. L'excès de mon malheur m'oblige seul à t'implorer pour la dernière fois. Je ne t'ai point invoqué dans les abîmes du Tartare, quand Pluton furieux me menaçait de sa vengeance. C'est aujourd'hui que je réclame l'accomplissement de tes promesses.

RACINE.

THÉSÉE.

Et toi, Neptune, et toi, si jadis mon courage
D'infâmes assassins nettoya ton rivage,
Souviens-toi que, pour prix de mes efforts heureux,
Tu promis d'exaucer le premier de mes vœux.
Dans les longues rigueurs d'une prison cruelle,

Je n'ai point imploré la puissance immortelle.
Avare du secours que j'attends de tes soins,
Mes vœux t'ont réservé pour de plus grands besoins.
Je t'implore aujourd'hui ; venge un malheureux père.
J'abandonne ce traître à toute ta colère.
Étouffe dans son sang ses désirs effrontés ;
Thésée à tes fureurs connaîtra tes bontés.

Il est vrai que Sénèque emprunte lui-même cette imprécation à Euripide, de sorte que, dans Racine, nous ne la retrouvons qu'à la troisième génération.

La voici traduite mot à mot du texte grec :

THÉSÉE.

Non, je ne retiendrai plus derrière mes lèvres ce malheur insurmontable, funeste, funeste! Oh! vil! Hippolyte a osé, méprisant l'œil sacré de Jupiter, toucher par violence à ma couche! Mais, Neptune, ô mon père! exauce une de ces trois imprécations que tu as promis un jour d'accomplir. Fais périr Hippolyte! qu'il meure aujourd'hui, s'il est vrai que tu dois m'exaucer!

LE CHOEUR.

Prince, au nom des dieux, rétracte ce vœu impie. Plus tard, tu sauras que tu as été trompé.

THÉSÉE.

Impossible, et, de plus, je le chasserai de cette contrée, et il sera frappé par l'un de ces deux sorts ; car, ou Neptune l'enverra chez Pluton, ou, chassé de cette contrée, il passera une douloureuse vie, errant sur la terre étrangère.

Mais ce que Sénèque n'a point imité et ce que Racine remontera chercher dans Euripide, ne le trouvant pas dans Sénèque, c'est la belle scène entre Thésée et son fils.

Citons-la, elle est à sa place. Cette fois, ce n'est point le déclamateur Sénèque que nous allons mettre en face de Racine, c'est le poëte antique, la source primitive.

EURIPIDE.

LE CHŒUR.

Mais voici que lui-même, son fils, Hippolyte arrive à propos... Relâche-toi de ta colère, Thésée, et prends un parti meilleur pour ta famille.

HIPPOLYTE.

Me voici, mon père; j'ai entendu les cris et j'arrive en hâte. J'ignore cependant quelle chose te fait gémir, mais je voudrais l'apprendre de toi. Je vois Phèdre morte, et c'est pour moi un grand motif d'étonnement, elle qu'à l'instant je quittais; elle qui voyait comme moi la lumière du jour. Que lui est-il arrivé? Comment est-elle morte? Je veux l'apprendre de toi-même. Tu te tais! c'est un tort de garder le silence dans la douleur. Le cœur qui demande à connaître tous les détails d'une infortune peut être accusé de curiosité; mais, mon père, il n'est pas juste de cacher tes chagrins à des amis, et à ceux surtout qui sont plus que des amis.

THÉSÉE.

O hommes ! vous qui tombez dans tant d'erreurs, pourquoi donc enseignez-vous tant d'arts divers? Pourquoi donc inventez-vous tant de choses, tandis que vous n'avez pas encore découvert une chose : c'est d'apprendre la sagesse à ceux en qui la raison n'est pas.

HIPPOLYTE.

En effet, ce serait un maître habile, celui qui serait capable de forcer les fous à écouter la voix de la sagesse. Mais, ô mon père ! ce n'est pas l'heure du raisonnement subtil, et je crains que la langue ne soit égarée par la douleur.

THÉSÉE.

Hélas! il eût fallu que quelque marque certaine existât pour les mortels qui fît reconnaître le fond du cœur et désignât les vrais et les faux amis. Pourquoi les hommes n'ont-ils pas tous deux voix : l'une juste, l'autre menteuse? la voix juste démentirait la voix menteuse, et nous ne serions pas trompés.

RACINE.

THÉSÉE.

Ah! le voici. Grands dieux! à ce noble maintien
Quel œil ne serait pas trompé comme le mien?
Faut-il que sur le front d'un profane adultère
Brille de la vertu le sacré caractère !
Et ne devrait-on pas à des signes certains
Reconnaître le cœur des perfides humains !

HIPPOLYTE.

Puis-je vous demander quel funeste nuage,
Seigneur, a pu troubler votre auguste visage?
N'osez-vous confier ce secret à ma foi?

THÉSÉE.

Perfide ! oses-tu bien te montrer devant moi?
Monstre qu'a trop longtemps épargné le tonnerre,
Reste impur des brigands dont j'ai purgé la terre,
Après que le transport d'un amour plein d'horreur
Jusqu'au lit de ton père a porté ta fureur,
Tu m'oses présenter une tête ennemie !
Tu parais dans ces lieux plein de ton infamie,
Et ne vas point chercher, sous un ciel inconnu,
Des pays où ton nom ne soit pas parvenu.
Fuis, traître ! ne viens point braver ici ma haine
Et tenter un courroux que je retiens à peine.
C'est bien assez, pour moi, de l'opprobre éternel
D'avoir pu mettre au monde un fils si criminel,
Sans que ta mort, encor, honteuse à ma mémoire,
De mes nobles travaux vienne souiller la gloire.
Fuis ! et, si tu ne veux qu'un châtiment soudain
T'ajoute aux scélérats qu'a punis cette main,
Prends garde que jamais l'astre qui nous éclaire
Ne te voie en ces lieux mettre un pied téméraire.
Fuis, dis-je ! et sans retour, précipitant tes pas,
De ton horrible aspect purge tous mes États.

EURIPIDE.

HIPPOLYTE.

Se trouverait-il quelque ami qui m'eût calomnié près de toi? et dois-je souffrir sans être coupable? Je suis stupéfait, et tes discours me frappent de terreur, car ils sortent des limites de la raison.

THÉSÉE.

Hélas! jusqu'où ira l'esprit des hommes?... quel sera le terme de l'audace et de la témérité?... car, si à chaque vie d'homme l'audace augmente et si l'âge qui nous suivra doit enchérir sur la perversité du nôtre, il faudra que les dieux ajoutent à la terre une autre terre pour renfermer les injustes et les méchants. Oh! jetez les yeux sur celui-ci qui, né de moi, a déshonoré ma couche et qui est convaincu par les aveux de celle qui est morte d'être le plus pervers des hommes. Or, puisque tu t'es avancé jusqu'à une pareille souillure, montre ton visage à ton père, ici, en face. Le voilà donc, ce compagnon des dieux! cet homme supérieur! le voilà, ce sage qui ne participe pas aux vices de l'humanité! Oh! ce n'est point moi qui croirai à tes discours superbes! ce n'est pas moi qui accuserai les dieux de penser mal! Sois fier, maintenant; trompe les hommes par cette prétendue frugalité qui s'abstient de la chair des animaux, et, ayant Orphée pour chef, livre-toi aux transports que t'inspirent tes nombreux exploits. Tu as été surpris dans ton crime; or, moi, je dis tout haut : « Fuyez de tels hommes, car, tandis qu'ils séduisent par leurs beaux discours, ils méditent des projets honteux. » Phèdre est morte. Crois-tu que cette mort te sauve? Mais c'est par cette mort même que tu es accusé, ô le plus pervers des hommes! car quels serments, quels discours seraient aussi forts que ces tablettes dans la main d'une morte? Tu diras qu'elle te haïssait, que la race bâtarde est odieuse aux enfants légitimes. Tu l'accuseras d'être mauvaise appréciatrice de la vie. Tu ajouteras que le vice est inné chez la femme et est étranger aux hommes. Pour moi, je sais que les jeunes hommes ne sont en rien plus fiers que les jeunes femmes.

RACINE.

HIPPOLYTE.

D'un amour criminel Phèdre accuse Hippolyte?
Un tel excès d'horreur rend mon âme interdite.
Tant de coups imprévus m'accablent à la fois,
Qu'ils m'ôtent la parole et m'étouffent la voix.

THÉSÉE.

Traître, tu prétendais qu'en un lâche silence
Phèdre ensevelirait ta brutale insolence !
Il fallait, en fuyant, ne pas abandonner
Ce fer qui, dans ses mains, aide à te condamner,
Ou plutôt il fallait, comblant ta perfidie,
Lui ravir tout d'un coup la parole et la vie !

HIPPOLYTE.

D'un mensonge si noir, justement irrité,
Je devrais faire ici parler la vérité,
Seigneur; mais je supprime un secret qui vous touche.
Approuvez le respect qui me ferme la bouche,
Et, sans vouloir vous-même augmenter vos ennuis,
Examinez ma vie, et songez qui je suis !
Quelques crimes toujours précèdent les grands crimes;
Quiconque a pu franchir les bornes légitimes
Peut violer enfin les droits les plus sacrés;
Ainsi que la vertu, le crime a ses degrés,
Et jamais on n'a vu la timide innocence
Passer subitement à l'extrême licence.
Un seul jour ne fait point d'un mortel vertueux
Un perfide assassin, un lâche incestueux.
Élevé dans le sein d'une chaste héroïne,
Je n'ai point de son sang démenti l'origine :
Pitthée, estimé sage entre tous les humains,
Daigna m'instruire encore au sortir de ses mains.
Je ne veux point me peindre avec trop d'avantage,
Mais, si quelque vertu m'est tombée en partage,
Seigneur, je crois surtout avoir fait éclater

EURIPIDE.

quand Vénus trouble leurs cœurs ardents. Je sais bien que, sous ce rapport, leur sexe les protége ; mais pourquoi, ce cadavre présent, lutterais-je contre tes objections ? Ce témoin, il me semble, est irrécusable. Sois exilé de cette contrée ; sors-en aussi vite que tu pourras. Ah ! ne reviens ni à Athènes bâtie par les dieux, ni sur les limites du pays que gouverne ma lance ; car, si, ayant reçu de toi cette offense, elle restait impunie, on pourrait soutenir que je me vante en vain, et les rochers que lavent la mer cesseraient de dire que je suis terrible aux méchants.

LE CHŒUR.

Comment oserai-je dire aujourd'hui qu'il est un mortel heureux sur la terre, puisque je vois foudroyé celui qui est au premier rang ?

HIPPOLYTE.

Mon père, et ton courroux et les transports de ton esprit sont terribles. Cependant, cette chose qui prête de ta part à de si beaux discours, crois-moi, serait hideuse si on la dévoilait. Pour moi, je n'ai point l'art de parler à la multitude ; mais je suis plus habile à parler avec mes pareils et à un petit nombre d'amis, et ce que je dis a son importance, car souvent les hommes méprisés parmi les sages sont habiles à parler devant la foule ; et cependant, il faut que moi, aussi, je parle, à cause du malheur qui est arrivé. Je répondrai donc d'abord par où l'on m'a attaqué croyant me perdre et que je ne pourrais répondre. Vois-tu ce ciel ? vois-tu cette terre ? Ils te diront, quoique tu le nies, qu'il n'y a pas au monde d'homme plus sage que moi ; car, d'un côté, je sais honorer les immortels, et, de l'autre, j'ai su me choisir des amis vertueux, qui ont conservé la pudeur de ne pas conseiller des crimes, et de ne pas aider aux choses honteuses. Je ne suis point railleur de mes compagnons, mais le même pour mes amis présents ou absents. Eh bien, je suis innocent du crime pour lequel tu crois m'avoir confondu ; car, jusqu'à ce jour, mon corps est resté chaste, et je ne connais l'amour que

RACINE.

La haine des forfaits qu'on ose m'imputer.
C'est par là qu'Hippolyte est connu dans la Grèce.
J'ai poussé la vertu jusques à la rudesse ;
On sait de mes chagrins l'inflexible rigueur ;
Le jour n'est pas plus pur que le fond de mon cœur.
Et l'on veut qu'Hippolyte, épris d'un feu profane...

THÉSÉE.

Oui, c'est ce même orgueil, traître, qui te condamne
Je vois de tes froideurs le principe odieux :
Phèdre seule charmait tes impudiques yeux.
Et, pour tout autre objet, ton âme indifférente
Dédaignait de brûler d'une flamme innocente.

HIPPOLYTE.

Non, mon père, ce cœur, c'est trop vous le celer,
N'a point d'un chaste amour dédaigné de brûler.
Je confesse à vos pieds ma véritable offense.
J'aime, j'aime, il est vrai, malgré votre défense.
Aricie à ses lois tient mes vœux asservis ;
La fille de Pallante a vaincu votre fils ;
Je l'adore ; et mon âme, à vos ordres rebelle,
Ne peut ni soupirer ni brûler que pour elle.

THÉSÉE.

Tu l'aimes ? Ciel ! Mais non ; l'artifice est grossier ;
Tu te feins criminel pour te justifier ?

HIPPOLYTE.

Seigneur, depuis six mois, je l'évite et je l'aime.
Je venais en tremblant vous le dire à vous-même.
Eh quoi ! de votre erreur rien ne vous peut tirer ?
Par quel affreux serment faut-il vous rassurer ?
Que la terre, le ciel, que toute la nature...

THÉSÉE.

Toujours les scélérats ont recours au parjure.

EURIPIDE.

de nom et par les peintures que j'en ai vues. Quoique ayant l'âme vierge, je ne suis nullement empressé de regarder ces choses. Ma vertu ne te persuade pas? Dis-moi alors comment j'ai été corrompu. Est-ce que le corps de celle-ci l'emportait en beauté sur celui de toutes les autres femmes? Ou bien, ai-je espéré d'occuper ton palais, d'envahir ta couche opulente? Je serais donc insensé; j'aurais donc sur tous points perdu la raison?

Il est doux de régner, même pour les sages, diras-tu. — Je le nie, à moins que le pouvoir suprême n'ait corrompu le cœur qui l'a exercé. Pour moi, l'emporter dans les jeux du gymnase; être le second après toi dans la ville; être heureux au milieu de vertueux amis, voilà tout ce que je désire. C'est un bonheur à ma portée, et je préfère au pouvoir l'absence des dangers attachés au trône. Et maintenant, tu connais toutes mes raisons, moins une. Si j'avais un témoin tel que je suis, c'est-à-dire vivant; si mon accusateur voyait la lumière comme moi, alors tu connaîtrais le vrai coupable, le jugeant par ses œuvres. Maintenant, je te jure, par Jupiter, gardien des serments, et par le sol de la terre, n'avoir jamais attenté à ton épouse. Je te jure que je n'en ai pas même connu la pensée, et que je meure infâme, sans nom, sans patrie, sans toit, errant et exilé par tout l'univers; que ni la terre ni les mers ne reçoivent mon cadavre, si je suis l'homme pervers que tu crois; or, je ne sais si celle-ci a perdu la vie par terreur, mais il ne m'est pas permis d'en dire plus. Elle a été innocente en apparence, et, moi, je l'ai été en réalité, et cependant je parais criminel.

LE CHOEUR.

Tu as suffisamment repoussé l'accusation qui pèse sur toi, ayant prêté serment par les dieux.

THÉSÉE.

N'est-ce pas un magicien et un imposteur, celui qui croit qu'il trompera mon âme par une feinte modération, quand il a outragé son père!

RACINE.

Cesse, cesse, et m'épargne un importun discours,
Si ta fausse vertu n'a point d'autre secours.

HIPPOLYTE.

Elle vous paraît fausse et pleine d'artifice :
Phèdre, au fond de son cœur, me rend plus de justice.

THÉSÉE.

Ah! que ton impudence excite mon courroux!

HIPPOLYTE.

Quel temps à mon exil, quel lieu prescrivez-vous ?

THÉSÉE.

Fusses-tu par delà les colonnes d'Alcide,
Je me croirais encor trop voisin d'un perfide !

HIPPOLYTE.

Chargé d'un crime affreux dont vous me soupçonnez,
Quels amis me plaindront, quand vous m'abandonnez ?

THÉSÉE.

Va chercher des amis dont l'estime funeste
Honore l'adultère, applaudisse à l'inceste;
Des traîtres, des ingrats, sans honneur et sans loi,
Dignes de protéger un méchant tel que toi.

HIPPOLYTE.

Vous me parlez toujours d'inceste, d'adultère !
Je me tais : cependant, Phèdre sort d'une mère,
Phèdre est d'un sang, seigneur, vous le savez trop bien,
De toutes ces horreurs plus rempli que le mien.

THÉSÉE.

Quoi! ta rage à mes yeux perd toute retenue !
Pour la dernière fois, ôte-toi de ma vue :
Sors, traître ! n'attends pas qu'un père furieux
Te fasse avec opprobre arracher de ces lieux!

EURIPIDE.

HIPPOLYTE.

A moi, de toi ! oh ! cela m'étonne. Certes, si tu étais mon fils, et que je fusse ton père; si, enfin, je t'avais soupçonné de violence envers mon épouse, je t'eusse tué assurément, et ne me fusse pas contenté de l'exil.

THÉSÉE.

Oh ! tu dis juste ; mais tu ne mourras pas ainsi, en vertu de la loi établie par toi-même ; une mort prompte est trop peu de chose pour un misérable comme toi. Mais être exilé de la terre de la patrie, endurer une vie douloureuse sur la terre étrangère, voilà la véritable récompense due à l'homme impie.

HIPPOLYTE.

Hélas ! que fais-tu ? Tu me chasses de la terre natale sans attendre le temps révélateur.

THÉSÉE.

Oui. Je te chasserais au delà de la mer et des bornes atlantiques, si je le pouvais, tant je déteste ta tête.

HIPPOLYTE.

Prends garde! tu ne tiens pas compte de mes serments; tu ne pèses pas mes preuves, tu ne consultes pas les devins. Je suis banni, et non jugé.

THÉSÉE.

Est-il besoin de la parole des devins, quand ces tablettes t'accusent d'une façon irrécusable? Et, quant aux oiseaux qui passent au-dessus de nos têtes, vains présages ! Je leur dis cent fois adieu.

HIPPOLYTE.

O dieux! pourquoi donc tiens-je encore mes lèvres fermées, moi qui péris par vous que je vénère ? Mais non ; mieux vaut me taire : je ne persuaderais pas ceux qui m'accusent et je violerais les serments faits à moi-même.

THÉSÉE.

Ah ! ta feinte sagesse me tue ! Voyons, n'iras-tu pas, et au plus vite, loin de la terre de la patrie?

EURIPIDE.

HIPPOLYTE.

De quel côté me tournerais-je, malheureux que je suis? A quelle maison irais-je demander l'hospitalité, étant banni, et sur une pareille accusation?

THÉSÉE.

Dans la maison de celui qui se plaît à recevoir pour hôtes les corrupteurs de femmes et les ministres du crime.

HIPPOLYTE.

Hélas ! tes reproches pénètrent jusqu'au fond de mes entrailles, et je me sens tout près de pleurer. Mais je te parais donc, je te semble donc criminel?

THÉSÉE.

Alors, il te fallait gémir et réfléchir avant d'insulter la femme de ton père.

HIPPOLYTE.

O murs de ce palais ! plût aux dieux que vous eussiez une voix, vous témoigneriez, vous, si je suis vraiment un homme pervers !

THÉSÉE.

Oui ! tu as recours aux témoins muets ; mais celui-ci, tout muet qu'il est, t'accuse clairement.

HIPPOLYTE.

Oh ! que ne puis-je me contempler moi-même face à face, et pleurer les maux que je souffre !

THÉSÉE.

Tu es, en effet, plus habitué à te complaire à toi-même qu'à faire des choses pieuses et à rendre à ton père le respect que tu lui dois.

HIPPOLYTE.

O mère infortunée, à l'enfantement amer ! Oh ! qu'aucun de mes amis ne soit jamais bâtard !

THÉSÉE.

Mais ne l'entraînerez-vous pas, esclaves ? N'entendez-vous pas qu'il y a longtemps déjà que j'ordonne qu'il soit banni?

EURIPIDE.

HIPPOLYTE.

Ce serait, certes, pour son malheur que l'un d'entre eux mettrait la main sur moi. Non, non, mon père, si tu en as le courage, chasse-moi toi-même.

THÉSÉE.

Oui, je le ferai si tu n'obéis pas à mes ordres, car aucune pitié pour ton exil ne me touche.

HIPPOLYTE.

Ainsi donc, c'est résolu. Oh ! infortuné que je suis ! je connais la vérité et je ne puis la dire. O fille de Latone, la plus chère à moi entre toutes les déesses; qui étais ma compagne ; qui chassais avec moi; nous allons donc fuir l'illustre Athènes. Adieu, ô ville et terre d'Érechthée ! O sol de Trézène ! combien tu as eu de charmes pour ma jeunesse ! Adieu ! je t'adresse la parole, te voyant pour la dernière fois. Adieu ! ô jeunes compagnons de cette terre ! Dites-moi adieu et accompagnez-moi hors du pays. Non, jamais, quoi qu'en dise mon père, vous ne verrez un homme plus pur et plus chaste que moi.

Peut-être la scène est-elle un peu longue; peut-être Hippolyte est-il bien lent à quitter Athènes et à prendre congé de Thésée; mais Thésée, c'est son père, et Athènes, c'est sa patrie.

Ce que j'admire dans la scène d'Euripide et ce que je cherche en vain, je l'avoue, dans celle de Racine, c'est ce grand amour filial d'Hippolyte, que l'on sent à chaque vers dans l'auteur grec et que l'on sent à peine dans le poëte français.

Je sais bien qu'à cet amour Racine a substitué la dignité blessée; mais la dignité d'un fils, envers son père !

J'aimerais mieux Hippolyte moins digne et plus tendre.

Revenons à Sénèque, auquel, en sa double qualité de rhéteur et de philosophe, nous ne pouvons pas demander d'être tendre.

Chez Sénèque, l'invocation à Neptune faite par Thésée, le chœur dit un hymne, le plus beau de toute la pièce. C'est celui qui commence par ce vers :

O magna parens natura rerum !

A la fin de l'hymne paraît le messager qui annonce la mort d'Hippolyte; car, dans Sénèque, Hippolyte est mort et ne reparaît pas : c'est Phèdre qui n'est pas morte et qui reparaît.

Là encore, Racine a imité Sénèque. Il est vrai qu'il fallait faire revenir la Champmeslé, et que, dès cette époque, cet axiome avait cours au théâtre : « Un acteur, si beau que soit son rôle, quand il n'est pas de la dernière scène, n'est pas de la pièce. »

Sénèque ne pouvait pas avoir ce motif, puisque, selon toute probabilité, la pièce, faite pour être lue, ne fut jamais jouée.

Un dernier mot sur Sénèque.

Nous avons dit qu'Agrippine le tira de son exil, le fit venir à Rome, et lui confia l'éducation de son fils.

Ce fils était-il déjà, dans son cœur, le meurtrier de son frère, de sa mère et de sa femme, ou les lâches complaisances de Sénèque le poussèrent-elles dans la voie sanglante?

Quoi qu'il en soit, Sénèque avait vu tant de choses,

que Néron jugea imprudent — à la façon dont disparaissaient déjà les empereurs : Tibère étouffé sous un oreiller, Caligula assassiné dans le couloir du Cirque, Claude empoisonné avec un champignon ! — que Néron jugea imprudent, disons-nous, de laisser ouverts les yeux qui avaient vu tant de choses. Il profita de la conspiration de Pison pour faire dire à Sénèque qu'il ne serait pas fâché de le voir mourir. C'était en l'an 65 du Christ; Sénèque avait soixante-deux ou soixante-trois ans.

Cette invitation était un ordre. Sénèque le communiqua à sa jeune femme, qui, quoique âgée de vingt-quatre ans à peine, déclara à son époux qu'elle voulait mourir avec lui.

Sénèque confirma le testament qu'il avait fait déjà en faveur de Néron et convoqua ses amis au spectacle de sa mort.

C'est ainsi que cela se faisait alors. Les témoins aidaient à bien mourir.

Sénèque leur annonça que, ne pouvant rien leur laisser de ses biens, il leur laissait sa vie pour modèle.

C'est sa mort qu'il eût dû dire.

Pauline et Sénèque se firent ouvrir les veines en même temps.

Ce fut inutile pour Sénèque ; il était tellement exténué par l'abstinence à laquelle le forçait son mauvais estomac, que, les veines ouvertes, le sang ne vint pas.

On fut forcé de le mettre dans un bain chaud.

Là, il parla longtemps, et ce qu'il dit, recueilli par ses secrétaires, fut, après la mort de Néron, publié par ses amis.

Quant à Pauline, un ordre de Néron arrêta dans son corps un reste de sang; mais elle resta toujours pâle de celui qu'elle avait perdu, et elle ne tarda pas elle-même à mourir.

Néron l'aimait!

**

« J'ai ouï raconter par madame de la Fayette, dit l'abbé de Saint-Pierre, que, dans une conversation, Racine soutint qu'un bon poëte pouvait faire excuser les plus grands crimes et même inspirer de la compassion pour les criminels; il ajouta qu'il ne fallait que de la fécondité, de la délicatesse et de la justesse d'esprit pour diminuer tellement l'horreur des crimes de Médée et de Phèdre, qu'on les rendrait aimables aux spectateurs, au point d'inspirer de la pitié pour leurs malheurs. Comme les assistants lui nièrent que cela fût possible et qu'on voulut même le tourner en ridicule sur une opinion si extraordinaire, le dépit qu'il en eut le fit résoudre à entreprendre la tragédie de *Phèdre*, où il réussit si bien à faire plaindre ses malheurs, que le spectateur a plus de pitié de la criminelle belle-mère que du vertueux Hippolyte. »

Qu'y a-t-il de vrai dans cette anecdote? Je l'ignore. Je crois que le sujet de *Phèdre* tenta Racine, parce que le sujet était beau. Je crois qu'il en parla lorsqu'il avait déjà le désir de le faire, pour savoir ce qu'on en penserait. Je crois surtout qu'il le fit, parce qu'ayant la Champmeslé pour actrice et pour maîtresse, il vit dans ce splendide personnage de Phèdre un beau rôle à créer.

Par malheur, un autre homme avait eu la même idée que lui. Cet homme, soutenu par la puissante coterie de la duchesse de Bouillon et le duc son frère, était Pradon.

On prétend même que l'idée ne lui en vint pas, mais lui fut communiquée par les deux grands personnages que nous venons de nommer et qui détestaient Racine.

Le fait est que, longtemps avant que la *Phèdre* de Racine parût, on s'était assuré des moyens de la faire tomber. Madame Deshoulières, qui s'était faite l'ennemie de Racine et l'alliée de la duchesse de Bouillon et du duc de Nevers, joua, pour son compte, un rôle fort actif dans cette chute : Boileau prétend que la duchesse de Bouillon fit retenir pour les six premières représentations toutes les premières loges du théâtre de l'hôtel de Bourgogne, non pas pour y aller ou pour y envoyer des spectateurs, mais pour qu'elles restassent vides.

Cette plaisanterie coûta une quinzaine de mille francs à la duchesse de Bouillon; mais, bah! l'oncle Mazarin avait laissé quarante-cinq millions!

La *Phèdre* de Racine fut donc jouée devant une salle vide et hostile; aussi n'eut-elle qu'un succès équivoque.

Après la représentation, on soupa chez madame Deshoulières avec Pradon, auquel on avait fait un succès splendide, en opposition à Racine.

C'est au souper que madame Deshoulières composa le fameux sonnet qui fit tant de bruit :

Dans un fauteuil doré, Phèdre tremblante et *blême*,
Dit des vers où d'abord personne n'entend *rien*.
La nourrice lui fait un sermon fort *chrétien*,
Contre l'affreux dessein d'attenter sur *soi-même*.

Hippolyte la hait, presqu'autant qu'elle *l'aime;*
Rien ne change son cœur, ni son chaste *maintien*.
La nourrice l'accuse, elle s'en punit *bien*.
Thésée a pour son fils une rigueur *extrême*.

Une grosse Aricie, au teint rouge, aux crins *blonds*,
N'est là que pour montrer deux énormes *tetons*
Que, malgré sa froideur, Hippolyte *idolâtre*.

Il meurt enfin, traîné par ses coursiers *ingrats*,
Et Phèdre, après avoir pris de la mort-aux-*rats*,
Vient, en se confessant, mourir sur le *théâtre*.

Le sonnet fut lancé dans le public, et, comme il attaquait une fort belle œuvre, il eut plus de succès que l'œuvre elle-même.

Il revint à Racine : à cette époque, comme dans la nôtre, on avait des amis heureux de vous communiquer une chose désagréable. Racine prit le sonnet et le porta à Boileau.

Tous deux soupçonnèrent M. de Nevers d'en être l'auteur.

Deux poëtes ne pouvaient pas laisser sans réponse une pareille attaque.

Ils se mirent au travail, et le sonnet suivant fut le résultat de leur collaboration :

Dans un palais doré, Damon, jaloux et *blême*,
Fait des vers où jamais personne n'entend *rien*.
Il n'est ni courtisan, ni guerrier, ni *chrétien*,
Et souvent pour rimer il s'enferme *lui-même*.

La Muse, par malheur, le hait autant qu'il *l'aime;*
Il a du franc poëte et l'air et le *maintien* :
Il veut juger de tout et ne juge pas *bien ;*
Il a pour le phébus une tendresse *extrême.*

Une sœur vagabonde aux crins plus noirs que *blonds*
Va par tout l'univers promener deux *tetons,*
Dont, malgré son pays, Damon est *idolâtre*[1].

Il se tue à rimer pour des lecteurs *ingrats.*
'Énéide, à son goût, est de la mort-aux-*rats,*
Et, selon lui, Pradon est le roi du *théâtre.*

Attaqué à brûle-pourpoint et désigné de manière à ce que nul ne s'y trompât, M. de Nevers prit la plume et répondit à son tour, mais en menaçant d'abandonner la plume pour le bâton.

Racine et Despréaux, l'air triste et le teint *blême,*
Viennent demander grâce et ne confessent *rien.*
Il faut leur pardonner, parce qu'on est *chrétien;*
Mais on sait ce qu'on doit au public, à soi-*même.*

Damon, pour l'intérêt de cette sœur qu'il *aime,*
Doit de ces scélérats châtier le *maintien;*
Car il serait blâmé de tous les gens de *bien,*
S'il ne punissait pas leur insolence *extrême.*

Ce fut une furie, aux crins plus noirs que *blonds,*
Qui leur pressa, du pus de ses affreux *tetons,*
Ce sonnet qu'en secret leur cabale *idolâtre.*

Vous en serez punis, satiriques *ingrats,*
Non pas en trahison avec la mort-aux-*rats,*
Mais à coups de bâton, donnés en plein *théâtre.*

Il ne règne pas aujourd'hui une grande courtoisie dans les lettres ; mais le dernier des auteurs y regar-

---

1. Le duc de Nevers, neveu de Màzarino Mazarini, était Italien comme son oncle.

derait à deux fois aujourd'hui, avant de faire un de ces sonnets signés Deshoulières, Boileau et Racine, et le duc de Nevers.

Les deux poëtes, au reste, à la lecture du sonnet de M. le duc de Nevers, eurent grand'peur. Le bruit courait que le duc les faisait chercher de tous côtés, pour les faire périr sous le bâton.

Ils désavouèrent hautement le sonnet qui leur était attribué.

La chute de *Phèdre* éloigna Racine du théâtre.

Il avait trente-huit ans.

Il n'y rentra que onze ans après par *Esther*.

Pendant ces onze ans où il brisa sa plume, qui dira ce qu'eût pu faire l'auteur d'*Andromaque* et d'*Iphigénie!*

Revenons à *Phèdre*, c'est-à-dire à son chef-d'œuvre.

On a vu, dans notre analyse de l'*Hippolyte* d'Euripide et de l'*Hippolyte* de Sénèque, de quelle façon Racine a procédé.

Il a d'abord, comme Sénèque, écarté l'intervention des dieux; il a créé une exposition nouvelle, à notre avis, bien inférieure à celle d'Euripide et même à celle de Sénèque, mais dans le goût de l'époque. Il a écarté la scène du vieillard qui conseille à Hippolyte de ne pas être si exclusif dans son culte de Diane, et il a abordé sa seconde scène, appuyé sur Euripide.

L'entrée de Phèdre est à peu près la même dans Racine que dans le poëte grec :

EURIPIDE.

PHÈDRE.

Soulevez mon corps, redressez ma tête, ô mes amies. Je suis brisée dans les articulations de mes membres. Pressez mes belles mains. Il est lourd pour moi de porter un voile sur ma tête; ôtez-le, et étendez mes cheveux sur mes épaules....

Conduisez-moi sur la montagne; j'irai vers la forêt et vers les pins où court la meute poursuivant les cerfs tachetés. Je voudrais crier aux chiens et lancer le trait thessalien, en ramenant ma main vers ma blonde chevelure. Qu'ai-je donc fait? Infortunée que je suis! où me suis-je égarée hors de ma raison? J'ai été en délire, et j'y suis tombée par le châtiment d'un dieu. Hélas! hélas! malheureuse nourrice, couvre ma tête, car j'ai honte!

LA NOURRICE.

J'ai essayé de tout, et tout a été inutile, et cependant mon zèle ne se ralentira point. O chère enfant! oublions toutes deux ce que nous avons dit jusqu'ici. Sois plus douce; ne fronce plus ton sourcil; remets ton esprit dans le droit chemin. Si j'ai eu des torts en marchant dans la même route que toi, je passerai à des paroles meilleures. Si tu es malade de quelque mal secret, vois ces femmes, elles te soigneront avec moi, Mais, s'il t'est, au contraire, arrivé quelque accident qui puisse se révéler aux hommes, dis-le, et nous aurons recours aux médecins. Eh bien, que fais-tu? Pourquoi te taire? Si j'ai dit quelque chose qui ne soit pas bien, fais-moi revenir de mon erreur, ou cède-moi, si j'ai raison. Sache que, si tu meurs, tu trahis tes enfants, tu les bannis de la maison paternelle. Non, il n'en sera pas ainsi, par la reine amazone, habile à monter à cheval, laquelle a engendré pour tes enfants un maître bâtard. Tu le connais bien, Hippolyte?

PHÈDRE.

Malheur à moi!

RACINE.

PHÈDRE.

N'allons pas plus avant, demeurons, chère Œnone;
Je ne me soutiens plus, la force m'abandonne,
Mes yeux sont éblouis du jour que je revoi,
Et mes genoux tremblants se dérobent sous moi.....
Que ces vains ornements, que ces voiles me pèsent !
Quelle importune main, en formant tous ces nœuds,
A pris soin, sur mon front, d'assembler mes cheveux ?
.... ! que ne suis-je assise, à l'ombre des forêts !
Quand pourrais-je, au travers d'une noble poussière,
Suivre de l'œil un char fuyant dans la carrière ?

ŒNONE.

Quoi, madame !

PHÈDRE.

Insensée ! où suis-je et qu'ai-je dit ?
Où laissé-je égarer mes vœux et mon esprit ?
Je l'ai perdu ! les dieux m'en ont ravi l'usage.
Œnone, la rougeur me couvre le visage ;
Je te laisse trop voir mes honteuses douleurs ;
Et mes yeux, malgré moi, se remplissent de pleurs.

ŒNONE.

Dieux ! s'il vous faut rougir, rougissez d'un silence
Qui de vos maux encore aigrit la violence.
Rebelle à tous nos soins, sourde à tous nos discours,
Voulez-vous, sans pitié, laisser finir vos jours ?
Quelle fureur les borne au milieu de leur course ?
Quel charme ou quel poison en a tari la source ?
Les ombres, par trois fois, ont obscurci les cieux,
Depuis que le sommeil n'est entré dans vos yeux ;
Et le jour a trois fois chassé la nuit obscure,
Depuis que votre corps languit sans nourriture.
A quels affreux desseins vous laissez-vous tenter ?
De quel droit sur vous-même osez-vous attenter ?

EURIPIDE.

LA NOURRICE.

Cela te touche, enfin !

PHÈDRE.

Au nom des dieux, à l'avenir ne prononce pas ce nom !

LA NOURRICE.

Vois-tu ! la raison te revient ; et cependant, tu refuses de vivre et, en vivant, de sauver tes enfants.

PHÈDRE.

Je chéris mes enfants, mais je suis agitée par une autre infortune.

LA NOURRICE.

Tu portes, ô ma fille, des mains pures de sang.

PHÈDRE.

Mes mains sont pures, mais mon cœur est souillé.

LA NOURRICE.

Parle donc, et sa gloire ressortira de tes paroles.

PHÈDRE.

Eh bien, je ferai ce que tu veux.

LA NOURRICE.

Maintenant, je me tais ; à toi de parler.

PHÈDRE.

O ma mère ! malheureuse ! de quel amour tu as aimé !

LA NOURRICE.

Veux-tu parler de l'amour qu'elle eut pour un taureau ? A quel propos rappelles-tu cela ?

PHÈDRE.

Et toi, sœur malheureuse, épouse de Bacchus !

RACINE.

Vous offensez les dieux, auteurs de votre vie ;
Vous trahissez l'époux à qui la foi vous lie ;
Vous trahissez enfin vos enfants malheureux,
Que vous précipitez sous un joug rigoureux.
Songez qu'un même jour leur ravira leur mère,
Et rendra l'espérance au fils de l'étrangère.
A ce fier ennemi de vous, de votre sang,
Ce fils qu'une Amazone a porté dans son flanc,
Cet Hippolyte...

PHÈDRE.

Ah ! dieux !

OENONE.

Ce reproche vous touche ?

PHÈDRE.

Malheureuse ! quel nom est sorti de ta bouche

OENONE.

Eh bien, votre colère éclate avec raison,
J'aime à vous voir frémir à ce funeste nom ;
Vivez donc ! que l'amour, le devoir vous excite !
Vivez ! ne souffrez pas que le fils d'une Scythe,
Accablant vos enfants d'un empire odieux,
Commande au plus beau sang de la Grèce et des dieux !
. . . .
Quoi ! de quelques remords êtes-vous déchirée ?
Quel crime a pu produire un trouble si pressant ?
Vos mains n'ont point trempé dans le sang innocent !

PHÈDRE.

Grâces au ciel, mes mains ne sont point criminelles ;
Plût aux dieux que mon cœur fût innocent comme elles !.....

OENONE.

Madame, au nom des pleurs que pour vous j'ai versés,
Par vos faibles genoux que je tiens embrassés,
Délivrez mon esprit de ce funeste doute...

PHÈDRE.

Tu le veux, lève-toi !

EURIPIDE.

LA NOURRICE.

Enfant! qu'éprouves-tu donc, que tu outrages ainsi tes parents?

PHÈDRE.

Et moi, la troisième de ce sang, misérable! je péris.

LA NOURRICE.

Je ne suis point un devin pour voir dans les choses obscures.

PHÈDRE.

Quelle est cette chose que les hommes appellent amour?

LA NOURRICE.

Que dis-tu, ô ma fille! aimes-tu quelqu'un parmi les hommes?

PHÈDRE.

Quel qu'il soit, enfin! ce fils de l'Amazone, je l'aime.

LA NOURRICE.

Hippolyte, dis-tu?

PHÈDRE.

C'est toi qui l'as nommé.

RACINE.

ŒNONE.
Parlez, je vous écoute.

. . . .

PHÈDRE.
O haine de Vénus ! ô fatale colère !
Dans quels égarements l'amour jeta ma mère !

ŒNONE.
Oublions-les, madame, et qu'à tout l'avenir
Un silence éternel cache ce souvenir.

PHÈDRE.
Ariane, ma sœur, de quel amour blessée
Vous mourûtes aux bords où vous fûtes laissée.

ŒNONE.
Que faites-vous, madame, et quel mortel ennui
Contre tout votre sang vous anime aujourd'hui ?

PHÈDRE.
Puisque Vénus le veut, de ce sang déplorable
Je péris la dernière et la plus misérable.

ŒNONE.
Aimez-vous ?

PHÈDRE.
De l'amour j'ai toute la fureur.

ŒNONE.
Pour qui ?

PHÈDRE.
Tu vas ouïr le comble de l'horreur :
J'aime... A ce nom fatal, je tremble, je frissonne;
J'aime....

ŒNONE.
Qui ?

PHÈDRE.
Tu connais ce fils de l'Amazone,
Ce prince si longtemps par moi même opprimé.

ŒNONE.
Hippolyte ? grands dieux !

PHÈDRE.
C'est toi qui l'as nommé.

Nous ne pousserons pas plus loin de parallèle avec Euripide; l'imitation se continue jusqu'au moment où la nourrice rassure Phèdre et se charge de tout avouer à Hippolyte.

Mais, là, Racine sent qu'Euripide lui échappe ; il se rattache à Sénèque et il imite la belle scène où Phèdre avoue son amour à Hippolyte.

Dans Euripide, on se le rappelle, Phèdre s'étrangle en apprenant de sa nourrice le mépris qu'a fait Hippolyte de son amour.

Mais Racine ne commet pas une pareille faute. Il adopte le moyen de Sénèque, c'est-à-dire le retour de Thésée, et laisse la nourrice accuser Hippolyte.

Puis il revient à Euripide pour lui emprunter la belle scène entre Thésée et son fils, à la suite de laquelle Hippolyte quitte Athènes.

Là, Racine crée une scène; c'est celle qui commence par ces mots de Phèdre :

Seigneur, je viens à vous pleine d'un juste effroi.

Elle est prête à tout avouer à Thésée lorsqu'elle apprend par Thésée qu'Aricie aime Hippolyte.

Cette scène et celle qui la suit sont tout entières à Racine, ni Euripide ni Sénèque n'ayant pensé à Aricie.

Tous deux respectaient trop la traduction antique pour tomber dans la faute commise par Racine et faire Hippolyte amoureux.

Mais une faute chez Racine est toujours rachetée par une beauté.

Elle amène cette admirable scène de jalousie, où se trouvaient ces deux effets traditionnels : « Tu le savais!

et : « Ils s'aimeront toujours! » et, en outre, ces vers merveilleux :

> Misérable! et je vis! et je soutiens la vue
> De ce sacré soleil dont je suis descendue!
> J'ai pour aïeul le père et le maître des dieux,
> Le ciel, tout l'univers est plein de mes aïeux.
> Où me cacher? Fuyons dans la nuit infernale;
> Mais que dis-je! mon père y tient l'urne fatale :
> Le sort, dit-on, l'a mise en ses sévères mains;
> Minos juge aux enfers tous les pâles humains.

Tout le commencement du cinquième acte appartient encore à Racine. La scène entre Aricie et Thésée, où Thésée apprend qu'Hippolyte aimait réellement Aricie; la scène entre Thésée et Panope, où Thésée apprend qu'OEnone s'est jetée à la mer.

Ce sont des préparations qui ramènent Thésée à la vérité; mais ces préparations ne vont-elles pas rendre impossible le récit de Théramène? Dans Euripide, ce long récit qui entre dans tous les détails descriptifs du char, des chevaux, des flots, du monstre, est acceptable, parce que Thésée, furieux de la mort de Phèdre désire la mort d'Hippolyte et se complaît aux détails qui ont accompagné la catastrophe qui amènera cette mort; car, dans Euripide, on se le rappelle, Hippolyte, blessé seulement, vient mourir sur le théâtre.

Dans Sénèque, qui n'a pas la même excuse, puisque Phèdre vit, le poëte est tellement embarrassé pour aborder cette minutieuse description du monstre, que c'est Thésée lui-même qui interrompt Théramène pour lui demander *de quelle forme il est*.

Au reste, nous allons mettre successivement sous les

yeux du lecteur le récit grec, le récit latin et le récit français.

EURIPIDE.

LE MESSAGER.

Thésée, j'apporte pour tous les Athéniens et le territoire du pays de Trézène une triste nouvelle.

THÉSÉE.

Qu'y a-t-il ? quelque nouveau malheur a-t-il surpris ces deux villes ?

LE MESSAGER.

Hippolyte n'est plus, ou, du moins, n'a plus que quelques instants à voir la lumière.

THÉSÉE.

Par qui a-t-il péri ? est-ce quelqu'un qui était en haine contre lui ? avait-il, par violence, déshonoré l'épouse de son meurtrier, comme il a déshonoré celle de son père ?

LE MESSAGER.

Non. Il a péri par l'attelage de son char, et surtout par les imprécations que ta bouche a adressées au souverain de la mer au sujet de ton fils.

THÉSÉE.

O dieux ! et toi, Neptune, tu étais donc vraiment mon père, puisque tu as entendu mes imprécations ! Maintenant, dis-moi comment il est mort et de quelle façon la main de la justice a frappé celui qui m'avait outragé ?

LE MESSAGER.

Nous étions près du rivage battu des flots, occupés à peigner en pleurant avec des étrilles le poil des chevaux, car un messager était venu nous dire qu'Hippolyte allait quitter cette contrée, ayant reçu de toi un exil fatal. Bientôt, Hippolyte vint lui-même nous rejoindre au rivage, pleurant comme nous, et une assemblée nombreuse d'amis du même âge que lui marchait à ses côtés ou le suivait par derrière ; enfin, après un silence, il dit, cessant de verser des larmes : « Pourquoi me désespèrerais-je ainsi ? Esclaves, attelez aux chars les chevaux qui portent le joug, car cette ville n'existe plus pour moi. » De ce moment donc, chacun se pressa, et plus vite que la parole nous plaçâmes près du maître les chevaux équipés ; il en prit en main les rênes, qu'il tira du cercle de fer où elles reposaient ; il ajusta son pied dans le sabot et dit, ayant étendu les mains vers les dieux : « O Jupiter ! que je meure si je suis véritablement un homme pervers ; mais, soit que je meure ou que je vive, fais que mon père reconnaisse qu'il m'a indignement traité. » Et, là-dessus, ayant pris en main l'aiguillon, il l'appliqua aux chevaux, et nous, ses serviteurs, marchant des deux côtés du char, nous nous acheminions directement sur la route d'Argos et d'Épidaure. Lorsque nous entrâmes dans un lieu désert, hors des limites du pays, sur le rivage de la mer Saronique, nous entendîmes un certain bruit pareil à un tonnerre souterrain, un mugissement sourd, horrible, effrayant. Les chevaux aussitôt dressèrent vers le ciel la tête et les oreilles. Saisis de terreur, ignorant d'où venait ce bruit et ayant regardé vers le rivage battu des flots, nous vîmes un flot immense s'élevant au ciel, de sorte qu'il dérobait à nos yeux la côte de Scyron, et cachait l'isthme et le rocher d'Esculape ; puis, s'enflant, et par le bouillonnement de la mer faisant jaillir l'écume autour de lui, il s'avança vers la rive que longeait le char à quatre chevaux, et, avec l'onde elle-même et avec la vague furieuse, le flot jeta hors de la mer un taureau, monstre sauvage, du mugissement duquel toute la terre remplie résonna d'un épouvantable son. Un regard humain ne pouvait supporter cette vue, aussi un effroi terrible s'empara-t-il des chevaux ; leur maître, si habile dans les habitudes équestres, saisit les rênes des deux mains, les attirant à lui comme un matelot attire la rame, se jetant en arrière pour doubler sa force. Mais les chevaux, prenant le mors de fer entre leurs dents, emportent violemment le char, ne s'inquiétant ni des rênes, ni de la main qui les gouverne, ni du char lui-même, et, chaque fois qu'Hippolyte, tenant le gouvernail, dirigeait son char vers un chemin uni, le monstre se montrait de ce côté, rendant furieux de terreur le quadrige, se manière à le rejeter parmi les rochers. Mais, quand, au contraire, les chevaux se dirigent vers les rochers, le taureau, s'approchant, suivait le char en silence jusqu'au moment où, ayant heurté contre un roc la roue du char, il le fit échouer et le renversa. Alors, tout fut confusion, et les moyeux des roues et les chevilles de l'essieu sautèrent en l'air, et lui-même, le malheureux, embarrassé dans les rênes, est traîné, lié par un lien inextricable, et brisé contre les roches, où sa tête chérie laissait des lambeaux de sa chair, tandis qu'il poussait des cris affreux à entendre. « Arrêtez, disait-il, chevaux nourris à mes rateliers ! ne détruisez pas votre maître. O funeste imprécation de mon père ! Qui donc veut, en s'approchant de moi, venir au secours d'un innocent ? » Nous le voulions tous, notre pied avait été trop lent pour le suivre. Enfin, s'étant délivré, je ne sais comment, des liens de ses rênes, il tombe, respirant encore une courte existence. Quant aux chevaux et au monstre, en quel lieu de la montagne s'étaient-ils cachés ? Je l'ignore, mais ils avaient disparu. — Écoute, prince, je suis ton esclave sans doute, eh bien, jamais je ne pourrai obtenir de moi de croire au crime de ton fils, quand même toutes les femmes se pendraient, et, en se pendant, feraient de tous les pics du mont Ida autant de tablettes accusatrices.

SÉNÈQUE.

LE MESSAGER.

O triste et pénible condition de la servitude, qui m'oblige à remplir un si triste message !

THÉSÉE.

Ne crains pas de m'annoncer les plus tristes malheurs. Mon cœur est depuis longtemps préparé aux coups de la fortune.

LE MESSAGER.

Ma langue se refuse à ce récit déplorable...

THÉSÉE.

Parle; dis-moi quel nouveau malheur afflige ma maison.

LE MESSAGER.

Hippolyte, hélas !... une mort cruelle vous l'a ravi.

THÉSÉE.

Depuis longtemps je n'avais plus de fils. C'est d'un traître que les dieux me délivrent. Je veux savoir les détails de sa mort.

LE MESSAGER.

Dès qu'il fut sorti de la ville comme un fugitif, marchant d'un pas égaré, il attelle à la hâte ses coursiers superbes, et ajuste le mors dans leurs bouches dociles. Il se parlait à lui-même, détestant sa patrie et répétant souvent le nom de son père. Déjà sa main impatiente agitait les rênes flottantes; tout à coup, nous voyons en pleine mer une vague s'enfler et s'élever jusqu'aux nues. Aucun souffle, cependant, n'agitait les flots; le ciel était calme et serein; la mer, paisible, enfantait seule cette tempête. Jamais l'Auster n'en suscita d'aussi violente au détroit de Sicile. Moins furieux sont les flots soulevés par le Corus dans la mer d'Ionie, quand ils battent les rochers gémissants et couvrent le sommet de Leucate de leur écume blanchissante. Une montagne humide s'élève au-dessus de la mer et s'élance vers la terre avec le monstre qu'elle porte dans son sein, car ce fléau terrible ne menace point les vaisseaux, il est destiné à la terre. Le flot s'avance lentement, et l'onde semble gémir sous une masse qui l'accable. Quelle terre, disions-nous, va tout à coup paraître sous le ciel? C'est une nouvelle Cyclade. Déjà elle dérobe à nos yeux les rochers consacrés au dieu d'Épidaure, ceux que le barbare Sciron a rendus si fameux, et cet étroit espace resserré par deux mers. Tandis que nous regardions ce prodige avec effroi, la mer mugit, et les rochers d'alentour lui répondent. Du sommet de cette montagne s'échappait par intervalles l'eau de la mer, qui retombait en rosée mêlée d'écume. Telle, au milieu de l'Océan, la vaste baleine rejette les flots qu'elle a engloutis. Enfin cette masse heurte le rivage, se brise, et vomit un monstre qui surpasse nos craintes. La mer entière s'élance sur le bord et suit le monstre qu'elle a enfanté. L'épouvante a glacé nos cœurs.

THÉSÉE.

De quelle forme était ce monstre énorme?

LE MESSAGER.

Taureau impétueux, son cou est azuré; une épaisse crinière

se dresse sur son front verdoyant, ses oreilles sont droites et velues. Ses cornes, de diverses couleurs, rappellent les taureaux qui paissent dans nos plaines, et ceux qui composent les troupeaux de Neptune. Ses yeux tantôt jettent des flammes et tantôt brillent d'un bleu étincelant ; ses muscles se gonflent affreusement sur son cou énorme ; il ouvre en frémissant ses larges naseaux ; une écume épaisse et verdâtre découle de sa poitrine et de son fanon ; une teinte rouge est répandue le long de ses flancs. Enfin, par un assemblage monstrueux, le reste de son corps est écaillé et se déroule en replis tortueux. Tel est cet habitant des mers lointaines, qui engloutit et rejette les vaisseaux. La terre voit ce monstre avec horreur ; les troupeaux effrayés se dispersent ; le pâtre abandonne ses génisses ; les animaux sauvages quittent leurs retraites, et les chasseurs eux-mêmes sont glacés d'épouvante. Le seul Hippolyte, inaccessible à la peur, arrête ses coursiers d'une main ferme, et, d'une voix qui leur est connue, s'efforce de les rassurer.

Une partie de la route d'Argos est percée entre de hautes collines, et voisine du rivage de la mer. C'est là que le monstre s'anime au combat et aiguise sa rage. Dès qu'il a pris courage et médité son attaque, il s'élance par bonds impétueux, et, touchant à peine la terre dans sa course rapide, il se jette au-devant des chevaux effrayés. Votre fils, sans changer de visage, s'apprête à le repousser, et, d'un air menaçant et d'une voix terrible : « Ce monstre, s'écrie-t-il, ne saurait abattre mon courage ; mon père m'a instruit à terrasser les taureaux. » Mais les chevaux, ne connaissant plus le frein, entraînent le char, et, quittant le chemin battu, n'écoutent plus que la frayeur qui les précipite à travers les rochers. Comme un pilote qui, malgré la tempête, dirige son navire et l'empêche de présenter le flanc aux vagues, tel Hippolyte gouverne encore ses chevaux emportés. Tantôt il tire à lui les rênes, tantôt il les frappe à coups redoublés. Mais le monstre s'attachant à ses pas, bondit, tantôt à côté du char, tantôt devant les coursiers, et redouble leur terreur.

Enfin, il leur ferme le passage et s'arrête devant eux, leur présentant sa gueule effroyable. Les coursiers, épouvantés et sourds à la voix de leur maître, cherchent à se dégager des traits; ils se cabrent et renversent le char. Le jeune prince tombe embarrassé dans les rênes, et le visage contre terre. Plus il se débat, plus il resserre les liens funestes qui le retiennent. Les chevaux se sentant libres, leur fougue désordonnée emporte le char vide partout où la peur les conduit. Tels les chevaux du Soleil, ne reconnaissant plus la main qui les guidait d'ordinaire, et indignés qu'un mortel portât dans les airs le flambeau du jour, abandonnèrent leur route, précipitant du ciel le téméraire Phaéton. La plage est rougie du sang du malheureux Hippolyte; sa tête se brise en heurtant les rochers. Les ronces arrachent ses cheveux, les pierres meurtrissent son visage, et ces traits délicats, dont la beauté lui fut fatale, sont déchirés par mille blessures. Mais, tandis que le char rapide emporte çà et là cet infortuné, un tronc à demi brûlé et qui s'élevait au-dessus de la terre se trouve sur son passage et l'arrête.

Ce coup affreux retient un moment le char, mais les chevaux forcent l'obstacle en déchirant leur maître, qui respirait encore. Les ronces achèvent de le mettre en pièces. Il n'est pas un buisson, pas un tronc, qui ne porte quelque lambeau de son corps. Ses compagnons, éperdus, courent à travers la plaine, et suivent la route sanglante que le char a marquée. Ses chiens mêmes cherchent en gémissant les traces de leur maître. Hélas! nos soins n'ont pu rassembler encore tous les restes de votre fils. Voilà ce prince naguère si beau! Voilà donc celui qui partageait glorieusement le trône de son père, et qui devait lui succéder un jour! Ce matin, il brillait comme un astre; maintenant, ses membres épars sont ramassés pour le bûcher.

RACINE.

THÉSÉE.

Théramène, est-ce toi? qu'as-tu fait de mon fils?
Je te l'ai confié dès l'âge le plus tendre.
Mais d'où naissent les pleurs que je te vois répandre?
Que fait mon fils?

THÉRAMÈNE.
O soins tardifs et surperflus !
Inutile tendresse! Hippolyte n'est plus !
THÉSÉE.
Dieux !
THÉRAMÈNE.
J'ai vu des mortels périr le plus aimable.
Et j'ose dire encor, seigneur, le moins coupable.
THÉSÉE.
Mon fils n'est plus ! eh quoi! quand je lui tends les bras
Les dieux impatients ont hâté son trépas !
Quel coup me l'a ravi? quelle foudre soudaine ?
THÉRAMÈNE.
A peine nous sortions des portes de Trézène,
Il était sur son char; ses gardes affligés
Imitaient son silence, autour de lui rangés ;
Il suivait tout pensif, le chemin de Mycènes ;
Sa main sur les chevaux laissait flotter les rênes.
Ces superbes coursiers qu'on voyait autrefois,
Pleins d'une ardeur si noble, obéir à sa voix,
L'œil morne maintenant, et la tête baissée,
Semblaient se conformer à sa triste pensée.
Un effroyable cri, sorti du sein des flots,
Des airs en ce moment a troublé le repos ;
Et du sein de la terre une voix formidable
Répond en gémissant à ce cri redoutable.
Jusqu'au fond de nos cœurs notre sang s'est glacé.
Des coursiers attentifs le crin s'est hérissé.
Cependant, sur le dos de la plaine liquide
S'élève à gros bouillons une montagne humide;
L'onde approche, se brise, et vomit à nos yeux,
Parmi des flots d'écume, un monstre furieux.
Son front large est armé de cornes menaçantes,
Tout son corps est couvert d'écailles jaunissantes ;
Indomptable taureau, dragon impétueux,
Sa croupe se recourbe en replis tortueux;
Ses longs mugissements font trembler le rivage;

Le ciel avec horreur voit ce monstre sauvage.
La terre s'en émeut, l'air en est infecté ;
Le flot qui l'apporta recule épouvanté.
Tout fuit ; et, sans s'armer d'un courage inutile,
Dans le temple voisin chacun cherche un asile.
Hippolyte lui seul, digne fils d'un héros,
Arrête ses coursiers, saisit ses javelots,
Pousse au monstre, et, d'un dard lancé d'une main sûre,
Il lui fait dans le flanc une large blessure.
De rage et de douleur le monstre mugissant,
Vient aux pieds des chevaux tomber en frémissant
Se roule, et leur présente une gueule enflammée,
Qui les couvre de feu, de sang et de fumée.
La frayeur les emporte ; et, sourds à cette fois,
Ils ne connaissent plus ni le frein ni la voix.
En efforts impuissants leur maître se consume ;
Ils rougissent le mors d'une sanglante écume.
On dit qu'on a vu même, en ce désordre affreux,
Un dieu qui d'aiguillons pressait leurs flancs poudreux.
A travers les rochers la peur les précipite.
L'essieu crie et se rompt ; l'intrépide Hippolyte
Voit voler en éclats tout son char fracassé ;
Dans les rênes lui-même il tombe embarrassé.
Excusez ma douleur ; cette image cruelle
Sera pour moi de pleurs une source éternelle.
J'ai vu, seigneur, j'ai vu votre malheureux fils
Traîné par les chevaux que sa main a nourris.
Il veut les rappeler, et sa voix les effraie ;
Ils courent : tout son corps n'est bientôt qu'une plaie.
De nos cris douloureux la plaine retentit ;
Leur fougue impétueuse enfin se ralentit.
Ils s'arrêtent non loin de ces tombeaux antiques
Où des rois ses aïeux sont les froides reliques.
J'y cours en soupirant, et sa garde me suit :
De son généreux sang la trace nous conduit ;
Les rochers en sont teints ; les ronces dégouttantes
Portent de ses cheveux les dépouilles sanglantes.

J'arrive, je l'appelle ; et, me tendant la main,
Il ouvre un œil mourant qu'il referme soudain.
« Le ciel, dit-il, m'arrache une innocente vie.
Prends soin, après ma mort, de la triste Aricie.
Cher ami, si mon père, un jour désabusé,
Plaint le malheur d'un fils faussement accusé,
Pour apaiser mon sang et mon ombre plaintive,
Dis-lui qu'avec douceur il traite sa captive ;
Qu'il lui rende... » A ces mots, ce héros expiré,
N'a laissé dans mes bras qu'un corps défiguré.
Triste objet où des dieux triomphe la colère,
Et que méconnaîtrait l'œil même de son père.

THÉSÉE.

O mon fils ! cher espoir que je me suis ravi ;
Inexorables dieux qui m'avez trop servi !
A quels mortels regrets ma vie est réservée !

THÉRAMÈNE.

La timide Aricie est alors arrivée ;
Elle venait, seigneur, fuyant votre courroux,
A la face des dieux l'accepter pour époux.
Elle approche ; elle voit l'herbe rouge et fumante ;
Elle voit (quel objet pour les yeux d'une amante !)
Hippolyte étendu sans forme et sans couleur.
Elle veut quelque temps douter de son malheur ;
Et, ne connaissant plus ce héros qu'elle adore,
Elle voit Hippolyte et le demande encore !
Mais, trop sûre à la fin qu'il est devant ses yeux,
Par un triste regard elle accuse les dieux ;
Et, froide, gémissante, et presque inanimée,
Aux pieds de son amant elle tombe pâmée,
Ismène est auprès d'elle ; Ismène, tout en pleurs
La rappelle à la vie, ou plutôt aux douleurs.
Et moi, je suis venu, détestant la lumière,
Vous dire d'un héros la volonté dernière,
Et m'acquitter, seigneur, du malheureux emploi
Dont son cœur expirant s'est reposé sur moi.

Voilà les trois récits mis en face l'un de l'autre; celui de Racine n'est donc discutable que dans sa forme, le fond lui ayant été fourni par ses devanciers.

Maintenant que nous avons vu que Racine l'empruntait à Sénèque et à Euripide, voyons à qui l'empruntait Euripide?

A Sophocle.

Mais Sophocle n'a fait ni *Phèdre* ni *Hippolyte*.

C'est vrai, mais il a fait une *Électre*.

Seulement, dans *Électre*, disons-le, ce long récit, plein de détails douloureux, est bien autrement à sa place que dans *Phèdre*.

Dans *Électre*, Oreste dont il s'agit est vivant, et tout ce récit n'est qu'une feinte du serviteur pour lire à la fois dans le cœur de Clytemnestre et d'Électre, afin de savoir s'il doit craindre et sur qui il peut compter. Aussi, au fur et à mesure que le récit se déroule, lit-il la joie sur le visage de Clytemnestre et la douleur sur celui d'Électre.

Voici le récit du serviteur dans Sophocle je l'emprunte à mon imitation de *l'Orestie* :

CLYTEMNESTRE.

J'écoute.

LE VIEILLARD.

Eh bien, Oreste, avec toute la Grèce,
Cherchant, sûr de sa force et fier de son adresse,
Le glorieux danger d'un concours orageux,
A Delphes était venu pour prendre part aux jeux !
Sitôt que du héraut la clameur souveraine
Appela les élus, il parut dans l'arène.
Alors, chaque regard sur lui se concentrant.
Le vit, grand par son nom, par son malheur plus grand,
Et chaque spectateur dans son âme étonnée

Éprouva le désir que, de cette journée,
Sur tous les concurrents, objets de son mépris,
Vainqueur aux cinq combats, Oreste obtînt le prix;
Et vainqueur, en effet, à la course, à la lutte,
Au saut, au pugilat, au disque, dans sa chute,
Exemple par le sort offert aux nations,
Oreste recueillit plus d'acclamations
Que jamais souverain triomphant et prospère
N'en souleva montant au trône de son père.
Cent mille voix criaient en répétant son nom :
« C'est Oreste d'Argos, le fils d'Agamemnon !...
Du héros qui jadis contre Troie alarmée
De nos pères vainqueurs guida l'illustre armée,
Et que le monde entier, témoin de ses exploits,
Dans son étonnement, nomma le rois des rois! »
Il triomphait ainsi; mais, dans sa jalousie,
Quand, par le doigt d'un dieu la victime est choisie,
L'homme le plus puissant ne saurait échapper
Au coup dont le destin s'apprête à le frapper.
Le lendemain, le Cirque était plein dès l'aurore;
Oreste s'avança, guidant le char sonore,
Et maîtrisant, d'un geste et d'un accent aimés,
Deux blancs coursiers d'Élide au frein accoutumés;
Parmi ses concurrents, un venait d'Étolie,
Un de Thèbes, un de Sparte et deux de Thessalie;
Un autre était d'Épire... un autre Lybien,
Un autre, le huitième, était Athénien.
Les arbitres des jeux avaient proscrit le reste :
Ils étaient donc en tout neuf, en comptant Oreste.
Lorsque, selon le sort, on eut aux concurrents
Remis leurs numéros et désigné leurs rangs,
Le signal retentit, et, prompts comme l'orage,
Les neuf chars, emportés dans un poudreux nuage,
Firent jaillir, ainsi que d'un choc souterrain,
Des tonnerres de bronze et des éclairs d'airain.
D'abord, l'œil vainement chercha dans la carrière,
A distinguer les chars qui restaient en arrière
De ceux qui, plus ardents, poussés par l'aiguillon,

Sur le sable imprimaient un flamboyant sillon.
Mais on ne voyait rien qu'une confuse houle
Semblable aux flots bruyants que la tempête roule
Lorsque le vent arrache, en passant sous l'éclair,
Leur crinière d'écume aux coursiers de la mer !
Six fois l'on vit ainsi l'ardente cavalcade,
Rapide tourbillon, faire le tour du stade,
Et les neuf concurrents, consommés dans leur art
A ce sixième tour, pressés comme au départ.
Mais enfin les chevaux du citoyen de Sparte
S'emportent... C'est en vain que le Thébain s'écarte ;
Le char de son rival contre le sien poussé
Le heurte et sur le sol le jette renversé,
Tandis qu'au même choc, l'autre perdant sa roue,
Dans le cirque à son tour, comme un navire échoue...
Les autres chars venaient à leur suite... Surpris,
Cinq d'entre eux, emportés, vont heurter ces débris
Et couvrent, fracassés, éperdus, hors d'haleine,
De naufragés nouveaux cette fatale plaine.
Avec l'Athénien, dans l'immense cercueil,
Oreste est seul debout... Ainsi, longeant l'écueil
Où vient de se briser une imprudente flotte,
Derrière elle l'on voit un habile pilote
Manœuvrer au milieu du dangereux récif,
Et tirer du détroit l'équipage et l'esquif.
Ainsi, des chars brisés évitant les approches,
Habile nautonnier, voguant entre les roches,
On voit soudain Oreste, au milieu des bravos,
Pareil au dieu du jour, jaillir de ce chaos,
Et, calme, souriant, poursuivre sa carrière,
Aussi beau qu'Apollon sur son char de lumière,
Reste l'Athénien : désormais entre eux deux
Se débattra le prix du combat hasardeux.
Pour le leur disputer, plus de gloires rivales !
Légèrement courbé sur ses blanches cavales,
Mais, pour les exciter, n'employant que la voix,
Oreste a parcouru le stade quatre fois.

L'Athénien le suit, et parfois le précède.
Seulement, on le voit appeler à son aide
Des coups pressés du fouet le dangereux secours,
Et l'on pense qu'il reste à faire encore deux tours,
Et que, dans ces deux tours, grâce aux cavales blanches,
Le fils d'Atride aura de faciles revanches.
L'Athénien aussi le pense, et, furieux
De perdre ainsi le prix qu'ont entrevu ses yeux,
Le cœur désespéré, le front pâle, l'œil morne,
Il pousse avec son char Oreste vers la borne.
Oreste voit le piége, et d'un cercle sanglant
Son fouet des blancs coursiers enveloppe le flanc.
De rage et de douleur les cavales hennissent;
D'un indomptable élan maître et chevaux bondissent
Et l'essieu, d'un seul coup, heurte et brise de front
Et la borne et le char, et, les brisant, se rompt.
Aussitôt retentit un long cri d'épouvante,
Car on ne voyait plus, dans l'arène mouvante
Qu'un groupe monstrueux et par le sang marbrés,
Des chars se renversant sur des chevaux cabrés !
Broyé par ses coursiers, déchiré sur le sable,
Mourant, défiguré, sanglant, méconnaissable,
Ce fut de ces débris, qu'après bien des efforts,
Du malheureux Oreste on dégagea le corps.

(A Électre qui sanglote.)

Oh ! pleurez ; trop de pleurs ne se peuvent répandre
Sur ce corps qui n'est plus, hélas ! qu'un peu de cendre
Que dans l'urne d'airain, je rapporte, pieux !
Pour qu'elle ait une place au tombeau des aïeux !

Maintenant, pour que cette étude soit complète, nous devons reproduire ici la préface de Racine, mise, après le demi-succès ou la demi-chute qu'elle obtint, en tête de sa tragédie.

On verra que, toute modeste qu'est la préface, lui aussi estime que *Phèdre* est sa meilleure tragédie.

Ce ne fut point l'avis de la cabale ni de la critique du temps.

Maintenant, je voudrais bien savoir ce que ce faux grand seigneur de duc de Nevers, ce que cette drôlesse de duchesse de Bouillon, et ce que cet affreux bas bleu de madame Deshoulières nous ont donné en échange des onze ans de succès de Racine.

PRÉFACE

« Voici encore une tragédie dont le sujet est pris d'*Euripide*. Quoique j'aie suivi une route un peu différente de celle de cet auteur pour la conduite de l'action, je n'ai pas laissé d'enrichir ma pièce de tout ce qui m'a paru le plus éclatant dans la sienne. Quand je ne lui devrais que la seule idée du caractère de Phèdre, je pourrais dire que je lui dois ce que j'ai peut-être mis de plus raisonnable sur le théâtre. Je ne suis point étonné que ce caractère ait eu un succès si heureux du temps d'Euripide et qu'il ait encore si bien réussi dans notre siècle, puisqu'il a toutes les qualités qu'Aristote demande dans le héros de la tragédie, et qui sont propres à exciter la compassion et la terreur. En effet, Phèdre n'est ni tout à fait coupable, ni tout à fait innocente : elle est engagée, par sa destinée et par la colère des dieux, dans une passion illégitime dont elle a horreur toute la première. Elle a fait tous ses efforts pour la surmonter; elle aime mieux se laisser mourir que de la déclarer à personne; et, lorsqu'elle est forcée de la découvrir, elle en parle avec une confusion qui fait bien voir que son crime est plutôt une punition des dieux qu'un mouvement de sa volonté.

» J'ai même pris soin de la rendre un peu moins odieuse qu'elle n'est dans les tragédies des anciens, où elle se résout d'elle-même à accuser Hippolyte. J'ai cru que la calomnie avait quelque chose de trop bas et de trop noir pour la mettre dans la bouche d'une princesse qui a, d'ailleurs, des sentiments si nobles et si vertueux ; cette bassesse m'a paru plus convenable à une nourrice, qui pouvait avoir des inclinations serviles et qui, néanmoins, n'entreprend cette fausse accusation que pour sauver la vie et l'honneur de sa maîtresse. Phèdre n'y donne les mains que parce qu'elle est dans une agitation d'esprit qui la met hors d'elle-même ; et elle vient un moment après dans le dessein de justifier l'innocence et de déclarer la vérité.

» Hippolyte est accusé dans Euripide et dans Sénèque d'avoir en effet violé sa belle-mère : *Vim corpus tulit*. Mais il n'est ici accusé que d'en avoir eu le dessein. J'ai voulu épargner à Thésée une confusion qui l'aurait pu rendre moins agréable aux spectateurs.

» Pour ce qui est du personnage d'Hippolyte, j'avais remarqué dans les anciens qu'on reprochait à Euripide de l'avoir représenté comme un philosophe exempt de toute imperfection, ce qui faisait que la mort de ce jeune prince causait beaucoup plus d'indignation que de pitié. J'ai cru devoir lui donner quelque faiblesse qui le rendrait un peu coupable envers son père, sans pourtant lui rien ôter de cette grandeur d'âme avec laquelle il épargne l'honneur de Phèdre et se laisse opprimer sans l'accuser. J'appelle faiblesse la passion qu'il ressent malgré lui pour Aricie, qui est la fille et la sœur des ennemis mortels de son père.

» Cette Aricie n'est point un personnage de mon invention; Virgile dit qu'Hippolyte l'épousa et en eut un fils, après qu'Esculape l'eut ressuscité. Et j'ai lu encore dans quelques auteurs qu'Hippolyte avait épousé et emmené en Italie une jeune Athénienne de grande naissance, qui s'appelait Aricie et qui avait donné son nom à une petite ville d'Italie.

» Je rapporte ces autorités parce que je me suis très-scrupuleusement attaché à suivre la fable. J'ai même suivi l'histoire de Thésée telle qu'elle est dans Plutarque.

» C'est dans cet historien que j'ai trouvé ce qui avait donné occasion de croire que Thésée fût descendu dans les enfers pour enlever Proserpine; c'était un voyage que ce prince avait fait en Épire, vers la source de l'Achéron, chez un roi dont Pirithoüs voulait enlever la femme, et qui arrêta Thésée prisonnier après avoir fait mourir Pirithoüs. Ainsi, j'ai tâché de conserver la vraisemblance de l'histoire, sans rien perdre des ornements de la fable, qui fournit extrêmement à la poésie; et le bruit de la mort de Thésée, fondé sur ce voyage fabuleux, donne lieu à Phèdre de faire une déclaration d'amour qui devient une des principales causes de son malheur, et qu'elle n'aurait jamais osé faire tant qu'elle aurait cru que son mari était vivant.

» Au reste, je n'ose encore assurer que cette pièce soit en effet la meilleure de mes tragédies. Je laisse et aux lecteurs et au temps à décider de son véritable prix. Ce que je puis assurer, c'est que je n'en ai point fait où la vertu soit plus mise au jour que dans celle-ci. Les moindres fautes y sont sévèrement punies. La seule pensée du crime y est regardée avec autant d'horreur que le crime même; les faiblesses de l'amour y passent pour de vraies faiblesses; les passions n'y sont présentées aux yeux que pour montrer tout le désordre dont elles sont cause, et le vice y est peint partout avec des couleurs qui en font connaître et haïr la difformité. C'est là proprement le but que tout homme qui travaille pour le public doit se proposer, et c'est ce que les premiers poëtes tragiques avaient en vue sur toute chose. Leur théâtre était une école où la vertu n'était pas moins bien enseignée que dans les écoles des philosophes. Aussi Aristote a bien voulu donner les règles du poëme dramatique, et Socrate, le plus sage des philosophes, ne dédaignait pas de mettre la main aux tragédies d'Euripide. Il serait à souhaiter que nos ouvrages fussent aussi solides et aussi pleins d'utiles instructions que ceux de ces poëtes. Ce serait peut-être un moyen de réconcilier la tragédie avec quantité de personnes célèbres par leur piété et par leur doctrine, qui l'ont condamnée dans ces derniers temps et qui en jugeraient sans doute plus favorablement si les auteurs songeaient autant à instruire leurs spectateurs qu'à les divertir, et s'ils suivaient en cela la véritable intention de la tragédie. »

Racine, après son silence de onze ans, reparut, non pas au théâtre, mais à Saint-Cyr, par *Esther*, en 1689.
Et que fallut-il pour que Racine reparût?
Il fallut que madame de Maintenon, dégoûtée des

mauvaises pièces que faisait madame de Brisson, supérieure de Saint-Cyr, et scandalisée de la façon un peu trop passionnée dont ses jeunes élèves avaient joué *Andromaque*, s'adressât à Racine pour lui demander un poëme moral ou historique dont l'amour fût complétement banni. Le pauvre poëte, qui boudait contre la poésie comme Achille boudait contre la guerre, saisit la première occasion de reprendre sa plume, comme le héros thessalien avait saisi celle de reprendre sa lance.

Il fit *Esther*.

Esther fut représentée à Saint-Cyr pendant le carnaval de 1689. Racine mit lui-même sa pièce en scène et donna des leçons aux élèves.

Madame de Caylus, qui sortait de Saint-Cyr, vint demander un rôle. Il était trop tard, les rôles étaient distribués. Mais, après un si long silence, le poëte était prodigue.

Il fit pour elle le prologue.

La représentation fut splendide; toute la cour y assista. Louis XIV y mena Jacques II et la reine d'Angleterre.

Pendant toute la représentation, on disait que la pièce était allégorique, qu'Assuérus était le roi; Vasthi, madame de Montespan; Esther, madame de Maintenon — qui depuis quatre ou cinq ans avait épousé Louis XIV; — enfin Aman, le marquis de Louvois.

Madame de Sévigné assistait à cette solennité; le lendemain, elle écrivait à sa fille :

« Le maréchal de Bellefond vint se mettre par choix à mon côté; après la pièce, le maréchal sortit de sa place pour aller dire au roi combien il était content et

qu'il était auprès d'une dame bien digne d'avoir vu *Esther*. Le roi vint vers nos places, et, après avoir tourné, il s'adressa à moi et me dit : « Madame, je suis assuré
» que vous avez été contente. » Moi, sans m'étonner, je répondis : « Sire, je suis charmée; ce que je sens
» est au-dessus des paroles. » Le roi me dit : « Racine
» a bien de l'esprit. » Je lui dis : « Sire, il en a beau-
» coup; mais, en vérité, ces jeunes personnes en ont
» aussi beaucoup. Elles entrent dans le sujet comme si
» elles n'avaient jamais fait autre chose. » Il me dit :
« Ah! pour cela, il est vrai. » Et puis Sa Majesté s'en alla et me laissa l'objet de l'envie. »

Voyez-vous madame de Sévigné qui détourne l'éloge du front du poëte pour le faire retomber sur les protégées de madame de Maintenon.

Courtisans, engeance maudite!

Il est vrai que madame de Sévigné avait dit de Racine :

« Il passera comme le café. »

Il était cependant arrivé un petit accident pendant la représentation. L'élève chargée du rôle d'Élise manqua de mémoire.

— Oh! mademoiselle, s'écria Racine, quel tort vous faites à ma pièce!

La petite fille se mit à pleurer.

Alors, Racine entra en secret, lui essuya les yeux avec son mouchoir, la remit sur la voie, et la pièce arriva à bien.

Ce succès avait encouragé madame de Maintenon à demander autre chose à Racine.

Racine fit *Athalie*.

Vers la fin de l'année 1690, on s'apprêtait à jouer *Athalie* à Saint-Cyr comme on y avait joué *Esther*. Mais madame de Maintenon fut tellement courroucée par la cabale qui poursuivait le pauvre Racine, qu'elle rendit un arrêt qui supprimait à l'avenir tous les spectacles dans les maisons d'éducation qu'elle patronait.

Cependant, comme *Athalie* était prête, on résolut de la jouer à Versailles. Seulement, au lieu de représenter la pièce avec costumes et décors, les jeunes filles la représentèrent dans la grande galerie, et avec leur robe d'uniforme.

Louis XIV n'en fut pas moins enchanté, et nomma Racine gentilhomme ordinaire de la chambre.

Ce fut la perte du pauvre Racine.

Un soir que Louis XIV s'ennuyait conjugalement au coin de son feu avec madame de Maintenon, il fit, pour se distraire un peu, venir Racine, qui était de service.

La conversation roula sur la tragédie.

— Dites-moi donc, monsieur Racine, demanda le roi, pourquoi la tragédie est tombée dans un tel discrédit?

— Eh! sire, répondit Racine, tant que le public applaudira les farces de ce mauvais cul-de-jatte nommé Scarron, il n'y a pas d'espoir qu'il revienne à la belle littérature.

C'était une grande vérité, mais elle avait le tort d'être dite devant la veuve et devant le successeur de ce mauvais cul-de-jatte.

A partir de ce moment, Racine tomba dans une disgrâce complète, qu'il n'eut pas la force de supporter.

La chute d'*Athalie*, représentée en 1696, l'acheva.

Deux ans après, il mourut, comme disent les Anglais, d'un cœur brisé.

N'eût-il pas mieux valu mourir déchiré par les chiens, comme Euripide, ou les veines ouvertes, comme Sénèque?

Il laissa une veuve qui se vantait de n'avoir jamais lu un vers de son mari, et un fils qui, sans doute en ayant trop lu, crut que le génie faisait partie de la succession paternelle.

ACTION

ET

RÉACTION LITTÉRAIRE

Une grande douleur des hommes qui ont voué leur existence à la partie militante des arts est de voir qu'on en parle tant et qu'on s'en occupe si peu, qu'on effleure si généralement toutes les questions, sans jamais en approfondir aucune, et que, sur dix opinions qu'on émet et dix jugements qu'on porte dans le monde sur ces matières, il y en a neuf qui, ayant été reçus tout faits, sont rendus à la circulation où ils ont été pris sans que ceux qui en usent se soient donné la peine d'approfondir leur justesse ou d'apprécier leur valeur. Il en est de certaines opinions vulgaires comme de ces pièces de monnaie qui vont s'effaçant au fur et à mesure qu'elles passent en différentes mains, et qui cependant ont cours jusqu'à ce que, n'offrant plus aucune empreinte, la défiance publique force le gouvernement d'ordonner leur refonte. Je ne donne pas un an au

Constitutionnel pour que les théories politiques et littéraires dont il a fait une si abondante émission, qu'il en a enrichi tous les esprits pauvres, soient refusées dans le commerce intellectuel, comme dans le commerce matériel on refuse à cette heure la pièce de vingt-quatre sous et les écus de six livres.

Ce fut en 1827 et 1828 surtout que ce besoin de monnaie nouvelle en idées se fit sentir : Lamartine et Victor Hugo avaient payé leur dette à la France avec l'or de leur poésie ; Rossini et Meyerbeer avaient changé la musique ; Delacroix et Decamps, avaient élevé une école de peinture. Le terrain social, labouré par la Révolution et engraissé par l'Empire était ensemencé par des théories religieuses, morales et politiques, qui, bien qu'exagérées, défectueuses et ridicules même dans certaines parties, n'en donneront pas moins une moisson à l'avenir ; le théâtre seul était resté stationnaire, s'améliorant, il est vrai, entre les mains de Casimir Delavigne, mais ne se transformant pas.

Cependant, quelques essais avaient déjà éveillé la curiosité, sinon la sympathie du public ; mais tous ces essais avaient été tentés à côté du théâtre : c'étaient *les États de Blois* de Vitet, les *Comédies* de Clara Gazul, et les *Soirées de Neuilly*. Quant à ceux qui s'étaient hasardés sur la scène, quoique protégés par les plus grands talents de l'époque, ils avaient chancelé dès la première représentation, et étaient tombés pour ne plus se relever à la septième. Talma n'avait pu soutenir *Jane Shore*, quoiqu'il lui eût donné un double appui sous le manteau de velours de Richard III, et sous les haillons de bure du mendiant ; toute la puissance et toute la grâce de mademoiselle Mars n'avaient pu vitaliser *le Cid d'Andalousie*. On savait bien déjà ce dont on ne voulait plus, mais on ne savait pas encore ce qu'on voulait, et l'on rejetait la stérilité et l'impuissance du moment sur la sévérité de la censure, ce qui, à défaut de bonnes raisons, était accepté comme une excuse.

La grande secousse littéraire qui avait renversé le vieil édifice dramatique avait été communiquée à la France par l'Allemagne et l'Angleterre. La passion de Schiller, la poésie de Gœthe, le scepticisme de Byron, et la réalité de Walter Scott, avaient évoqué devant nos yeux les ombres de Louise, de Marguerite, d'Angeolina et d'Élisabeth. Nous avions trouvé en elles cette vérité et cette poésie, cette réalité de formes et cet idéal de contours qui manquaient à nos héroïnes : nous crûmes que nous pouvions acclimater ces fleurs exotiques ; nous les transportâmes de la Bretagne et de la Germanie. Mais il leur fallait le brouillard de l'Écosse et l'atmosphère de l'Allemagne, elles se fanèrent à notre soleil ; et Juliette et Desdemona elles-mêmes, ces deux merveilles de la création humaine, ne purent prendre racine ni à l'Odéon ni au Théâtre-Français. Les esprits superficiels en conçurent un doute, les esprits réfléchis en acquirent une certitude.

C'est qu'en toute chose la nature a établi des harmonies que l'art ou la science ne peuvent déranger. C'est qu'ainsi que chaque terre produit les fruits qui doivent soutenir le corps, ainsi chaque société donne naissance aux idées qui doivent nourrir les âmes ; que ce qu'il y a de meilleur pour la santé et pour l'intelligence a été mis par Dieu à notre portée, et que ce n'est que, naturalisées par un long séjour dans notre atmosphère physique et morale, que les plantes et les idées étrangères portent des fruits ; encore, pour tous les palais exercés et pour toutes les organisations fines, ces fruits ont-ils une saveur sauvage et insolite, un goût de terroir et de localité qui deviendraient un défaut hors du pays où ils sont une qualité.

Les deux premiers essais heureux qui furent tentés dans le drame purement national furent, nous croyons nous le rappeler, *Henri III* et *Hernani*, car *les Vêpres siciliennes* appartenaient à l'ancienne école française, et *Marino Faliero* était une imitation de la nouvelle école étrangère. Quant aux *Comédiens*, à *Valérie* et à *l'École des vieillards*, c'étaient de charmantes comédies de critique, de cœur et de style, mais qui n'avaient rien à faire dans la question en litige. Ce fut donc autour des deux nouveaux venus que se concentrèrent l'attaque et la défense, et l'on se rappelle qu'à cette époque le combat fut rude de part et d'autre.

Il y avait alors un tel besoin de nouveau, que presque tous les jeunes gens se précipitèrent à la suite des deux esprits aventureux qui s'étaient voués à la recherche de l'inconnu. Ils les suivirent instinctivement, comme les chevaliers français avaient suivi Godefroi de Bouillon, et les flibustiers espagnols, Fernand Cortez : la réalité de la ressemblance, dans cette comparaison des petites aux grandes choses, éclate surtout du côté des espérances : parmi les croisés qui marchaient à la délivrance du vieux monde, et les navigateurs qui voguaient à la conquête du nouveau, quelques-uns étaient bien partis pour l'Orient par désir chrétien de délivrer le tombeau du Christ, et pour l'Occident, par amour chevaleresque des glorieuses aventures ; mais le plus grand nombre, il faut l'avouer, s'était mis en route par nécessité ou par calcul ; et, pour un qui cherchait à gagner une place dans le ciel ou à se faire un nom sur la terre, il y en avait cent qui comptaient avant tout sur la division de terres saintes qui entouraient Jérusalem, et sur l'or vierge que renfermait le palais de Mexico : il en résulta que, lorsque Godefroi eut vaincu Iphictar-Eddoulah, que, lorsque Cortez eut défait Montezuma ; que, lorsque le premier eut été élu roi de Solyme, et le second nommé capitaine général du Mexique, ce fut parmi leurs compagnons d'armes que s'éleva le premier doute sur leur sainteté et leur courage, et que ce furent des rangs dans lesquels ils avaient marché que sortirent les plus ardents ennemis de leur cause. Et cela était facile à comprendre, car tous étaient partis égaux, et deux seulement étaient arrivés au trône.

Il en advint de même, toujours en comparant les petites aux grandes choses, de la croisade littéraire et de l'expédition dramatique de 1830. Lorsque les chefs eurent conquis le Théâtre-Français et la Porte-Saint-Martin, lorsqu'ils eurent gagné les batailles d'*Henri III* et d'*Hernani*, d'*Antony* et de *Marion Delorme*, les plus remuants et les plus ambitieux soldats commencèrent à murmurer, demandant ce qui leur reviendrait de cette double campagne. A ceci, il leur fut répondu qu'il y avait encore une immense partie du globe à délivrer des infidèles, une multitude de mondes nouveaux à explorer, et que, s'ils voulaient payer de leur personne, on était prêt à leur rendre l'aide qu'ils avaient donnée : sur ce, ils désertèrent avec papier et plume, et passèrent à l'ennemi.

Là finit l'action, et commença la réaction.

Le principal reproche que l'on fit à l'école moderne fut celui de l'immoralité.

En effet, le théâtre moderne, mis en regard du théâtre ancien, a l'air, au premier abord, de justifier cette accusation, qui trouva quelque écho dans le monde. Nous allons chercher la cause, non pas de cette réalité, mais de cette apparence.

La première étude des auteurs qui eurent le désir de représenter leur époque, comme Molière avait représenté la sienne (toujours distance gardée, toujours en comparant les petites aux grandes choses), leur apprit que les trois éléments de la comédie, du drame et de la tragédie furent en tout temps les ridicules, les vices et les passions; seulement, au temps de Molière, il était difficile, et il eût pu être dangereux de faire autre chose que de la comédie, car les ridicules étaient le partage de la bourgeoisie, tandis que les vices et les passions étaient l'apanage des grands seigneurs. Aussi l'auteur de *Georges Dandin* et de *Sganarelle*, qui mourut à cinquante-trois ans, assassiné par l'adultère, n'a-t-il jamais osé faire de ce crime qu'un ridicule, car peut-être que l'amant titré de mademoiselle Béjart eût envoyé le poëte à la Bastille pour se venger de ce que le mari l'avait traîné sans masque et à demi nu, de l'alcôve conjugale à la cour d'assises du parterre. Or, aujourd'hui, la chose est fort différente : il n'y a plus de Bastille, il n'y a plus de noblesse; la bourgeoisie, tout en conservant ses ridicules personnels, a hérité des

vices et des passions des grands seigneurs ; et comme
celui qui a pris la verge appartient à la même classe
que ceux qu'il fouette ; que, leur égal par la naissance,
il est leur supérieur par le talent, et qu'il n'a plus à
craindre, là où l'attendait un abus d'autorité royale,
que le ressentiment d'une vengeance particulière, il ne
voulut pas borner son tableau à la peinture de la partie
comique de la société, car il comprit qu'il avait mission
de la représenter sous toutes ses faces, et qu'il y avait
peut-être quelque chose de plus social que de faire rire
les hommes de leur charge : c'était de les faire rougir
de leur ressemblance. Ils laissèrent donc là les ridicules, et s'emparèrent des vices et des passions, et,
comme leur produit le plus fatal, ils poursuivirent surtout l'adultère.

Car, si l'on veut réfléchir, ce crime a une influence
plus terrible sur la société de notre époque que sur
celle des siècles passés. La noblesse, sous Louis XIV,
se perpétuait surtout par des mariages de convenance;
deux noms s'épousaient bien plus souvent que deux
cœurs; et, comme toutes les précautions étaient prises
pour perpétuer la race plutôt que l'espèce, l'aîné des
fils prenait pour lui seul le titre et la fortune qu'il devait à son tour transmettre à son fils aîné ; quant aux
autres enfants, ils étaient destinés à devenir abbés ou
mousquetaires, c'est-à-dire à vivre dans la chasteté et
à mourir dans le célibat. Grâce à cette combinaison,
les désordres que pouvait amener après eux le défaut
d'inclination avant l'accord, ou de sympathie après l'u-
nion, n'avaient pas de graves inconvénients, puisqu'il
arrivait presque toujours que le mari se trouvait le

père du fils aîné, c'est-à-dire de celui qui héritait de son rang, de sa fortune et de son titre; quant aux autres enfants, que leur nombre fût plus ou moins considérable, leur légitimité plus ou moins établie, c'était dans la famille chose matériellement fort indifférente, puisqu'ils n'avaient part à aucun des bénéfices de l'hérédité.

Dans notre siècle moderne, au contraire, où l'abolition des castes a établi l'égalité et où la suppression du droit d'aînesse a égalisé le partage héréditaire, il se forme plus de mariages d'inclination et moins d'unions de convenance. Il en résulte que les maris sont plus soigneux de l'honneur de leurs femmes, et plus préoccupés de la légitimité de leurs enfants. En effet, si un étranger se glisse aujourd'hui dans la famille, fût-il le dernier né, il partage avec tous et comme tous; et, comme il n'a au partage que le droit légal et non le droit naturel, le partage devient un vol.

Les socialistes modernes avaient bien trouvé un remède à cette maladie : c'était d'abolir le mariage et de détruire l'hérédité. Malheureusement, tout l'édifice de la société actuelle reposait sur ces deux bases.

Or, comme tout crime qui échappe à la loi est justiciable de l'opinion publique, les auteurs modernes firent ce que n'avait pas osé faire Molière : ils prirent l'adultère partout où ils purent le saisir, et ils le traînèrent sur la scène.

Ce n'était pas la première fois qu'il y faisait son apparition; mais jamais il ne s'y était montré que couvert du masque antique et déguisé sous la chlamyde grecque ou la toge romaine, de sorte que, lorsqu'on le vit entrer le visage découvert et revêtu du costume actuel, il y eut un cri de surprise et d'effroi, car chacun regarda autour de soi, et sentit qu'il coudoyait chaque jour dans le monde, sinon un Antony, du moins un Arthur. La société moderne, poursuivie par les auteurs des siècles passés dans ses salles à manger et dans ses salons, s'était réfugiée dans sa chambre à coucher. Nous en avons enfoncé la porte, et elle a crié au scandale et à l'immoralité, parce qu'elle avait été surprise en flagrant délit.

Voilà ce qu'on appelle la réaction.

LE BARON TAYLOR

I

Il y a des hommes dont l'existence est un long dévouement : selon la prédisposition de leur caractère, ou selon les événements qui leur ôtent souvent une à une leurs illusions les plus chères ; ces dévouements ont pour objet les rois, les femmes ou les arts. Il arrive parfois que le désillusionnement va jusqu'au bout ; et alors, forcés de renoncer à leurs croyances terrestres, il se réfugient dans le sein de la religion, et se dévouent à Dieu, seule puissance rémunératrice, qui n'est ni décevante comme les arts, ni ingrate comme les femmes, ni oublieuse comme les rois.

Ceux-là sont les forts et les grands ; les âmes médiocres acceptent toujours, mais ne donnent jamais. En revanche, elles jugent, car elles font la majorité ; aussi traitent-elles ceux qui se dévouent aux rois d'esclaves, ceux qui se dévouent aux femmes de niais, et ceux qui se dévouent aux arts d'insensés. Il n'y a pas jusqu'au dévouement à Dieu qu'elles ne calomnient : pour elles, les croyants sont des cagots ou des hypocrites.

Heureusement ou malheureusement, selon que l'on sera de l'école philosophique ou de l'école chrétienne, ces dévouements sont rares. Aussi méritent-ils d'être mentionnés en passant. Nous ne parlerons pas des dévouements aux femmes ; ceux-là, pour le plus souvent, sont solitaires, silencieux et ignorés. Nous ne parlerons pas des dévouements aux rois ; ceux-là sont éclatants, publics et vaniteux. Nous parlerons des dévouements à l'art, et non pas encore des dévouements producteurs, qui trouvent leur récompense dans la production même, qui sortent du Conservatoire, du musée ou du théâtre, comme Listz, comme Delacroix ou comme Victor Hugo, une couronne au front; mais du dévouement plus efficace et plus puissant, de celui-là qui a disputé la couronne à la médiocrité pour en faire don au génie ; car, à celui-là, il ne reste rien que les haines de ceux dont il a froissé l'amour-propre ; et souvent il n'a pas même, pour consolation, la reconnaissance de ceux dont il a comblé l'orgueil.

Parmi le petit nombre de dévouements de ce genre qui ont passé devant nos yeux, certes, le plus incessant et le plus désintéressé est celui de Taylor. Nommé commissaire du roi près le Théâtre-Français, en 1825, il entra en fonctions dans une de ces périodes, qui, au premier coup qu'elles leur portent, éprouvent les hommes. Taylor était essentiellement doué de cette jeune nationalité qu'on a longtemps confondue avec le vieux libéralisme, et entre lesquels la révolution de Juillet a tracé une si lumineuse ligne de démarcation;

aussi Taylor n'était-il pas dévoué aux hommes, mais aux principes ; le meilleur roi, à ses yeux, était celui qui devait le plus faire pour l'honneur de la patrie. Il en résulte que, repoussant toujours la question de dynastie pour la question de progrès, il demeura fidèle à la gloire du pays, quel que fût le roi qui le gouvernât.

Après le portrait de l'homme, passons à l'état des choses.

Au moment où Taylor fut investi du commissariat royal, le Théâtre-Français se débattait dans sa vieille anarchie. Talma et mademoiselle Mars en étaient le roi et la reine, mais de nom seulement. Quant à leur pouvoir, il était restreint à l'influence de leur talent dans les questions personnelles. Une espèce de régence démocratique, se composant de toutes les nullités, paralysait la volonté de ces deux grands artistes, qui, repoussés par une force envieuse dans l'ornière de la routine, appelaient à leur aide la génération naissante, qu'ils devinaient par instinct devoir être celle du progrès.

De son côté, le public commençait à se lasser de la littérature de l'empire ; *Pinto*, *Sylla* et *l'École des vieillards*, lui étaient apparus avec des horizons poétiques et nouveaux : comme Cristophe Colomb en voyant des algues et des oiseaux, il devinait qu'il était près d'un sol vierge et fécond ; alors arriva Taylor qui prit le gouvernail du vaisseau, et qui cria : *Terre !*

Depuis dix ans, la Comédie-Française avait reçu, et tenait enfouie dans ses cartons, la tragédie d'un jeune homme ; car, à cette époque, il fallait faire à la royale administration de la rue de Richelieu un surnumérariat décennal. Un homme vieillissait entre la réception et la représentation de sa pièce ; parfois encore, il mourait, et la pièce, fût-elle un chef-d'œuvre, était enterrée avec lui.

Or, ce jeune homme, dont on avait reçu la tragédie il y avait dix ans, se nommait Pichat. Quoiqu'il n'eût alors que trente-cinq ans, il était plus près de la tombe qu'un vieillard ; comme Chatterton, il mangeait depuis son enfance un pain trempé de larmes, et, comme André Chénier, sentant qu'il allait mourir, il se frappait le front du poing en disant désespérément : « Il y avait cependant là quelque chose ! »

Ce qu'il y avait dans le front du pauvre poëte, ce fut Taylor qui le découvrit ; il mit instinctivement la main sur *Léonidas ;* dès la première page, il reconnut une versification incorrecte, rude et fiévreuse, mais enivrante comme un cliquetis d'armes ; de temps en temps jaillissaient comme une flamme, au milieu de l'hémistiche ou à la fin du vers, les mots de patrie et de liberté. Ces mots, toutes les fois qu'on les prononçait, c'étaient les éclairs de l'orage, et le parterre grondait, pareil au tonnerre lointain d'une révolution.

Il y avait donc deux choses à vaincre : l'apathie des sociétaires, les susceptibilités de la censure. Taylor prit *Léonidas,* alla trouver Talma, lui lut la pièce. Talma réfléchit longtemps et trouva la pièce impossible, car Talma était un caractère ardent au désir, mais timide à la lutte ; il appelait de tous ses vœux la révolution littéraire, et tremblait aussitôt qu'il s'agissait de la proclamer. Taylor insista ; Talma, facile à convaincre, fut convaincu; on prit un rendez-vous où Pichat fut appelé, et, là, séance tenante, les corrections furent débattues et arrêtées ; huit jours après, elles étaient faites. Le pauvre cygne mourant sentait qu'il n'avait pas de temps à perdre pour faire entendre son premier et son dernier chant.

Alors commença un autre combat; ce fut celui de Taylor contre le ministère. Il y avait dans cette pièce de *Léonidas*, que beaucoup ont déjà oubliée peut-être, cinq cents de ces vers d'allusion dont un seul faisait à cette époque un succès d'opposition et, par conséquent, de vogue. Il fallut emporter ces cinq cents vers les uns après les autres, comme les ouvrages avancés d'une forteresse tyrannique ; rien ne rebuta Taylor, ni mauvaise foi ministérielle, ni stupidité gouvernementale, ni crainte aristocratique. Après trois mois d'escarmouches, de combats et de batailles, il rentra au Théâtre-Français, prêt à tomber de fatigue comme le guerrier de Marathon, mais, comme le guerrier de Marathon, rapportant une branche de laurier en signe de victoire.

Alors, il fut question de monter l'ouvrage. Le comité se rassembla pour arrêter la mise en scène : le régisseur proposa toutes les défroques romaines pour habiller les soldats grecs, son palais de Thésée pour la tente de Xerxès, et son *forum romanum* pour le passage des Thermopyles : Taylor prit son crayon, dessina des décorations et des costumes neufs, et ordonnança au bas de ces croquis une somme de quinze mille francs; pendant huit jours, il y eut émeute rue de Richelieu; et quelques-unes des haines obstinées dont s'honore l'ancien commissaire royal, datent du jour de la mise en scène de *Léonidas*.

La pièce fut jouée : jamais on n'avait vu rien de pareil au Théâtre-Français comme décorations, comme costumes et comme mise en scène. Au lever du rideau de chaque acte, c'étaient des cris et des trépignements. Talma fut sublime. On nomma l'auteur, on nomma le décorateur, on nomma le metteur en scène ; il n'y eut que Taylor que l'on se garda bien de nommer ; mais l'auteur l'embrassa, en lui disant : « Je vous remercie, vous venez de donner du pain pour deux ans à ma veuve et à mes enfants. »

Du jour de cette représentation mémorable, il y eut révolution au théâtre : toutes les hautes intelligences de la Comédie-Française se réunirent autour de leur patron et de leur représentant ; ce fut alors que Talma, aussi, sentant qu'il allait mourir, demanda qu'on lui fît un convoi impérial : Taylor monta le *Charles VI* de M. Delaville ; Talma y fut plus sublime qu'il n'avait jamais été ; mais, frappé sur son char de triomphe même, il mêla son agonie à celle du pauvre roi insensé qu'il était chargé de représenter.

Mademoiselle Mars restait seule ; il est vrai que, comme Médée, elle pouvait dire : « Moi, et c'est assez !... » On distribua les rôles de Talma à ses héritiers. Chacun tira à soi quelque chose des armes d'Achille et du royaume d'Alexandre ; Michelot eut Tibère, et Firmin le Tasse.

Cette dernière pièce eut, comme chacun le sait, un grand succès : Firmin fut très-beau, mademoiselle Mars fut sublime. On n'oublia point pour cela Talma, mais on vit qu'on pouvait s'en passer; car, heureusement, le Théâtre-Français n'était point soumis à la loi salique, et, le roi mort, il pouvait élire une reine.

Ce fut alors que Taylor rêva un coup d'État bien autrement hardi que tous ceux qu'il avait déjà faits; il avisa que *le Mariage de Figaro*, suspendu depuis douze ans, pourrait être arraché au cachot de l'inquisition censoriale; il fit si bien, qu'il obtint non-seulement la révision du procès, mais encore la grâce pleine et entière du condamné. La pièce fut rendue par M. de Martignac à Taylor telle qu'elle était sortie des mains de Beaumarchais, et mise en répétition avec une rapidité dont le Théâtre-Français ne connaissait pas d'exemple, et dont, malheureusement, il a oublié la tradition. La concession ministérielle était, au reste, si étonnante que l'on n'y pouvait croire. Le jour de la représentation, plus de trois cents jeunes gens du parterre suivirent l'ouvrage, la brochure à la main. La surprise d'une telle victoire enchaîna presque les applaudissements pendant tout le cours de la représentation; mais, à la fin, ils éclatèrent frénétiques et redoublés. Non-seulement un chef-d'œuvre venait d'être rendu à la scène, mais encore une conquête politique avait été faite.

C'était trop de service rendus par un seul homme à la Comédie-Française pour que quelques-uns des sociétaires ne prissent pas en haine le dictateur qui faisait si bien prospérer la république. D'ailleurs, ce parti, si improprement appelé classique, et auquel nous conservons ce nom plus par extrême politesse que par juste application, craignait une nouvelle invasion dans la citadelle sainte. Taylor venait de se présenter encore une fois au comité, conduisant un auteur et un ouvrage nouveaux. Tous deux avaient des allures si singulièrement indépendantes, que l'effroi se mit dans le camp, et qu'avec le courage obstiné de la peur, ceux qu'on menaçait dans leur existence attaquèrent le protecteur, espérant que, du même coup qui l'abattrait, tomberaient avec lui les protégés. Cette pièce, c'était *Christine;* le nouvel arrivant, c'était moi. Qu'on ne s'étonne donc pas, non-seulement de mon amitié pour Taylor, mais encore de ma reconnaissance; car ce fut à cause de moi qu'il subit, non pas ses premières, mais ses plus cruelles persécutions.

Bientôt les haines, qui s'enveniment si vite à la poussière du théâtre, devinrent telles, que Taylor recula devant tant d'ingratitude et d'injustice; il se retira sous sa tente et laissa Ajax-Lafond et Agamemnon-Michelot continuer le siége de Troie à leur manière.

Cependant, sous cette tente où on le croyait paresseusement étendu, l'activité qui lui est naturelle le dévorait; il cherchait comment occuper cet interrègne momentané; il se demandait quelle gloire lui manquait, qu'il pût donner à la France. Ses yeux se tournèrent vers l'Orient; les civilisations antiques se déroulèrent devant lui avec leurs monuments gigantesques; parmi ces monuments, il y en avait quelques-uns qu'on pouvait transporter à Paris; de ce nombre étaient les deux aiguilles de Louqsor. La France, si riche de ruines romaines ne possédait que l'obélisque nain que Constantin avait, dans un moment d'amour, donné à Arles, sa maîtresse. C'était une belle et pacifique conquête à faire sur l'Égypte. Jusqu'à présent, les empereurs seuls avaient tenté de pareilles expéditions; mais, de nos jours, la France est une reine qui a pour ministre le génie. Taylor écrivit à M. de Martignac :

« Monseigneur, les drapeaux victorieux de la France ont vu toutes les parties du monde, et, partout où ils ont flotté, ils ont montré aux peuples que les Français savaient transporter sur la terre étrangère les bienfaits de la civilisation de leur patrie. Pour souvenir des victoires de nos armes, des étendards étaient appendus aux voûtes de nos églises; ces trophées ont disparu. Ne serait-il pas glorieux d'élever des monuments qui rappelassent les batailles qui en ont doté la France? Les campagnes des Français en Égypte, si glorieuses et si poétiques, égalent les hauts faits des Croisades; et cependant, pas une pierre ne consacre à Paris le souvenir de cette gloire.

» Bossuet a dit que la puissance romaine, désespérant d'égaler les Égyptiens, a cru faire assez pour sa grandeur en leur empruntant les obélisques de leurs rois [1].

» La France, qui a égalé les Égyptiens et les Romains dans la guerre, devrait peut-être consacrer ses triomphes en Orient par un de ces monuments dont l'Égypte et Rome sont encore si riches. Un ouvrage, qui est aussi une gloire pour notre pays, nous indique qu'il existe à Louqsor, sous les ruines de Thèbes, deux obélisques qu'il serait possible de transporter à Paris, et qui orneraient admirablement une ou deux de nos places publiques, en même temps qu'ils signaleraient, par de

[1] Dix-sept obélisques égyptiens décorent les places de Rome.

nouveaux témoignages, le triomphe de nos armes et la supériorité de nos sciences. Si Votre Excellence daigne accorder quelque attention à ce projet, je la prie de vouloir bien me donner un moment d'audience. »

L'audience fut accordée ; le ministre commença par opposer la presque impossibilité de la réussite d'un pareil projet. En tout cas, des fonds ne pouvaient être alloués, pour une semblable entreprise, qu'à un homme qui aurait vu les lieux, calculé les distances, et étudié les moyens dynamiques à mettre en œuvre pour le transport d'une si lourde masse. Taylor offrit de faire à ses frais un voyage préparatoire : la proposition n'était pas refusable. Un passage fut accordé à l'aventureux voyageur sur la corvette *la Diligente ;* Taylor partit de Paris le 11 mai, de Toulon le 25, arriva le 19 juin à Alexandrie, le 30 au Caire, et le 17 juillet à Thèbes. Pendant cette dernière course, qu'il fit avec un seul Arabe, son dromadaire s'abattit, et lui luxa le pied. Taylor se fit attacher sur sa monture, et, continuant son chemin, il arriva sans autre accident. Il avait fait cent cinquante lieues en huit jours.

Il s'assura que l'obélisque pouvait facilement être transporté jusqu'au Nil ; aussitôt il reprit sa route, joyeux et fier de rapporter une pareille certitude à M. de Martignac. En arrivant à Paris, il trouva le ministère changé.

Il s'en consola, ou parut s'en consoler du moins, en rendant à un pauvre diable de poëte, qu'il avait encouragé avant son départ, un nouveau service à son retour. Il fit monter *Henri III*.

II

Le 11 janvier 1830, Taylor reçut copie de l'ordonnance suivante :

« Paris, 11 janvier 1830

» Sur le rapport de notre ministre secrétaire d'État de la marine et des colonies, nous avons ordonné et ordonnons ce qui suit :

» Art. 1er. Le sieur baron Taylor sera envoyé comme commissaire du roi auprès du pacha d'Égypte, pour négocier la cession des obélisques de Thèbes, et pour faire transporter en France l'obélisque d'Alexandrie.

» Art. 2. Les frais relatifs à cette mission et au transport de ces monuments seront faits par la marine et portés au compte de ce département.

» Art. 3. Notre ministre secrétaire d'État au département de la marine et des colonies est chargé de l'exécution de la présente ordonnance.

» Donné à Paris, en notre château des Tuileries, le sixième jour du mois de janvier de l'an 1830, et de notre règne le sixième.

» *Signé* CHARLES. »

En conséquence, Taylor se rendit à Toulon. Il y trouva le brick *le Lancier*, capitaine Bellanger, prêt à mettre à la voile. Il s'entendit avec le préfet maritime pour tous les préparatifs de transport à faire à Toulon même. Ces préparatifs avaient été réglés dans une réunion qui avait eu lieu au ministère de la marine, le 19 novembre 1829, et à laquelle assistaient M. le comte de Laborde, membre de la chambre des députés, M. Drovetti, ancien consul général de France en Égypte, M. le baron de Livron, maréchal de camp au service du pacha, M. le baron Taylor, commissaire du roi, M. le baron Mackau, contre-amiral, et M. le baron Tupinier, conseiller d'État, directeur au ministère de la marine.

Deux moyens avaient été proposés pour le transport. Le premier était de construire, sur les lieux mêmes, avec des sapins de la Caramanie, deux énormes radeaux, qui auraient servi à faire flotter chacun des obélisques d'abord sur le Nil, pour les amener jusqu'à la mer, et ensuite sur la Méditerranée et l'Océan jusqu'au Havre au moyen d'un remorqueur. L'auteur du projet était M. Besson, ancien officier de la marine française, actuellement au service du vice-roi d'Égypte.

Le second projet était celui de la construction d'une allége dans le port même de Toulon : ce bâtiment achevé, il ferait voile pour Alexandrie, profiterait de la crue du Nil, remonterait le fleuve jusqu'à Thèbes, et, lors du retrait des eaux, s'échouerait le plus près possible de l'obélisque qui serait introduit dans sa carène, au moyen d'une ouverture pratiquée à son avant : il resterait là jusqu'à la crue nouvelle, et, soulevé par elle se retrouverait à flot tout naturellement, descendrait le cours du Nil, franchirait le Boggasse [1], entrerait dans la Méditerranée, passerait le détroit de Gibraltar, traverserait l'Océan, et viendrait reconnaître le Havre

---

[1] La barre de la mer.

pour remonter la Seine jusqu'à Paris : ce dernier projet fut adopté ; en conséquence, tous les apprêts en furent faits au port de Toulon, et ils étaient déjà en pleine activité lorsque le brick qui portait le négociateur, auquel un crédit de cent mille francs avait été ouvert, mit à la voile pour Alexandrie.

Pour cette seconde course, qui devait s'étendre en Arabie et en Palestine, Taylor avait pensé qu'il devait s'adjoindre deux compagnons, qui, outre leurs qualités d'artistes, possédaient encore celles du voyageur, la force et la bravoure. Il avait, en conséquence, jeté les yeux d'abord sur Dauzats, qui était déjà à cette époque un de nos premiers peintres de voyage, et ensuite sur Meyer, qui, dirigé par son compagnon, devait, en deux ans, se faire une réputation dans la même carrière [1].

Le *Lancier* toucha d'abord à Palerme, où Taylor s'arrêta quelques jours pour faire mouler les métopes du temple de Sélinonte. Ces fragments qui, en rejetant l'ère fabuleuse de Dédale, appartiennent à la première école grecque, roide et naïve, et qui, par conséquent, peuvent dater de quatre siècles avant Jésus-Christ, manquaient tout à fait à la collection de nos musées qu'ils sont venus compléter : c'est la préface du Parthénon. Ce moulage fut fait par M. Valette, que Taylor avait, à cet effet, demandé au gouvernement.

L'opération terminée, le brick reprit la mer, franchit le détroit de Messine, reconnut Malte, et, un matin, se trouva en vue d'Alexandrie.

Alexandrie est une plage de sable, un grand ruban

---

[1] M. Meyer a fait depuis, je crois, un voyage au pôle Nord.

doré qui domine l'eau; à gauche s'élève la colonne de Pompée et l'aiguille de Cléopâtre, seules ruines qui restent de la ville du Macédonien; à droite est le palais du vice-roi, mauvais et pauvre édifice blanc élevé par des architectes italiens; un peu avant, une tour carrée bâtie par les Arabes, et au pied de laquelle débarqua l'armée française ; puis, à l'extrême gauche, ainsi que la corne d'un croissant, s'avance dans la mer, la pointe d'Aboukir. Quant à Alexandrie, cette antique reine de l'Égypte, honteuse sans doute de son esclavage, elle se cache derrière les vagues du désert, au milieu desquelles elle s'élève comme une île de pierre sur une mer de sable.

Sur le port même, ainsi qu'on voit sur nos places les fiacres et les cabriolets, les âniers attendent les arrivants ; il y en a partout : au pied de la tour Carrée, à la colonne de Pompée, à l'aiguille de Cléopâtre ; ils poursuivent les voyageurs avec les même cris et la même insistance que font nos cochers de Sceaux, de Pantin et de Saint-Denis ; aussi ce qu'il y a de mieux à faire est-il d'enfourcher la monture qu'ils présentent; à ceux dont elle blesserait la dignité, nous rappellerons que ce fut celle que Notre-Seigneur choisit pour faire son entrée à Jérusalem.

Sur la route du port, à Alexandrie, et en avant de la colonne de Pompée, on trouve un petit monticule qui porte encore aujourd'hui le nom pompeux de fort Bonaparte : Alexandrie est une ville si basse, que les ingénieurs français n'eurent qu'à amasser quelques pelletées de terre et à les couronner d'une batterie pour forcer la place à se rendre.

Bientôt on entre dans la ville, aux murs blancs et aux rues sans pavés et pleines de boue ; c'est qu'à cause de la chaleur, on est obligé de les arroser toute la journée, et que cette eau et ce sable forment un mortier dont les ânes, les chameaux et les dromadaires peuvent seuls se tirer à leur honneur ; quant aux chrétiens, ils s'en défendent encore, grâce à leurs bottes ; mais les Arabes y laissent leurs pantoufles.

La caravane descendit chez le consul de France, M. de Mimaut : le pacha d'Égypte était dans le Delta, et son fils seul, le prince Ibrahim, se trouvait à Alexandrie. On le fit prévenir de l'arrivée de l'ambassade, et une lettre d'audience fut envoyée à Taylor pour lui et toute sa suite.

Le lendemain, jour fixé pour la réception, un officier du prince arriva pour prendre la conduite du cortége, et se plaça à sa tête : la caravane se composait de Taylor, du consul, de Dauzats, de Meyer et de M. Bellanger, capitaine du brick : elle était suivie par deux kaffas dont l'office était d'écarter avec le bâton les curieux qui auraient pu gêner la marche de l'ambassade.

Entre le premier et le second voyage de Taylor, un grand changement somptuaire avait été fait : on avait répudié l'ancien costume militaire et adopté le nouveau, nommé *nedjin jedid*. Le cortége rencontra plusieurs corps d'infanterie affublés du nouveau vêtement, qui consiste dans une calotte rouge, dans une veste rouge, dans une culotte rouge, et dans des pantoufles rouges ; cet uniforme est scrupuleusement adopté, et les régiments présentent un ensemble de couleur parfaitement satisfaisant ; il n'y a que les figures des soldats qui offrent un assortiment de nuances différentes, depuis la peau mate et blanche du Circassien jusqu'au teint d'ébène de l'enfant de la Nubie ; mais tous les efforts du pacha n'ont encore pu remédier à cet inconvénient.

Un autre, qui n'est pas moins grand, est celui que nous avons déjà signalé. Ces régiments, qui s'avancent dans les rues boueuses d'Alexandrie, au son de tambours qui battent des marches françaises, malgré toute la discipline qu'essayent de maintenir les sergents qui marchent sur les côtés, ne peuvent non-seulement marquer le pas, mais encore conserver leurs rangs. Cela tient à ce que, de cinq minutes en cinq minutes, les pantoufles des soldats restent dans la boue, et que leurs propriétaires sont obligés de s'arrêter pour ne pas les perdre ; cette manœuvre perpétuelle, et qui n'est point prévue par l'école du fantassin, met dans les rangs de la milice égyptienne un désordre qui pourrait la faire prendre au premier abord pour la garde nationale du pays : la méprise serait d'autant plus facile et innocente, que, sous ce climat brûlant où tout poids est un fardeau, chacun porte son fusil à volonté et de la manière qui lui est la plus commode.

Enfin, le cortége vainquit tous les obstacles, et arriva au palais. Dans la cour, il trouva un régiment des mêmes troupes sous les armes ; il passa entre deux rangs, monta l'escalier, traversa une foule de grandes salles blanches sans aucun ameublement, et au milieu de chacune desquelles s'élançait un jet d'eau. Dans l'avant-dernière, Taylor s'arrêta pour disposer les présents destinés au prince Ibrahim ; ils consistaient en armures de colonels de cuirassiers et de carabiniers, en fusils de chasse et en pistolets de combat ; cette disposition faite, le commissaire du roi entra dans la salle de réception.

Elle était en tout pareille aux précédentes, et sans autre ornement qu'un énorme divan qui en faisait le tour. Dans l'angle le plus obscur de cette salle, une peau de lion était jetée sur le divan ; et sur cette peau de lion, accroupi, une jambe pendante par-dessus l'autre, était Ibrahim, tenant un rosaire de la main gauche, et jouant de la main droite avec les doigts de son pied.

Taylor salua et s'assit à la droite du prince, M. de Mimaut à la gauche, et le reste du cortége à la suite et ainsi qu'il lui plut ; pas un mot ne fut prononcé dans cette première partie de la réception. Aussitôt que chacun eût pris place, Ibrahim fit un signe, on apporta des chibouques tout allumés, et l'on fuma. Pendant les cinq minutes que dura cette opération, les envoyés français eurent le temps d'examiner à loisir le prince Ibrahim ; il était coiffé d'un bonnet grec et portait l'habit militaire, et paraissait avoir quarante ans, était petit et gros, robuste, avait les yeux vifs et brillants, le visage rouge et les moustaches et la barbe de la couleur de la peau du lion sur laquelle il était assis.

Lorsque les pipes furent vidées, on apporta le café. La pipe et le café réunis constituent les grands honneurs ; dans les audiences ordinaires, on n'offre généralement que l'une ou l'autre : le café bu, Ibrahim se leva lentement, marcha vers la porte, suivi de Taylor, de M. de Mimaut, de Dauzats, de Meyer et de M. Bellanger, et entra dans la salle des présents.

Il les examina tous les uns après les autres avec un plaisir visible; les armures de carabiniers, ornées de leur soleil d'or, semblèrent surtout lui faire grand plaisir. Cependant l'inspection finie, il parut encore chercher autre chose; mais, ne trouvant pas ce qu'il cherchait, il adressa quelques mots à son interprète qui, se tournant vers Taylor :

— Son Altesse, dit-il, demande si vous avez pensé à lui apporter du vin de Champagne.

— Oui, dit le prince, accompagnant ces trois mots français d'un signe expressif de la tête; oui, du champagne, du champagne.

Taylor répondit qu'on avait deviné le désir de Son Altesse, et que plusieurs caisses remplies de ce liquide devaient déjà être déposées au palais.

Dès ce moment, Ibrahim se montra de l'humeur la plus charmante. Il rentra dans la chambre de réception, causa beaucoup de la France qu'il aimait, disait-il, comme une seconde patrie, *étant petit-fils d'une Française*. Puis, pour dernière marque d'honneur, ("- esclaves entrèrent avec des cassolettes tout allumées, et, les approchant de la figure des envoyés français, ils leur parfumèrent la barbe et le visage. Cette cérémonie achevée, Taylor se leva, et prit congé du prince en portant successivement sa main droite au front, à la bouche et à la poitrine, ce qui veut dire, dans le langage figuré et poétique de l'Orient : « Mes pensées, mes paroles et mon cœur sont à toi. »

Puis l'ambassade rentra au consulat dans le même ordre qu'elle en était sortie.

Cependant, pour ne pas perdre à Alexandrie, où il

était forcé d'attendre le pacha, un temps précieux, Taylor envoya Dauzats et Meyer, le turban en tête et le crayon à la main, dessiner les mosquées de cette ville des *Mille et une Nuits* que les Arabes nomment El Masser, et les Français le Caire. Les deux artistes partirent avec la confiance et la tranquillité particulières surtout aux voyageurs français, qui, partout où ils sont, se croient toujours dans la banlieue, passèrent par Damanhour, Rosette, prirent le Nil, et le remontèrent jusqu'à Boulak.

Arrivés à quelque distance du port, ils débarquèrent, montèrent à cheval, traversèrent les tombeaux des califes, et entrèrent dans la capitale du Delta. Ils se dirigèrent immédiatement vers le quartier franc. Situé sur la rive droite du Nil, appuyé à l'est sur la chaîne du Mokattam, dont le dernier mamelon supporte la citadelle qui le domine ; défendu par une ceinture de murailles crénelées, flanquées de tours carrées, et percé de portes dont quelques-unes sont des édifices, le Caire est une ville monumentale ; dans une seule rue, nos voyageurs comptèrent soixante mosquées.

Ces mosquées, ce sont les oasis de la cité. On y trouve de la fraîcheur, de l'ombre, de l'eau, des arbres et des oiseaux. Puis, au milieu de tout cela, quelques poëtes arabes qui viennent, dans les intervalles de la prière, commenter les versets du Coran. Chacune de ces mosquées est dominée par un grand médeneh à plusieurs étages. C'est le domaine du muezzin qui, tant qu'il est jeune, monte jusqu'au haut, et d'une voix sonore convoque tout le peuple à la prière, puis, au fur et à mesure qu'il prend des années, descend d'un étage et baisse la voix, jusqu'à ce que, vieillard débile, il ne puisse atteindre que le premier étage, d'où il ne se fait plus entendre qu'aux passants de la rue.

Pendant que nos deux artistes parcouraient la ville, qu'ils ont rapportée presque entière, et qu'ils pourraient rebâtir, comme ces monuments dont les Anglais achètent, transportent et numérotent les pierres, Mehemet-Ali, rappelé par les nouvelles de Constantinople, était revenu à Alexandrie, où l'attendait Taylor.

A peine eut-il appris qu'un envoyé français était arrivé avec le titre du commissaire du roi, qu'il le fit appeler. Le cérémonial fut le même que nous avons indiqué; mais les présents étaient plus précieux : c'étaient de magnifiques cabarets de Sèvres, de grands vases de la manufacture royale, des glaces superbes, des pendules dont quelques-unes contenaient tout un recueil d'air qu'elles jouaient successivement à chaque heure qu'elles marquaient, enfin l'ouvrage sur l'expédition d'Égypte, et le *Neptune français*, qui contient toutes les cartes du monde.

La négociation fut plus difficile qu'on ne s'y était attendu d'abord; quelque diligence qu'eût faite l'ambassadeur artiste, et quelque silence qu'il eût gardé, le projet avait transpiré, l'Angleterre avait pris le devant sur la France, et les deux aiguilles que venait chercher Taylor appartenaient déjà à la Grande-Bretagne. Quant à Mehemet-Ali, il avait, disait-il, le plus grand désir de satisfaire les deux nations et ne demandait qu'un moyen de les mettre d'accord.

Ce fut alors que le précédent voyage de Taylor e

l'étude qu'il avait faite lui-même et sur les lieux des monuments antiques, lui furent d'une grande utilité ; il connaissait l'Égypte aussi bien que Mehemet-Ali, et cette science, dont le pacha avait peine à se rendre compte, lui imposait singulièrement. Ce fut alors que Taylor proposa de donner à l'Angleterre, en échange des deux obélisques de Louqsor, l'obélisque de Karnac, qui est plus grand ; quelques difficultés s'élevèrent : enfin on établit un appoint avec d'autres antiquités. Le consul anglais accéda au marché ; et les deux obélisques de Louqsor et l'aiguille d'Alexandrie furent définitivement accordés à la France.

Mehemet-Ali les regretta cependant, car il avait jeté sur eux un dévolu qui, d'inutiles qu'ils étaient, devait les faire concourir au progrès de sa civilisation : il comptait les faire scier en dalles, et s'en servir pour paver Alexandrie.

Heureux d'avoir si heureusement terminé sa négociation, Taylor partit aussitôt pour le Caire, où il arriva à la nuit tombante ; deux heures après, les dromadaires étaient sellés, les quinze Arabes qui composaient l'escorte attendaient à cheval. Taylor, Dauzats et Meyer se hissèrent sur leurs montures ; la caravane traversa les rues du Caire aux flambeaux, et s'en alla coucher aux tombeaux des califes que les gardiens lui ouvrirent ; elle partait pour le Sinaï.

Car, outre sa mission en Égypte, Taylor avait reçu celle de parcourir la Syrie et la Palestine, afin de recueillir pour nos musées des antiquités grecques et romaines. En conséquence, il visita successivement Jérusalem, Jéricho, Ammon, Djérach, Damas, le Liban et Tripoli, où il retrouva son brick, prêt à recevoir les trésors qu'il rapportait ; enfin, il voulut dire un dernier adieu à Alexandrie, et *le Lancier* mit le cap sur cette ville.

Des bruits étranges, incompréhensibles aux Turcs et aux Arabes, venaient de s'y répandre. On disait qu'Alger l'imprenable venait d'être prise ; les Égyptiens avaient d'abord refusé d'ajouter foi à ces nouvelles; mais, à force d'arriver de tous côtés, elles avaient enfin ébranlé leur conviction, et il venait d'être décidé à Alexandrie qu'une caravane partirait du Caire, traverserait le désert, toucherait à Tripoli et à Tunis, puis enfin, franchissant l'Atlas, irait demander, à la sentinelle qui veillait à l'autre extrémité du continent africain, s'il était vrai qu'elle se fût laissé surprendre endormie aux portes que lui avait assignées le prophète. Déjà tout était préparé pour cette expédition gigantesque comme celle de la Mecque, les tentes étaient placées sur les chameaux, et le jour du départ était fixé, lorsqu'un bâtiment français entra dans le port d'Alexandrie avec le pavillon tricolore.

Alors, à la vue de cet emblème de victoire qui leur rappelait Bonaparte, Turcs et Arabes secouèrent la tête, en disant : « Il est inutile de traverser le désert pour aller demander des nouvelles de notre sœur: notre sœur est prise et esclave. » La caravane se dispersa et tout fut dit.

Le brick *le Lancier* arbora le pavillon national, et Taylor revint en France, rapportant au nouveau gouvernement quatre-vingt-trois mille francs qui lui restaient sur le crédit de cent mille que lui avait ouvert l'ancien ministère.

Toutes ses dépenses, y comprises celles de Dauzats et de Meyer, s'étaient élevées à dix-sept mille francs.

Le 18 mai 1831, après avoir remis son rapport au ministre, il en reçut une lettre qui contenait toute la récompense qu'il avait ambitionnée ; la voici :

« Monsieur le baron, j'ai lu avec beaucoup d'intérêt le rapport que vous avez adressé à mon prédécesseur sur la mission que vous avez remplie en Égypte ; les détails contenus dans ce rapport, et ceux que j'ai trouvés dans votre correspondance, m'ont fait connaître à la fois les difficultés que vous avez eues à surmonter et le zèle éclairé avec lequel vous vous êtes attaché à assurer à la France la possession des deux obélisques de Thèbes que vous étiez chargé de demander au viceroi ; vous n'avez pas borné là vos soins, et, répondant aux intentions qui vous avaient été exprimées avant votre départ, vous avez saisi toutes les occasions de recueillir pour nos musées des richesses précieuses, et, pour tous ces services rendus à l'art, vous n'avez voulu accepter aucun prix, aucune rétribution, aucun dédommagement, et vous avez eu raison ; une seule chose est digne de payer de pareils services, c'est la reconnaissance du pays auquel on les a rendus. »

Mais, pendant que Taylor avait été chercher des obélisques à Louqsor et des bas-reliefs à Balbek, le Théâtre-Français s'était constitué en république, avait éloigné de lui les auteurs à succès, et avait fait de détestables affaires. Taylor s'engagea pour son propre compte, et M. Védel, alors caissier, et plus tard directeur, alla chercher chez un banquier les soixante mille francs qui étaient nécessaires au payement des dettes du théâtre Richelieu, et dont avait répondu le commissaire du roi.

Cela n'empêche pas que je n'aie entendu bien souvent les sociétaires dire que Taylor les avait ruinés.

III

La Comédie-Française est pour Taylor une de ces vieilles passions qui vous rendent bien malheureux, mais auxquelles on revient toujours. Cela tient à ce qu'après avoir vu tous les théâtres du monde, il n'en a pas trouvé un seul, à tout prendre, qui ait conservé aussi religieusement que le théâtre de la rue de Richelieu les traditions de nos anciens maîtres et l'héritage de notre vieille gloire. Covent-Garden et Drury-Lane ont à peine aujourd'hui mémoire de l'homme qui est au drame ce qu'Homère fut au poëme. Il a cédé ses planches, fatiguées de porter des géants comme Hamlet et comme Othello, aux clowns et aux danseurs de corde. Le théâtre impérial de Vienne et le théâtre royal de Berlin vivent de la traduction de nos vaudevilles, germanisés tant bien que mal, et à peine deux ou trois fois par an, pour quelque solennité littéraire, daignent-ils ouvrir leurs portes à *Goetz de Berlichingen* ou à *Intrigue et Amour ;* Santa-Cruz et El Principe de

Madrid sont moins familiers, à cette heure, avec les noms de Calderon et de Lope de Vega qu'avec ceux de Scribe et de Victor Hugo ; enfin la Valle de Rome et les Fiorentini de Naples, oublieux forcément de leurs chroniques nationales, ont à jamais exilé de leurs affiches les noms de Maffei et d'Alfieri, et, comédiens ambulants et sans valeur, colportent de ville en ville le bagage vulgaire de deux ou trois auteurs, qui n'échappent à la proscription censoriale que par leur obscurité présente et à venir. Le Théâtre-Français seul, tournant sur un axe solide, a traversé impunément les bons et les mauvais jours, et a vu la République, l'Empire, la Restauration même, respecter l'arche sainte de la trinité dramatique ; et de Baron à Ligier, de la Béjart à mademoiselle Mars, de la Champmeslé à Bourgoing, il a porté son tabernacle, parfois dans le désert, il est vrai, mais parfois aussi, et le plus souvent, au milieu de la foule et des adorations. Cela tient à ce que le Théâtre-Français, seul théâtre réellement national, au milieu de tous ceux qui usurpent ce nom, a toujours senti au bout de ses rênes la main puissante du gouvernement, et n'a jamais encore été abandonné à la spéculation commerciale d'un directeur, situation plus fatale peut-être que l'omnipotence oligarchique des sociétaires.

Taylor en était donc revenu à ses amours, lorsqu'au milieu des répétitions de *Don Juan d'Autriche*, il reçut une invitation de se rendre auprès de M. le comte de Montalivet. Le roi avait décidé qu'il formerait, pour la donner à la France, une galerie complète de peintures espagnoles, dont nous connaissions bien les maîtres, mais à peine les œuvres, puisque notre musée, si riche d'Italiens et de Flamands, ne possédait que *le Pauvre* de Murillo, l'*Adoration des bergers* de Ribeira, et *la Petite Infante* de Velasquez. Au milieu des désastres d'une guerre civile, des malheurs d'une grande nation, beaucoup de fruits de l'arbre du génie allaient tomber aux secousses sociales et être perdues non-seulement pour la gloire de l'Espagne, mais pour les études du monde, non-seulement pour le présent, mais pour les générations à venir. C'est Taylor qui avait été chargé de cette mission rédemptrice, — belle et digne rémunération de son voyage en Égypte; c'est ainsi que Napoléon, qui se connaissait en honneurs et en hommes, récompensait un régiment qui s'était distingué dans une bataille, en le désignant pour monter le premier à l'assaut d'une ville. On lui dit : « Voilà un million, partez, et sauvez ce que vous pourrez !... »

Taylor avait été quatre fois en Espagne ; c'était en quelque sorte sa seconde patrie ; il en connaissait non-seulement la langue et les mœurs, mais encore les monuments ; il savait où gisaient tous ses trésors cachés, soit qu'elle les ait ensevelis dans le sein de la terre comme des ossements royaux, soit qu'elle les ait enfermés dans le sanctuaire des églises comme des reliques saintes ; il accepta donc la mission que lui seul peut-être pouvait accomplir. Et, convaincu qu'en Espagne comme en Orient, c'est le sol méridional qui est le plus riche, craignant d'être arrêté dans sa course à travers la Péninsule, par le rempart de la guerre civile, il s'embarque à Londres, arrive à Lisbonne, qu'il trouve tout encombrée encore des débris de son tremblement de terre, visite le cloître de Bélem, bâti sur l'emplacement même d'où partit Vasco de Gama pour retrouver un monde perdu; Cintra, où un trône de pierre, élevé avec l'église, attend triste et vide depuis trois cents ans le retour de son roi Sébastien, mort en Afrique, et au trépas duquel le peuple ne veut pas croire; Mafra, contrefaçon de l'Escurial, bâtarde de l'Italie, riche de sa bibliothèque et de ses sculptures; Quélus, qui, à défaut de magnificence, répète comme un écho les dernières paroles de don Pedro à doña Maria : « Je meurs tranquille, parce que ma conscience ne me reproche rien. J'ai tout fait pour mes enfants; aucun sacrifice ne m'a coûté, car, après avoir porté deux couronnes que j'ai abdiquées volontairement, je meurs pauvre et votre sujet. » Enfin il arrive au couvent d'Alcobaca, dont la fondation est tout au romancier plein de foi, de vaillance et d'art, et que nous allons vous raconter.

Alphonse Henrique, qui avait gouverné onze ans comme prince, et qui régna quarante-six ans comme roi, assiégeait la ville de Santarem qui était aux Maures : déjà repoussé deux fois de l'escalade, il promit que, s'il était vainqueur au troisième assaut, il ferait bâtir, à Alcobaca, un couvent de l'ordre de Citeaux, qui renfermerait mille moines, lesquels tous les jours remercieraient Dieu de la victoire accordée. Alors, ce vœu fait, et sentant en lui une nouvelle ardeur, il prit en main son étendard royal, sur lequel étaient peintes les cinq têtes de rois maures, coupées sur le champ de bataille d'Ourique, et, se mettant à la tête des échelleurs, il gravit le premier le rempart, repousse les infidèles, s'empare de la ville, et, s'adressant à un vieux chevalier tout sanglant et tout poudreux comme lui : « Va, lui dit-il, va sans t'arrêter que pour manger le pain et dormir le sommeil absolument nécessaires, non pas à un prince, non pas à un chevalier, non pas à un soldat, mais à un cénobite ; va dire au prieur de Cluny qu'il m'envoie cinq religieux de son ordre, maîtres en fait d'arts, capables de me bâtir un couvent splendide, et qu'ils se hâtent de venir ; car, après le cloître d'Alcobaca, j'ai encore à élever le couvent de Santa-Cruz à Coïmbre et le monastère de Saint-Vincent à Lisbonne. Maintenant, adieu, tu marches pour la gloire de Dieu ; Dieu garde ta gloire ! »

L'ambassadeur part à l'instant même, gagne Alcantara, la porte de l'Espagne, passe à Truxillo, où devait naître Pizarre, atteint Toledo, qui, depuis un siècle, avait été reconquise à la chrétienté par Alphonse VII ; traverse Burgos, la ville du Cid, ne s'arrête à Sanguessa que le temps de demander à don Sanche le Sage, de Navarre, par quel moyen il va traverser le Midi, sanglant et enflammé par ses guerres religieuses ; guidé par les conseils du vieux roi, arrive en Bourgogne, où le duc Robert, le père de Marguerite, vient de mourir ; découvre Cluny, et sur la porte du couvent aperçoit le prieur qu'il vient chercher, et qui l'attend, et qui le salue de son nom et qui lui dit : « Messire chevalier, il est inutile que vous me rendiez compte de votre mission ; le Seigneur a daigné me faire une révélation du vœu du roi Alphonse Henrique, et, le jour même où il est entré dans la ville de Santarem et où vous en êtes sorti, les cinq moines sont partis pour Alcobaca, et maintenant entrez, reposez-vous de votre long voyage et de votre grande fatigue : mangez et dormez ! non plus comme un anachorète et un cénobite, mais comme un soldat que vous fûtes, comme un chevalier que vous êtes et comme un prince que vous serez. »

— Et, à l'instant même où l'envoyé royal se mettait à table, les messagers religieux se présentaient au vainqueur de Santarem; car ils avaient fait même diligence, et, étant partis à la même heure, étaient arrivés au même instant.

Et dans ce couvent on enterra d'abord les soldats et les chevaliers qui avaient aidé le roi Henrique à battre le miramolin Aben-Joseph, puis les moines qui l'avaient bâti, puis le roi don Alphonse II, malgré ses querelles avec le pape, puis le roi don Alphonse III en l'honneur de la conquête des Algarves, puis la reine Inès de Castro, puis le roi Pierre, que ses ennemis appelèrent le Cruel et ses amis le Justicier; et, lorsqu'arriva Taylor à ce vieux et saint monastère, lorsqu'il entra dans cette église d'où venait de sortir la guerre, il trouva tous ces ossements de soldats, de chevaliers, de moines, de princes et de rois dispersés hors de leurs tombeaux et gisant sur les dalles; et alors, d'une main pieuse, il les recueillit, les restitua au sépulcre, fit sceller les tombes, et, tremblant au souvenir d'Inès, dont pour la troisième fois le sarcophage rejetait les ossements royaux, il rapporta en France les humbles reliques des cinq moines de Cluny, afin qu'elles dormissent plus tranquilles sur leur terre natale que dans cette pauvre Espagne, où tout est remis en doute, jusqu'au sommeil des morts, jusqu'à la sainteté des églises, jusqu'à l'inviolabilité des tombeaux.

De là, il alla au monastère de Batalha, dont le nom même indique encore un vœu de guerre ; car, en Espagne, les arcs de triomphe sont des couvents élevés non pas en l'honneur du roi qui a combattu, mais à la louange du Dieu qui a accordé la victoire ; et il y trouva, comme dans toutes ces royales et religieuses fondations, des tombeaux de souverains et de princes : ces souverains, c'étaient don Juan Ier, don Duarte, don Alphonse V, don Juan II ; ces princes, c'étaient don Alphonse et don Ramire, et, au milieu de toute cette famille couronnée, dormait un simple soldat, dont on a oublié le nom, mais qui décida par son courage du sort de la bataille d'Aljubarota, et qui conquit par sa mort une couche funéraire pareille à celle des princes et des rois. Taylor fit mesurer et dessiner par ses deux compagnons de voyage, Dauzats et Bouchard, toutes les merveilles de ce monastère ; puis, rapportant dans ses cartons, tombeaux, chœurs, chapelles et monuments, il revint, à Lisbonne, mettre aux pieds de l'impératrice douairière du Brésil, fille d'Eugène, petite-fille de Joséphine, et à ceux de doña Maria, ces représentations vivantes de monuments qu'elles ne connaissaient pas, quoiqu'ils fussent l'ornement de leur royaume, et obtint pour le Portugal ce qu'il avait déjà obtenu pour la France, l'ordre que ces édifices seront conservés, et que l'œil du gouvernement veillera sur eux comme sur des trésors.

C'est alors seulement qu'il prend congé de M. le comte de Saint-Priest, qui l'avait reçu avec tout son cœur d'artiste et aidé de tout son pouvoir d'ambassadeur, et qu'il entre enfin dans l'Espagne, où les lueurs de l'incendie et la flamme de la fusillade lui dénoncent les merveilles qu'il vient y chercher. A peine a-t-il le temps de courir d'une province à l'autre; c'est San-Francesco que l'on dévaste, et dont on brise les sculptures et les vitraux; c'est Sainte-Catherine de Barcelonne que l'on brûle avec ses Titien; c'est Saint-Augustin de Séville qu'on dévaste sans regret pour ses Murillo. Au milieu de tous ces ravages, les sauvant plus d'une fois par une porte, tandis que les dévastateurs enfoncent l'autre, il recueille vingt Murillo, douze Ribeira, quinze Velasquez, cinquante Zurbaran, dix-huit Alonzo Cano; puis des Juan de Joanes, des Ribalta, des Espinosa, des Greco, des Villegas, des Careno, des Carducho, des Sanchez Coello, des Juan de Tolède, des Moralez, des Esteban, des Melindez, des Vergasa, des Yanes, des Agala, des Castillo, des Valdez, des Correa, des Orete, des Blas de Prado, des Conca, une histoire de l'art tout entière enfin, écrite au pinceau depuis Galegos jusqu'à Goya, ce fantaisiste élève de Tiepolo le Vénitien, avec lequel est morte la grande peinture espagnole, et qui, dans ses compositions, dont la vérité a fait des satires, a tout attaqué : moines, nobles et rois.

C'est avec ce bagage de quatre cents tableaux, qu'il a rapportés à un pays qui n'en possédait que trois, qu'il revient en France, après avoir retrouvé son Théâtre-Français dispersé par toute l'Espagne, à Valence où il a vu jouer *Henri III*, à Séville où il a vu jouer *Hernani*, et à Madrid où il a vu jouer *les Enfants d'Édouard*.

Maintenant, et en écrivant ces dernières lignes, je me rappelle qu'un journal, je ne sais plus lequel, a demandé une fois ce qu'avait donc fait M. le baron Taylor pour mériter sa réputation d'homme de lettres, de commissaire du roi, de diplomate et d'artiste : nous allons en deux mots répondre à cette question.

Comme homme de lettres, M. Taylor a publié un ouvrage qui manquait en France sur les antiquités de la France; ouvrage qui a contribué à répandre dans toutes les classes de la société le goût archéologique, à éveiller dans les municipalités l'orgueil des richesses antiques, romanes et gothiques, qu'elles possèdent; enfin, à faire nommer un conservateur des monuments historiques échappés aux bandes noires révolutionnaires et commerciales.

Comme commissaire du roi, il a soutenu le Théâtre-Français, qui glissait sur une pente si inclinée qu'elle ressemblait à un précipice; il a pris d'une main la littérature de Corneille, de l'autre celle de Shakspeare, et les a forcées, d'ennemies qu'elles étaient, de s'estimer comme deux émules et de s'embrasser comme deux sœurs.

Comme envoyé extraordinaire, il a été réaliser en Orient le rêve de l'Institut, il a matérialisé au bord de la Seine, par un trophée enlevé au bord du Nil, le souvenir de la campagne d'Égypte. Il a fait pour Paris, cette reine guerrière du monde, ce que des empereurs et des papes ont fait pour Rome, cette reine chrétienne de la terre.

Enfin, comme artiste, il a, par dévotion pour l'art, jeté sa vie au milieu des révolutions, disputé les chefs-d'œuvre du génie de la paix au démon de la guerre, doté la France d'un trésor qui allait être perdu pour le monde, et rapporté, pour 800,000 francs, quatre cents tableaux qui valent trois millions.

Qu'on nous cite beaucoup d'hommes de lettres, de commissaires royaux, d'envoyés extraordinaires et de peintres qui en aient fait autant.

FIN DU TOME PREMIER

TABLE

LES MYSTÈRES.	1
LE THÉATRE DES ANCIENS ET LE NOTRE.	23
WILLIAM SHAKSPEARE.	39
DE LA SUBVENTION DES THÉATRES.	53
CORNEILLE ET LE CID.	83
PICHAT ET SON LÉONIDAS.	127
LA LITTÉRATURE ET LES HOMMES D'ÉTAT	179
MON ODYSSÉE A LA COMÉDIE-FRANÇAISE.	185
LES TROIS PHÈDRE.	293
ACTION ET RÉACTION.	379
LE BARON TAYLOR.	389

FIN DE LA TABLE DU TOME PREMIER

COULOMMIERS. — Imprimerie PAUL BRODARD.

www.ingramcontent.com/pod-product-compliance
Lightning Source LLC
Chambersburg PA
CBHW050918230426
43666CB00010B/2231